DENNIS FREISCHLAD

DIE SUCHE NACH INDIEN

EINE REISE IN DIE GEHEIMNISSE BHARAT MATAS

DUMONT

1. Auflage 2013
© 2013 DuMont Reiseverlag, Ostfildern
Alle Rechte vorbehalten
Gestaltung: Herburg Weiland, München
Umschlagfoto: laif, Köln (Le Figaro Magazine Eric Martin)
Umschlagkarte: Gerald Konopik, DuMont Reisekartografie
Innenkarten: Dennis Freischlad
Printed in Spain
ISBN 978-3-7701-8250-3

www.dumontreise.de

Für meine indischen Brüder
Samrat Das, Vikram Mani
und Riaz Mohamed

Nur dieses Verlangen nach dem Fremden
gaukelt uns vor, dass wir erwartet werden.
ANGELA KRAUS

6

Inhalt

* Anmerkung: Videosequenzen zu einzelnen im Buch beschriebenen Szenen sind direkt beim Text mit Nummer vermerkt. Zugang zu den Videos unter www.dumontreise.de/suchenachindien

SÜDINDIEN

GOA

GOKARNA

CHENNAI

MANGALORE

WESTGHATS

KANNUR

AUROVILLE
PONDICHERRY

MUNNAR

THANJAVUR

MADURAI

SRI LANKA

---- DENNIS
MARLENE

Teil 1

SÜDINDIEN
MOHN UND ZEIT

TAMIL NADU

Intro:
Pondicherry
(Puducherry)

Die Dunkelheit kommt schnell. Noch während das leiser werdende Licht knapp über dem Horizont schwebt, ist der Abend in der Stadt angekommen. Kein langer Übergang. Kein aufmerksames Szenario. Sofort liegt eine neue Stimmung in den Straßen Pondicherrys, in denen alles vibriert, noch belebt, noch Feuer und Rausch ist: Tausende Menschen drängeln sich zu Fuß, auf Fahrrädern und Motorrädern durch die bereits hoffnungslos verbollwerkten Straßen, Busse schieben sich unter wummernden Hupgesängen ihren imaginären Weg frei, Lkw fahren sich unter dem gelben elektrischen Licht fest. Gesten, Flüche, aufgerissene Münder, deren Feuertaufworte wie Glut durch die Luft schießen. Ein Sammelsurium an menschlicher Emotion legt sich in die Arme des Abends, und auch die Tiere, ohne die Indien niemals auskommt, machen sich bemerkbar. Aus den Schatten springen

Straßenköter in die Lichtkegel, die Kühe folgen ihrem indischen Urinstinkt, sich im Zentrum allen Geschehens aufzuhalten, und die Rinderherden finden diese wertvollen Zentimeter, die von den davonhüpfenden Ziegen geschaffen werden.

Der Wirbel der Straße schafft es, in die wahllos hingestapelten Krämerläden auszurollen, wo die Händler zur abendlichen Haupteinkaufszeit ihre Kundschaft willkommen heißen und gleichzeitig so tun, als ginge sie das Allerhandtreiben in ihren Geschäften nicht das Geringste an; Weltzu- und Weltabgewandtheit werden in Indien stets in ein und demselben Moment zelebriert: Geld wechselt Besitzer, Gebetssilben hängen sich in die Ohren der Götter, Waren werden verpackt, der Himmel besungen. Es wird gefeilscht, gelobpreist, betrogen – und in den Restaurants und Straßenständen wird unter Aufsicht des zusammengebrochenen Verkehrs in bester Laune gekocht und geschwatzt.

Alles normal. Die feuchte Hitze steht eisern, und zu keiner Stunde des Tages war die Stadt so beschäftigt.

Ich balanciere mein Motorrad durch einige kleine Gassen, bis ich auf die im Herzen Pondis gelegene Gandhi Street stoße. Hier parke ich mein Bike vor dem Shiva geweihten Veedapureeswarar-Tempel, um am Abend vor meiner Abreise dem ersten der fünf großen indischen Prinzipien beizuwohnen, der Beteuerung des Herzens:

Hingabe.

Ich lasse meine *chappal* vor dem Eingang (alle Stätten und Wohnungen, ob göttlich oder menschlich, werden stets ohne Schuhe betreten) und steige durch den äußeren Tempelring. Sofort ist das Getöse der Stadt geschluckt von mächtigen alten Mauern, deren Substanz seit fünfhundert Jahren dem tropischen Klima zum Opfer fällt, und empfangen werde ich vom dicken Duft der Öllampen, in den sich Amber, Zeder und *nag champa* mischen. Es ist unglaublich und doch eines der großen Sinnbilder Indiens:

Nur wenige Schritte von der tosenden, hektischen Stadt entfernt
kehrt man in das genaue Gegenteil, in jene völlig andere Gegenwart voller Ruhe und Innigkeit. Eine Einkehr, die der zurückge-
lassenen Welt so fremd zu sein scheint wie den Wachenden der
Schlaf.

Der Hauptgang, durchzogen von Nischen und einzelnen kleineren Tempeln, führt um das Sanctum Sanctorum, den Sitz der
Gottheit. Wolkengleiche Räucherschwaden hängen bewegungslos unter der Decke des kleinen Raumes, Glockenläuten, Öllam-
penschein; hinter einer Absperrung steht ein mürrischer Tem-
pelpriester, holz- und elementbehangen, singend zieht er den
Vorhang beiseite und gibt den Blick frei auf die dunkle ölgesalb-
te Figur, mit etlichen Blumenkränzen geschmückt, das Lingam,
Steinphallus, der Mahadeva hinter dem Urschleier aus dickem
Rauch, meistverehrter Vertreter des indischen Götterpantheons,
Coincidentia Oppositorum, heiliger Asket und glühender Lieb-
haber, Tänzer, Meditierender, Shiva: der Schöpfer und Zerstörer
der Welt.

Der Klang des durch die Hallen rauschenden Mantras, des
»Om Namah Shivaja« verstummt für kurze Zeit unter dem Glo-
cken- und Trommelspiel, das zur letzten *puja* des Tages ruft. Alle
sammeln sich am Eingang des dunklen Kerngemachs, das in Sanskrit *garbhagriha* und auf Tamil *koruvarai* heißt: Mutterleib – das
Innere des Leben gebärenden Körpers und Zentrum eines jeden
Tempels.

Shiva wird verabschiedet. Mit dem späten Abend und dem
vollbrachten Tag gleitet er in den Schlaf, wie auch das Bewusstsein der Menschen von der Tagesfülle in die Ruhe der Nacht über-
geht. Anstelle des Lingam wird eine kleine repräsentative Statue
in eine Sänfte gesetzt, in ein winziges Gemach getragen und auf
die gepolsterte Eheschaukel gebettet, auf der schon die Gemahlin Parvati wartet. Ein letztes Mal sammelt sich die Licht- und
Schattensumme des Tages in den Kehlen der Besucher; der Ge-

sang schaukelt das Götterpaar buchstäblich in den Schlaf. Hände falten sich zu einer einfachen, aber tiefen Geste vor der Brust, der Körper verneigt sich und raunt das letzte Silbenpaar über die Lippen. Dann gehen die Lichter aus, die Tore des Tempels schließen sich.

Draußen treffe ich auf Karthik, einen hochgewachsenen Kerl mit beeindruckender Haartolle, der zum *sangha* gehört und jeden Abend nach seiner Arbeit den Tempel besucht.

Er grüßt, lächelt.

Ich grüße, lächle.

Er nimmt meine Hand zum gleichzeitigen Hallo und Abschied.

»Please, Dennis«, sagt er. »Have a nice dream.«

Dreihundert Meter weiter, hinter dem breitgassigen französischen Viertel, schlägt das Meer gegen den aufgetürmten Wall aus riesigen Steinen, der die Promenade begleitet. Die Flaniermeile, mondäner Hafen Pondis, ist weitestgehend beruhigt; nur noch wenige Menschen gehen spazieren und streuen ihre Gespräche in die schwüle Nacht. Und so werden ich und das Meer, welches mit seinem weißen Wellensaum das einzige Licht in die dunkle Weite wirft, auch von keiner Menschenseele gestört.

Rund fünfundvierzig Millionen Jahre ist es her. Von hier draußen, aus der scheinbar ewigen Einsamkeit des Meeres, schlug der Subkontinent an die Eurasische Platte, türmte den Himalaya auf und war nunmehr wieder mit einem Festland vereinigt, seit er sich fünfzig Millionen Jahre zuvor vom Urkontinent Godwana gelöst hatte – und den langen Weg durch das Weltmeer begann.

Etwas Einzigartiges kam mit ihm. Eine auf keinem anderen Flecken Erde vorzufindende Kraft und ein gänzlich individueller Ausdruck an Leben, Wirken und Wissen brachte Indien mit von dieser langen Reise, die noch lange nicht zu Ende ist. Heute ist das Land, die größte Demokratie der Welt und Heimat jedes

sechsten Menschen, in seiner Geschichte an einem neuen Festland, einem abermals historischen Punkt angelangt: dem Übergang vom geistigen ins materielle Eigentum.

Hohes Denken und einfaches Leben, schrieb Gandhi vor über
siebzig Jahren über die Vorzüge Indiens. Heute begegnet einem
das Konterfei des ›Vaters der Nation‹, der aus Indien einen Staat
glücklicher und weiser Bauern schaffen wollte (und scheiterte),
fast nur noch auf den Scheinen des modernen indischen Lebens-
motors, des Geldes.

Mutter Indien[1], die einst Friedfertige, ist hungrig.

Aus dem schläfrigen Elefanten ist ein getriebener Elefant geworden, aus den Habenden wurden Suchende, und die Veränderungen in Staat und Gesellschaft, welche die Unabhängigkeit von
der einstigen Kolonialmacht Großbritannien mit sich brachte,
scheinen seit einigen Jahren exorbitant beschleunigt.

Die Wirtschaft wächst jedes Jahr um einen Prozentsatz zwischen sechs bis acht Prozent. Zum ersten Mal besitzt Indien zwischen den extrem Armen und den extrem Reichen eine wachsen-
de Mittelschicht, die, wie der Schriftsteller Akash Kapur treffend
feststellt, vor allen Dingen auf Liberalisierung, hohen Lebensstandard und Konsum ausgerichtet ist.

Seit zwanzig Jahren hat sich Indien dem Weltmarkt geöffnet
und aus einem Land, welches von sich selbst und dem Rest der
Welt als chaotisch, seuchengeplagt, bettelarm und korrupt wahrgenommen wurde, eine selbstbewusste Wirtschaftsmacht gezau-
bert, welche die Aufmerksamkeit der gesamten Welt auf sich
zieht. Wann immer sich die Möglichkeit bot, zog es die alte, ambitionierte Generation aus diesem in Stagnation und Misswirt-
schaft brachliegenden Land ins Wohlstand verheißende Ausland,
nach England, Kanada, die USA. Heute kommen aus demselben

---

1   Die Inder nennen ihr Land *bharat mata*, Mutter Indien.

Grund, aus dem damals ihre Eltern auswanderten, viele ihrer Kinder zurück. Nicht viele Länder können heute einer gebildeten, jungen Generation so viele Möglichkeiten, Selbstbewusstsein und Zuversicht bieten. Auf dem Rücken des erwachten Elefanten scheint plötzlich sehr viel Platz für lebbare Träume zu sein.

Warum Indien?

Das »Land von Traum und Romantik, von grandiosem Reichtum und grandioser Armut« (Mark Twain) berauscht seit Tausenden von Jahren Reisende, Dichter, Historiker und Sinnsuchende gleichermaßen, denn Mutter Indien versammelt alles. Sie ist ein Mikrokosmos all dessen, was die Erde hervorbringen kann.

Sie ist Heimat unzähliger Völker und Religionen, von den Buddhisten bis zu den Jains, Parsen und Muslimen; in ihrem Reich werden rund vierhundert Sprachen gesprochen; von den höchsten Bergen der Welt sandet sie sich durch Wüsten und Urwälder bis zu tropischen Stränden, durch Megastädte wie Bombay oder Kalkutta zu den Abertausenden winzigen Dörfern, in denen die Zeit seit Jahrhunderten nicht vergangen zu sein scheint; sie beherbergt die reichsten Menschen der Welt und zwei Drittel aller unterernährten Kinder, hochglanzpolierte Finanzdistrikte und Hunderttausende Bettler; sie ist ganz auf Fortschritt gepolt und steckt doch jahrtausendetief in Konservatismus und Tradition, ist Heimat des Kastensystems und einer Verfassung, die von einem Kastenlosen geschrieben wurde; sie vergöttert die Natur und die großen Kräfte des Lebens und tut doch gleichzeitig alles, um die zustande gekommene Welt zu verschmutzen und durch mutwillige Vernachlässigung zu zerstören. Sie ist glühend und still, tödlich und schöpferisch, magisch und weltlich. In ihrem ureigenen Mythos, den sie immer wieder durch ihre großen Geschichten und heiligen Texte, in den Sphären ihrer Musik und der

Poesie ans Licht der Erkenntnis singt, kommt sie jeden Tag mit einer Wahrhaftigkeit neu zur Welt, die immer beides sein kann: höchste Erlösung oder tiefstes Grauen.

Die meiste Zeit meiner letzten zwölf Jahre verbrachte ich in Indien, um, in einem Satz, dem Leben näher zu sein. Über ein Jahrzehnt nach meinem ersten Besuch hat sich das Land gleichzeitig unfassbar viel und unfassbar wenig verändert. Grund genug also, Indien erneut für längere Zeit zu bereisen.

Ich gehe oft in den Veedapureeswarar-Tempel, um den Tag ausklingen zu lassen. Heute aber stand eine andere Absicht hinter meinem Besuch: Morgen früh werde ich eine mehrmonatige Reise beginnen, die, so zumindest meine Idee, in Varanasi enden wird: der heiligsten Stadt der Hindus, die gleich diesem Tempel ganz und gar Shiva gewidmet ist.

Ein Blick auf die Äußerlichkeiten Indiens reicht nicht, um seine wahre Weite zu erfassen. Wer das psychologische Profil seiner Bewohner nicht in die Beobachtung alles Indischen mit einbezieht, wird die Inder in ihrem Verhalten, ihren Träumen und Hoffnungen nicht verstehen können. Dementsprechend bewaffnet mit den Versen der Bhagavad Gita – der Hauptschlagader im Körper der indischen Metaphysik – werden Marlene (eine wunderschöne Honda Unicorn) und ich sehen, wohin es uns verschlägt, wen wir treffen, und was dies alles bedeuten könnte. Wie mein Freund Vikram zu sagen pflegt: »All what happens is happening. And all is accepted.«

Wie die meisten Inder besitze ich keinen Führerschein oder korrekte Fahrzeugpapiere, keine Krankenversicherung und keine klare Vorstellung meiner Reise. Marlene, eine Straßenkarte von Südindien und mein Rucksack sind meine einzigen Reisebegleiter, und ich weiß heute Abend nur, dass ich über Madurai und die Berge an die Westküste fahren werde. Keine Ahnung, wie weit ich mit dem Motorrad komme und wie lange es dauert, bis ich auf Zug und Bus umsteigen muss. Es können zehn Kilometer sein, bis mich die Polizei aufhält, oder zehntausend. Und so kann es nicht schaden, dass ich mir im Tempel den Segen Shivas für die nächsten drei Monate geholt habe.

Ich habe das Gefühl, ich werde ihn brauchen können.

TAMIL NADU

Thanjavur

Weder Sein noch Nicht-Sein war damals;
nicht war der Luftraum noch der Himmel darüber.
Was strich hin und her? Wo? Was war diese Kraft?
Waren es Tiefen unergründlicher Wasser?
SCHÖPFUNGSGESANG, RIG VEDA

5.30 Uhr. Unter den Singsang-Versprechungen der Vögel und der lauthalsen Tempellautsprecher, die ihre Gesänge vom immer selben Band in den frühen Morgen blasen, erwache ich in meinen ersten Reisetag. Zehn Minuten später ist mein Rucksack auf dem Rücksitz Marlenes befestigt. Von Auroville aus fahre ich die wenigen Kilometer nach Pondicherry, trinke zwei Chai bei meinem Lieblings-Chai-*wallah*, um zu ersten Kräften zu kommen, und erzähle ihm und dem halben Dutzend schlafwandelnden Gestalten, die der frühe Morgen an den Chai-Stand gespült hat, dass ich hinauf nach Varanasi reise. Zustimmendes Murmeln und zustimmendes Kopfwackeln. Mit der Aufforderung »Bring heiliges Gangeswasser!« werde ich in den noch leisen Tag verabschiedet; die Straßen sind leer, Dämmerung zieht auf. Ich bekomme noch einen Butterkeks aufs Haus, um das Aben-

teuer nicht mit leerem Magen beginnen zu müssen: Der erste
Teil meiner Reise wird mich in das Kernland des alten shivais-
tischen Indien bringen, ins Innere Tamil Nadus, von dem böse
wie gute Zungen behaupten, es habe sich in seiner Lebensart
und Mentalität in den letzten zweitausendfünfhundert Jahren
nicht verändert.

Der dravidische Süden hat sich eine einzigartige Position in
der turbulenten Geschichte Indiens bewahrt. Die meisten der
unzähligen Invasionen fanden im Norden statt und veränderten
ständig dessen politische, soziale und religiöse Verhältnisse. Im
tiefen Süden allerdings, der sich seit jeher mehr zur See als zum
Land orientiert, ist (trotz zahlreicher Umbrüche) eine besondere
Kultur erhalten geblieben, und mit ihr überdauerten die dravidischen Sprachen wie Tamil oder Telugu, ein noch immer lebendi-
ger Shivaismus sowie ein tempelsigniertes Landschaftsbild, welches sich tapfer gegen das 21. Jahrhundert verteidigt.

Panoramastraße, die ins sechzig Kilometer entfernte Cudda-
lore führt. Das Meer und die aufgehende Sonne zur Linken, zu
meiner Rechten die Symbole des indischen Wachstums, kah-
le Rohbauten für Apartments und Gewerbegebiete, die gerade
in die Höhe gezogen werden. Dazu staubbehangene Bäume und
Lkw, Obststände mit ihren schlafenden Inhabern und natürlich
immerwährende Menschenmassen, die neben den eigentlichen
Verkehrsteilnehmern und unzähligen Tieren die Straßen für sich
in Anspruch nehmen.

Nach fast eineinhalb Stunden erreiche ich Chidambaram,
mein erstes Ziel. Ein unspektakuläres Großdorf, das jedoch ein
wahres Juwel beherbergt. Mit den Worten, ich sei in fünf Minuten zurück, parke ich Marlene bei einem Zeitungshändler direkt
am Eingang des berühmten Nataraja-Tempels.

»Just five minutes« ist Indiens geläufigste Floskel und hat
weder etwas mit Raum noch Zeit zu tun. Sie ist wie das Wort
Gott: Platzhalter für etwas, das der Mensch nicht näher be-

stimmen kann. Und wie das Nirvana ist sie vollkommen leer und gestaltlos.

Eine zuschnappende Hand, in der alle Fingerspitzen zusammengeführt werden, ist die Geste, die das gesprochene Wort unterstützt und vollendet. Wenn es in Indien heißt, man solle nur fünf Minuten warten, so bedeutet das schlichtweg, dass niemand auch nur die leiseste Ahnung hat, was, wann und wie geschehen wird. Aber es wird etwas geschehen, bestimmt, irgendwie, irgendwann – möge es in fünf Minuten, fünf Stunden oder nie eintreten.

Aber nicht immer werden Worte zur Kommunikation benötigt. Eine weitere Dauergeste, ohne die Indien nicht vorstellbar wäre, ist das Wackeln des Kopfes. Der neue Indienfahrer ist oft verwirrt, ob mit dieser Bewegung ein Ja oder ein Nein gemeint ist, denn das bejahende Kopfwackeln der Inder ist dem Kopfschütteln sehr ähnlich, welches von den meisten Erdenbewohnern als Verneinung interpretiert wird. Die Lösung findet sich stets in der Mimik derer, die das Kopfwackeln als Antwort geben. Wackelt das indische Haupt mit einem gleichgültigen oder erfreuten Gesichtsausdruck, so bedeutet dies ja oder okay. Wird aber der auf dem Hals rangierende Kopf mit einem verärgerten, angewiderten oder entsetzten, spitzgelippten und augenbrauenzusammengepressten Gesicht kommentiert, so sieht man sich einer deutlichen Verneinung gegenüber. Vielleicht gibt es nicht. Hier greift der Inder wieder zu Wort und Zungenschlag, um mit der Aussage: »Wait five minutes«, auf eine bestenfalls obskure Wahrscheinlichkeit aufmerksam zu machen.

Wie so oft war eine Götterbegegnung Grund, einen Tempel und infolgedessen eine Stadt zu bauen. Die Legende besagt, dass Shiva durch die Mangrovenwälder der Gegend zog und mit der Göttin Kali, die unter anderem den Tod und die Finsternis repräsentiert, einen Tanzwettbewerb ausfocht, aus dem er als Sieger hervorging. Die nicht zu übertreffenden Bewegungen Shivas, alias Nataraja

(König des Tanzes), sind seitdem ein Symbol für die Schöpfung und die Zerstörung des Kosmos – ein immerwährendes Tanzspiel, das in jeder Sekunde des Daseins seine Uraufführung erlebt. Es heißt, dass Shiva von hier aus in den Götterhimmel aufgestiegen sei, was offensichtlich zur Namensgebung des Orts beigetragen hat. Chidambarams klangvolle Bedeutung lautet: Himmel des Bewusstseins. Und da der Nataraja-Tempel einer jener südindischen Shiva-Tempel ist, welche die fünf Elemente verkörpern, dreht sich hier natürlich alles um den Äther: die Himmelfahrt.

Das Tempelareal ist riesig; kommt der Besucher aber im Hauptgebäude an, geht es nicht in den Himmel, im Gegenteil: Man steigt in die Erde hinab. Niemand weiß genau, wann der Tempel erbaut worden ist (12. Jahrhundert?). Er macht den Anschein, als befinde er sich schon seit Jahrtausenden auf dieser Erde. Ich komme gerade rechtzeitig für eine der großen *puja*, die sechsmal am Tag stattfinden: Durch den dunklen Bauch des Tempels – weite und hohe Säulengänge – zieht eine Gruppe Musiker, die nur mit einem *lungi* bekleidet sind, und sie haben alles dabei. Mit großem Tamtam spielen sie ihre Trompeten, Schellen und Hörner, blasen in ihre Muscheln, um mit der Kraft ihrer Lungen Shiva zu ehren. Tosend gelangen sie zum Tempelinnern, hinter einem großen Kranz aus Öllichtern sitzt der Nataraja, die Bronzefigur des tanzenden Shiva, von dem Kapila Vatsyayan sagt, er verkörpere »jene allumfassende Komplexität aller manifesten Erscheinungsformen, die in gebändigter, unaufhörlicher Bewegung einfließen in den Moment ewiger Stille.«

Ich bin Zeuge einer Zeremonie, die sich über die Jahrhunderte nicht verändert hat. Die halbnackten Priester und Musiker, der dicke Öllampenduft, die dunklen Gemächer, in denen so viel Geheimnis und in die eigenen Hirnhälften geflüsterten Gebete schweben, dazu der immer gleiche Rausch der Instrumente, der seit Ewigkeiten in die komplexe Stille führt. Auch heute noch dienen die Trommelwirbel und Schellenschläge dazu, eine Ahnung des eigentlichen Welttheaters zu schenken, die Annäherung an den perfekten Tanz Shivas. Die Welt braucht den Festrausch des Dionysos, braucht Töne und Formen, um sich zu manifestieren. Und sie benötigt ebenso die Stille nach der Zerstörung, um sich daran zu erinnern, was sie eigentlich ist.

Ich würde gerne länger bleiben und zwinge mich schließlich zu gehen. Draußen wird es immer heißer, Staub steigt von der Straße, und mein Magen hat selbst die Erinnerung an den frühmorgendlichen Butterkeks bereits verdaut.

Auf der Hauptstraße mache ich ein kleines Restaurant für ein typisch tamilisches Frühstück aus. Es gibt *idly,* fermentierte Reisfladen, die mit Kokosnuss-Chutney und *sambhal,* einem scharfen Gemüsedip, gegessen werden, dazu *wada,* meine Lieblingsspeise: kleine, goldbraun frittierte Ringe aus Linsenmehl, die ebenfalls in *sambhal* und Chutney getunkt werden.

Als ich wieder bei Marlene angelangt bin, ist es erst halb neun, aber schon so heiß, dass man es in der Sonne kaum aushält. Ich binde mir ein Tuch um den Schädel und eins vor Nase und Mund, um mich vor Sonne und Abgasen zu schützen, und nehme die nächsten einhundertzwanzig Kilometer in Angriff, die mich nach Thanjavur führen.

Chinnakumati, Vaitheeswaran Koil, Pudukkottai: keine unsauberen Sprachverwirrungen, sondern gestandene Ortschaften, die der Morgen als Wegelagerer der Straße platziert. Die Straßenverhältnisse wechseln alle zehn Kilometer zwischen sehr gut und sehr schlecht, die Landschaft aber bleibt die gleiche. Unbewässerte Reisfelder, die auf den Monsun warten, die Straßen umspült mit dicken Banjans, Neem- und Tamarindenbäumen, dahinter abwechselnd palmenumkränzte Felder oder Dörfer, die sich nur in ihren Namen unterscheiden. Idyllische, seltsam unangestrengte Landschaft, die doch von der Macht der harten Sonne beherrscht wird.

Thanjavur, Thanjavur. Bald summe ich den klangvollen Namen mantrisch vor mich hin und erwarte eine Märchenstadt aus reinem Purpur, die allerdings noch etwas auf sich warten lassen muss. Zwanzig Kilometer vor der Stadt beginnt Marlene zu schwimmen, und ich merke sofort, dass ich mir in einer der Kiesgruben, die ab und zu die Straße unterbrechen, einen Platten geholt habe.

Wir schleppen uns in das nächste Nest, Ayyampettai, und halten am ersten Mechanic Shop, der anscheinend ein besonderer Ort, eine illuminierte Insel des Glücks ist. Nicht, dass die Tamilen sonst Miesepeter wären, aber während der Dreiviertelstunde, die es dauert, meinen Platten zu richten, kommen ständig unglaublich gut gelaunte Menschen vorbei, um, buchstäblich jauchzend vor Freude, ›Quality Time‹ mit meinen Mechanikern zu verbringen. Wenn gerade keiner da ist und ich an dem Chai nippe, den man mir gebracht hat, arbeiten die beiden jungen Kerle konzentriert an Marlene. Aber sobald ein Dorfbewohner unter großem Gelächter zu Besuch kommt, wird glückselig der Ölstand gemessen oder unter wilden Lacheinheiten, den Freudenzustand blankweißer Zähne verkündend, eine Schraube nachgezogen. Jemand bringt Essen vorbei, erzählt von den Ereignissen seines wohl sehr ereignisreichen Tages und wird mit einem Schauspiel freundschaftlicher Herzzerreißung, das fast fünf Minuten dauert, wieder in seinen Tag entlassen. Das schwimmende BRRRrr[2] der

2 Eine Lehrerin für Sanskrit und Hindi erzählte mir einst folgende Geschichte über die tamilische Sprache: Es war einmal ein sprachbegeisterter König Indiens, der alle Sprachen seines großen Landes hören wollte. Er sandte seine Lehrer aus: Sie sollten in alle Winkel des Landes reisen, die lokale Sprache lernen und sie ihm vortragen. Nach einigen Monaten kamen die ersten zurück, die letzten nach einem halben Jahr. Nur der Gesandte, der zu den Tamilen geschickt worden war, kam und kam nicht zurück. Ein Jahr verging, ein zweites. Eines Tages kam der Mann schließlich zurück und wurde zu seinem König vorgelassen, der bereits alle anderen Sprachen vernommen hatte. »Nun«, fragte der Kö-

tamilischen Sprache hängt in der Luft wie ein Gewitter, das sich ständig unter tosenden Glückssalven entlädt.

Clint Eastwood sagte einmal: »Ich reite in eine Stadt, der Rest ergibt sich.«

Aber in Thanjavur will sich, zumindest mir, erst mal gar nichts ergeben. Ich kämpfe mich durch den dichten Verkehr ins Zentrum und warte auf eine Eingebung. Aber alle Guesthouses und Lodges, die ich passiere, wirken nichtssagend und wenig versprechend. Bald siegt die Mittagssonne gegen mein Vorhaben, solange herumzufahren, bis mich meine Sinne zu etwas ›Schönem‹ gelotst haben.

Ich biege in eine Straße und nehme das erste, was kommt. Natürlich ist es eine dieser namenlosen Riesenlodges, die billigsten Unterkünfte der Stadt. Aber ich kann Marlene gut unterstellen, und das ältere Ehepaar, das mich an der Rezeption begrüßt, freut sich anscheinend über meinen Besuch.

»Erdgeschoss oder zweites Geschoss?«

»Zweites.«

»Uh«, sagt die Frau und reicht mir Vorhängeschloss und Schlüssel, »das wird ihn nicht freuen.«

In diesem Moment erhebt sich ein etwa fünfundfünfzigjähriger Mann von der Couch und wedelt sich jede Menge Krümel vom Hemd. Der Portier. Ich hatte ihn nicht bemerkt, da seine Uniform im gleichen Grauton des Sofapolsters unterging.

Sein Chef zeigt auf ihn und sagt: »Schau, zweiter Stock immer schwierig für ihn, er ist alt und hat einen dicken Bauch, naja ...«

nig, »warum hast du so lange gebraucht?« Und der Gesandte antworte: »Mein Herr, ich habe ein Jahr bei den Tamilen gelebt und noch ein weiteres, aber alles was ich von der Sprache berichten kann, ist dies.« Er legte einige Steine in eine Blechdose und schüttelte diese, so heftig er konnte. BBBBRRRRRRRRRR.

Doch er schafft die zwei Stockwerke ohne Probleme, zeigt währenddessen auf seinen Bauch und formt eine Schere, schnipp-schnapp macht er, und ich frage, ob er sich den Magen verkleinern lassen wolle oder so, aber er lacht nur laut und sagt: »Nein, nein, Geschwür, sehr schlechtes Geschwür!«

Thanjavur ist die ehemalige Hauptstadt des alten Königreichs der Chola, die seit dem 9. Jahrhundert fünfhundert Jahre lang Südindien regierten, das Land durch intensiven Handel mit Römern und Ägyptern zu Reichtum brachten und in ihrer Blütezeit über ein Territorium herrschten, dass sich vom Osten des heutigen Indonesien bis in den Norden des Dekkan erstreckte.

Trotz der beeindruckenden Vergangenheit bin ich nur zwei Jahre zu spät. 2010 feierte der Brihadishvara-Tempel, Weltkulturerbe und Vorzeigebau des Chola-Reichs, sein tausendjähriges Bestehen.

Zwei aus ihren Khaki-Uniformen platzende Polizisten weisen mir meinen Parkplatz zu, indem sie abwechselnd in verschiedene Richtungen zeigen, aus denen ich mir eine aussuchen darf. Das Erste, was mir im Tempel auffällt, sind die leeren Biodegradable-Mülleimer und ein Touchscreen-Kiosk, dessen Funktion mir leider nicht klar wird, da er geschlossen ist. Elefant! Kein südindischer Tempel, der etwas auf sich hält, kommt ohne einen Elefanten aus, der als lebendige Segnungsstätte Einlass gewährt. Besucher legen Münzen oder Bananen in den Rüssel, der Elefant bläst das angeschleimte Geld in die Hände seines Führers und segnet die Menschen, indem er ihnen kurz mit dem Rüssel über den Kopf streichelt.

Mächtige Mauern und gigantische Tore, bis ich im inneren Tempelbereich von der goldenen Nachmittagssonne erwartet werde. Die Gegenwart des Brihadishvara hat nichts von der ungreifbaren, unterirdischen Magie des Nataraja-Tempels, und sie braucht es auch nicht. Der Tempel zeigt all seinen Stolz im Tageslicht und übermittelt ein Gefühl von Ewigkeit und Dauer. Zum Zeitpunkt seiner Fertigstellung war er zehnmal größer als alles andere, was sich sonst an hinduistischen Gottesstätten im Land tummelte. Die Weite lädt ein, einen Spaziergang über die Grünflächen zu machen und dem Schwalbenschwarm zuzuschauen, der seine Runden um den sechsundsechzig Meter hohen Zentralturm dreht. In dessen Innerem befindet sich ein riesiger Stein-Lingam, der außerhalb des Gebäudes vom tierischen Begleiter Shivas bewacht wird. Der Büffel Nandi, der in jedem Shiva-Tempel den schützenden Blick auf die Gottheit gerichtet hat, ist einer der größten Indiens, seine sechs mal drei Meter sind aus einem einzigen Felsen herausgeschlagen. Treuer Freund und Weggefährte des Mahadeva, hat er auch noch Zeit für die Menschen: eines der Ohren Nandis ist stets etwas abgewinkelt, damit die Menschen ihre Wünsche hineinsprechen können. (Video 1)

Nach einem halben Tag im lauten und stickigen Verkehr dauert es eine Weile, bis ich mich an die Ruhe und Weitläufigkeit des Tempels gewöhne. Die Erregung, ich merke es bis in jede Zelle, hallt in meinem Körper wie ein Echo, das sich im Kreis dreht. Das Tempelgras aber ist bequem – und ein höchst seltenes Vergnügen. Ich strecke mich der Länge nach auf die Wiese und nehme die Bhagavad Gita zur Hand, von der Alexander von Humboldt sagte, sie sei »das schönste, ja vielleicht das einzig wahrhafte philosophische Gedicht, das alle uns bekannten Literaturen aufzuweisen haben.«

Unter den heiligen Schriften Indiens nimmt die Bhagavad Gita, der Gesang Gottes, eine besondere Rolle ein. Neben den ersten sinnsuchenden Schriften der Menschheit, den Veden und Upanischaden, in denen die stets aktuelle Weisheit der inneren Weltverarbeitung beschrieben wird, ist die Bhagavad Gita näher an der Seele und Stimmung des Volkes. Das Studium der Veden und Upanischaden war schon immer Aufgabe der Brahmanen, der Priesterkaste. Aber jeder Inder kennt von klein auf die zwei großen Epen, das heldenhafte Ramayana und das Mahabharata, welche mitsamt den Puranas und tantrischen Texten den Kanon der großen indischen Schriften abrunden.

Die Bhagavad Gita ist als religiös-philosophische Dichtung eine Episode des Mahabharata und ein Lehrgespräch zwischen zwei Männern, die sich einer äußeren und inneren Schlacht stellen müssen. Krishna führt den Panduiden Arjuna als dessen Wagenlenker in einen Kampf gegen die eigenen Verwandten, die Kurus. Arjuna muss als Anführer seines Clans ein riesiges Heer gegen ehemalige Vertraute und Freunde positionieren, eine emotional ausweglose Situation: Entweder er kommt seiner Aufgabe als Heeresführer nicht nach und wird mitsamt seinen Truppen vernichtet, oder er muss sich dafür verantworten, sein Schwert gegen einstige Vertraute zu richten. Schaudernd erblickt er die Gesichter seiner früheren Gefährten in den feindlichen Reihen und stimmt sein Klagelied an:

>*Kein Heil mehr seh' ich, wenn im Kampf*
ich die Verwandten umgebracht.

Krishna, den Sieg begehr' ich nicht, noch Herrschaft,
noch die Freuden all.
Was soll die Königsherrschaft uns, was der Genuss,
was das Leben selbst?

Um derentwillen wünschenswert Herrschaft, Besitz und Freuden sind,
Die stehn in Reihen hier, im Kampf aufopfernd Leben, Hab und Gut.

Diese zu töten wünsch ich nicht, und sollten sie mich töten auch.«

In den folgenden Versen wird Krishna, der als Inkarnation Vishnus auftritt, Arjuna den Unterschied zwischen der Tat und der Nicht-Tat erklären, der uns befähigt, inmitten

eines Lebens, das uns vor die verschiedensten (moralisch un-
lösbaren) Aufgaben stellt, die richtige Wahl zu treffen; er wird
ihn in das Geheimnis des *brahman,* des ewigen Seins einwei-
sen, ihm die *samkhya*-Philosophie und den *vedanta* der Upanischaden darlegen sowie die drei großen Mächte erklären, die
Natur und Menschen innewohnen und deren Sein auf Erden
bestimmen.

Auf dem Rückweg kaufe ich noch eine kleine Flasche Old Monk
– nicht der beste, aber der beste Rum Indiens – und lade Perumal,
den Portier, auf ein Gläschen ein. Halbnackt sitzen wir im Gang
vor meinem Zimmer, rauchen *Beedies* und trinken. Viel zu erzählen gibt es nicht. Schwitzend und zufrieden sitzen wir eine Stunde zusammen und bevölkern die Dunkelheit mit blauem Rauch.
Zehn Uhr. Perumal erhebt sich, gähnt und streift sich sein Hemd
über.

»UUUh«, sagt er und reibt sich den mächtigen Vorderbau, der
an die Statur des Gottes Ganesha erinnert, »Schmerz, Schmerz«.
Dann lacht er und nimmt noch einen letzten Schluck, um diesen
zwei Sekunden später in die Nacht zu rülpsen.

Geschwür, Tabak und Rum: Da muss er jetzt durch. Auf seinem Gesicht liegt eine gewisse Hingabe an den Schmerz und seine Situation. Er trägt, denke ich, er trägt. Körper, Krankheit,
Menschsein. Langsam wackelt er die zwei Stockwerke hinunter,
um wie jede Nacht auf einer dünnen Matratze neben der Rezeption in seine Träume zu finden.

Ob er den Kampf gewinnen wird?

In der Bhagavad Gita ergreift Krishna nach einem weiteren
Klagegesang Arjunas das Wort und beginnt, ihm die Lehre des
hohen Lebens und die Weisheit jener Erleuchteten und Yogis zu
verkünden, deren Blick nicht auf die im Menschsein eingebun-
denen Eigenschaften, sondern auf das All-Wirken Gottes gerichtet ist. Er fragt, woher »der Kleinmut dir im Augenblicke der

Gefahr« komme, und erklärt den Standpunkt des Weisen, der niemals »Tote noch auch Lebendige beklagt«. Denn die Essenz aller Wesen, ihr Geist beziehungsweise ihre Seele, ist ungeboren
und unendlich; Geburt und Tod des physischen Körpers – und
der nur mit ihm verbundenen Person – sind lediglich wiederkehrende Szenarien der Seele, auf die letztlich weder Schwert noch
Kummer Einfluss nehmen können:

»Du redest gut, allein du klagst um die, die nicht beklagenswert,
Nicht Tote noch auch Lebendige beklagt jemals der Weisen Schar.

Nie war die Zeit, da ich nicht war, und du und diese Fürsten all,
Noch werden jemals wir nicht sein, wir alle, in zukünftiger Zeit.

Denn wie der Mensch in diesem Leib Kindheit, Jugend und Alter hat,
so kommt er auch zu neuem Leib, – der Weise wird da nicht verwirrt.

Der Atome Berührung nur ist kalt und warm, bringt Lust und Leid,
sie kommen, gehen, ohn' Bestand, – ertrage sie, o Bharata!

Der weise Mann, den diese nicht erregen, o du starker Held,
der Leid und Lust gleichmütig trägt, der reift für die Unsterblichkeit.«

TAMIL NADU

Madurai

Kurz vor Sonnenaufgang ist es noch immer so heiß, dass ich einzig meine *chappal,* eine kurze Hose und T-Shirt trage, als ich Thanjavur verlasse und mich auf den Weg nach Madurai mache, das Athen des Ostens.

Überall die gleichen Szenen. Männer sitzen in ihren blaukarierten *lungi* auf Mauern, quatschen und rauchen ihre erste Beedi; die Frauen tragen noch immer ihre Nighties, einteilige Hauskleider, welche sie auch zum Schlafen tragen, quatschen im Stehen und füllen ihre Eimer an den Wasserquellen auf, während unzählige Kinder um sie herumsitzen. Auch die Tiere erwachen. Hunde, die von ihren Kämpfen und Spielereien blindlings auf die Straße rennen, werden wie jeden Tag meine ärgsten tierischen Gegner im Straßenverkehr sein. Aber auch Ziegenherden, Kühe, Hühner und Passanten tun es ihnen an

Unachtsamkeit gleich, während mir Dutzende Libellen knisternd ins Gesicht schlagen.

Am ersten Tag hatte ich meine erste Panne, am zweiten werde ich Zeuge des ersten Unfalls. Ein Mann weicht einem Speedbraker aus und kommt auf der sandigen Straße ins Rutschen, sodass er und seine Frau in den Staub neben der Piste krachen. Nichts Schlimmes bis auf ein paar dreckige Schürfwunden und eine aufgebrachte Ehefrau, die, rot vor Wut und mit einer Armee an Flüchen bewaffnet, über ihren sich gerade zusammenrappelnden Ehemann herfällt. Wir müssen die zur rachesüchtigen Kali inkarnierte Dame zu dritt zurückhalten und bald darauf beide Kampfhähne voneinander trennen, da sich nun ihr Mann von dem kleinen Schock erholt hat – und seinerseits auf seine Frau losgeht.

Kleine Motorradunfälle dieser Art geschehen hundertmal pro Sekunde. Keine indische Verkehrsstatistik macht sich die Mühe, sie wahrzunehmen. Man rammt sich kurz, keilt ineinander, rutscht auf der schlechten Straße aus, überfährt ein Tier et cetera. Aber manche dieser Unfälle enden böse, und ich habe schon einige hässliche Leichen auf indischem Straßenboden gesehen. So sagt man dem Verkehr oft nach, dass er chaotisch, mörderisch und unberechenbar ist.

Aber das stimmt keineswegs.

Laut der WHO kommt das Land auf einhundertdreißigtausend Verkehrstote im Jahr; jede Stunde sterben vierzehn Menschen. Diese Zahl belegt allerdings keineswegs, dass der Verkehr nicht funktioniert. Die Gesetze der Straße sind andere als im Westen, und jeder hält sich an diese Gesetze. Dass Unfälle passieren, ist folglich keine Missachtung der Regeln, sondern unabdingbare Notwendigkeit eines Systems, dass tagtäglich eine unvorstellbare Masse von Verkehrsteilnehmern durch eine Infrastruktur befördern muss, die überwiegend für Fußgänger und Ochsenkarren konzipiert wurde.

Sozialdarwinismus! Der Größte und gleichzeitig Kompromissloseste siegt – und überlebt. Und so gilt die Regel, dass der jeweils Kleinere dem anbrausenden Größeren Platz machen muss, auch wenn sich dieser auf der ›falschen‹ Fahrbahn befindet und den ›richtigen‹ Verkehr in den Straßengraben drängt. Der Inder, vernarrt in alle Arten der Hierarchie, hat aus seinem inneren Gesetz heraus folgende Rangordnung für die Straße entwickelt:

- Kuh
- vollbesetzter Bus
- Bus
- Lkw
- Auto
- kleineres bzw. älteres Auto
- Autorikscha
- Ochsenkarren (dieser stünde eigentlich unter dem Motorrad, aber seine langsame Ausweichgeschwindigkeit bemächtigt ihn zu seiner besonderen Position)
- Motorrad
- Fahrradrikscha
- Gruppen von Menschen
- Fahrrad
- Fußgänger, einzeln
- andere Tiere

Kühe sind den Hindus heilig, Kühe sind überall. Sie wandern frei durch das Land und lassen sich stets dort nieder, wo sie sich niederlassen wollen. Es ist ein gewöhnliches Bild, dass sich der Verkehr um eine Horde Kühe herumschiebt, die mitten auf der Straße dösen. Die meisten Inder würden ihr Gefährt lieber durch das Geländer einer Brücke jagen, als dem Schienbein einer gewöhnlichen Landkuh auch nur einen Kratzer zuzufügen. Es ist eine zauberhafte Macht, die dieses friedliche Lebewesen in diesem Land besitzt – die Macht der Busfahrer hinge-

gen ist erschreckend. Angestellte privater und staatlicher Bus-
unternehmen legen ein erstaunliches Suizidverhalten an den
Tag, welchem ich mit Furcht und Ehrfurcht gleichermaßen
begegne. Ich halte viel von einer bislang unausgesprochenen
Theorie, dass man es hier mit Geisteskranken und ehemaligen
Straftätern – Mördern, Totschlägern, Irren – zu tun hat, die
im Zuge eines Resozialisierungsprozesses erneut in die Gesellschaft integriert werden, um selbige gnadenlos zu dezimieren;
immerhin sieht sich Indien mit über 1,2 Milliarden Menschen
einem krassen Überbevölkerungsproblem gegenüber. Selbst
nach über zehn Jahren ist es für mich erstaunlich, mit welcher
halsbrecherischen Geschwindigkeit diese Todesbusse durch
eine Straße jagen, die so überfüllt ist, dass man kaum mit dem
Motorrad durchkommt.

Lkw-Fahrer hingegen sitzen meistens so hoch, desinter-
essiert und weltabgeschirmt in ihrer klapprigen Fahrerkabi-
ne, dass sie die ersten zehn Meter der Straße überhaupt nicht
sehen können. Was nicht schlimm ist, denn der einzig ihnen
ranggleiche Verkehrsteilnehmer, der Bus, ist immer noch zu
groß, um übersehen zu werden. Es ist kein leichter Job, und
man beneidet diese Männer nicht. Fünfzehn Millionen Fahrer
steuern über fünf Millionen Lkw quer durch das Land und arbeiten unmenschliche Schichten, in denen sie teilweise sechs-
unddreißig Stunden nonstop fahren müssen. Zudem ist es ein
schlecht bezahlter Job, der viele in den Alkoholismus und au-
ßereheliche Abenteuer mit zwielichtigen Prostituierten treibt.

Meine beiden einzigen Unfälle hatte ich in meinem ersten
indischen Jahr, und das nur, weil ich mich noch so verhielt, als
fahre ich in Hessen anstatt in Tamil Nadu. Es hat eine Weile gedauert, bis ich begriff, dass die beiden Unfälle, die nicht meine
Schuld waren, eben doch meine Schuld waren. Wenn man sich
also an die folgenden Regeln hält, ist die Gefahr, auf einer indischen Straße zu sterben, relativ gering:

1. Keine Panik. Sehr stolz auf seine eigene Kultur lernt der Inder dennoch von anderen Heiligen, in diesem Fall von den Samurai. Aus einer ihrer Regeln wurde das wichtigste indische Verkehrsmantra abgeleitet: Verhalte dich stets so, als seiest du schon tot.

2. Ausweichen. Auch wenn einem ein Auto, ein Bus oder Lkw auf der eigenen Straßenseite entgegenkommt und man die Straße verlassen muss, ja, selbst wenn neben der Straße eigentlich kein Platz ist: Finde den Platz! Es ist besser, als zu sterben.

3. Hupen. Die Hupe ist aus dem Straßenverkehr nicht wegzudenken und *das* Hauptkommunikationsmittel, das alle etwaigen Verkehrsregeln ersetzt. Es ist polizeiliche Vorschrift, dass zum Beispiel alle größeren Fahrzeuge auf ihrem Heck den Hinweis »Please Horn« tragen, damit andere Verkehrsteilnehmer nicht auf den albernen Gedanken kommen, sich ohne Ohrenbetäubnis anzukündigen. Die Inder schauen nicht in den Rückspiegel, den sie meistens auch nicht besitzen; sie hören. Wenn man nicht durch Hupen auf sich aufmerksam machen kann, ist man im Verkehr so gut wie unsichtbar. Und wird dementsprechend übersehen.

4. Drive-in-Zone. Dass man die Straße in links und rechts unterteilt, ist reine Politik und im eigentlichen Verkehrsgeschehen unerheblich. Meistens fährt man auch bei geringem Verkehrsaufkommen in der Mitte der Straße, was auf ein Phänomen zurückzuführen ist, das ich Drive-in-Zone nenne: Jeder, der auf eine Straße einbiegen will, besitzt das Recht, dies ohne Warten zu tun. Dies bedeutet: Jeder fährt, ohne zu schauen, direkt in den Verkehr. Und zwar in die Zone, die von allen für dieses stets blind ausgeführte Manöver freigehalten wird – die äußeren eineinhalb Meter der Straße, die Drive-in-Zone (die

auch allzeit von Kühen, Hunden, Ziegen, Hühnern und Schweinen in Anspruch genommen wird).

5. Geschwindigkeit. Umso langsamer man ist, desto größer ist die Chance, von hinten überfahren zu werden. Es hört sich falsch an, ist dennoch richtig: je schneller, desto besser.

6. Den Verkehr lesen. Niemand blinkt, wenn er abbiegt, niemand wartet, bevor er sich in den Verkehr drängt, niemand hält sich in einer ›Spur‹. Aber auch Chaos besitzt eine Ordnung, und mit der Zeit lernt man, jede noch so kleinste Bewegung zu interpretieren und die Aktionen der anderen fast hellseherisch vorauszuahnen. Ist die kurze Bewegung mit dem Kopf Anzeichen, dass er gleich an dem Shop auf der anderen Straßenseite halten will? Wird er fast unmerklich langsamer, um einen halsbrecherischen und vollkommen gedankenlosen U-Turn aufs Straßenparkett zu legen? Drängt zweihundert Meter weiter vorne ein Fahrzeug auf die Straße, und wird deshalb der Vordermann bald achtlos in die Mitte ziehen, um wiederum seinem Vordermann auszuweichen, der seinerseits das langsame Fahrzeug überholen muss? Welche Richtung nehmen die Ziegen, wer hebt gerade einen Stein hoch, um einen lästigen Hund auf die Straße zu jagen, welche Schubserei unter Schulkindern wird auf der Straße enden? Wie in einem Spinnennetz sitzt man im Zentrum des Geschehens gefangen, und alle Wege führen zu dem zu verspeisenden Opfer. Autopilot: Das Gehirn rechnet unbewusst alle Daten zusammen und lernt mit der Zeit, ein verlässliches Signal auszusenden, welches letztendlich auf Mathematik beruht, aber genauso gut göttlich sein könnte: Magisch und wie von Geisterhand wird sich die Lücke im scheinbar unkalkulierbaren Chaos öffnen. Oder eben nicht.

Zum Schluss sei noch erwähnt, dass der Zustand auf den Straßen ein anderer wäre, wenn tatsächlich, wie so oft behauptet wird, gewissenlose Anarchie herrschte. Nein, auch wenn es nicht so erscheinen mag, es ist der altruistischste Verkehr, den es nur geben kann. Im Westen etwa ist nie ein persönliches Einschreiten und Abwägen erforderlich. Jedwedes Verhalten ist geregelt, und diese Regeln werden zu neunundneunzig Prozent befolgt. Auf hiesigem Straßenbelag aber befiehlt wie überall in Indien das Herz und nicht der Verstand über Sieg oder Niederlage, langes Leben oder frühen Tod. Und wenn nicht jeder auf den letzten Drücker diese paar Zentimeter ausweichen würde, die nötig sind, um den anderen nicht umzufahren und seinen Nächsten (wie sich selbst) infolgedessen zu retten ..., dann gäbe es in Indien sicherlich mehr als einhundertdreißigtausend Verkehrstote pro Jahr.

Die Straße leidet unter Baumaßnahmen. Ich komme nur langsam voran, bis ich auf einen der Superhighways treffe, die man in Indien zu bauen begonnen hat. Die letzten zwanzig Kilometer nach Madurai geht es auf einer neuen, vierspurigen Autobahn schnurgerade an den Rand der Stadt; keine Schlaglöcher, weder Speedbraker noch Hunde und vor allem: kaum Verkehr. Ich stöpsel mir den Walkman in die Ohren und genieße es, Marlene zum ersten Mal richtig ausfahren zu können.

Madurai quillt über von Hotels und natürlich – Menschen. Ich beziehe ein fensterloses Zimmer in einer der unzähligen Lodges, in dessen winzigem Bad ich mich zu einem Loch unterhalb der Decke hinaufziehen kann; einen Meter über den Boden baumelnd, habe ich einen sagenhaften Blick auf einen der *gopuram*, der Türme des weltberühmten Shri-Minakshi-Tempels.

»Lunch has to be fully heavy«, heißt es im tamilischen Volksmund. Im gesamten Bundesstaat besteht das Mittagessen überwiegend aus dem *veg meal*, ein beindruckender Berg Reis mit verschiedenen Gemüsesoßen. Während man überall in Indien mit

den Fingern isst, beackert der Tamile seine Nahrung gerne mit
der ganzen Hand. Reis und Gemüse werden im Handballen zu
einem Haufen geknetet, auf Ring- und Mittelfinger gelegt (Rampe) und von dort mit dem Daumen (Schieber) in den Mund geschoben. Methode: So schnell und so viel wie möglich Essbares
aufnehmen, schweigend und zügig, sodass der Mageninhalt bis
zum späten Abend reicht, wenn ein letztes Mal gegessen wird.
Die Mittagshitze (36 Grad) und das schwammige Delirium nach
dem reichlichen Essen wirken anästhesierend – und führen den
Körper nunmehr dem verdienten Mittagsschlaf zu. Nachmittags
zwischen zwei und halb vier wird Tamil Nadu von einer toten,
völlig unbrauchbaren Zeit beherrscht, in der nur die Fliegen lebendig und die meisten Geschäfte geschlossen sind. Aber nicht
jeder geht nach Hause. Die Inhaber der geöffneten Shops falten
ihre Hände über dem dicken Bauch, atmen halbnass und nicken
unter den Ventilatoren ein.

Es ist Samstag. Eine spürbare Gemütlichkeit liegt um das
Zentrum der Stadt, das von den Ausmaßen des riesigen Minakshi-Tempels bestimmt wird, der wie eine eigene Stadt innerhalb
der Stadt thront. Sein Erscheinungsbild und seine mächtigen
Pforten, eine je Himmelsrichtung, werden von den reich verzierten Türmen geprägt, an denen die Künstler ihr ganzes Können
und Wissen ausgelassen haben. Jeder Gott oder Dämon, dessen
Name jemals über die Lippen der Menschen ins diesseitige Weltenquartier sprang, hat hier seinen Platz gefunden. Dravidische
Skyline. Ein Tausendreichtum an Gestalten und Figuren, Farben
und Tanz ist derart imposant aus der Erde gezogen worden, dass
es der Götterkosmos leicht mit der Weite des blauen Himmels
aufnehmen kann, in den er skulptiert wurde.

Um den sechs Hektar großen, rechteckig angelegten Tempel liegen Männer und Frauen zwischen den dösenden Kühen
im Schatten der Bäume, tauschen die neuesten Geschichten aus,
trinken Chai oder verkaufen Souvenirs an die einheimischen Tou-

risten, die in Massen nach Madurai pilgern. An normalen Tagen
strömen fünfzehntausend Menschen in den Tempel, wo sie von
einhundertfünfzig Priestern empfangen werden, um einen Blick
auf Minakshi zu werfen. Und zum ersten Mal sehe ich, in tiefe
Diskussionen verstrickt, Sadhus unter den Einheimischen sitzen.

Ein Sadhu, ein heiliger Mann, ist jemand, der sein weltliches
Leben – welches Arbeit, Familie, Geld und Wohnung umfasst
– aufgegeben hat, um sich ganz dem spirituellen Dasein zu widmen. Die Gemeinschaft der Sadhus ist in verschiedene Orden ge-
gliedert und subgegliedert. Viele befinden sich auf lebenslanger
Wanderschaft, andere wohnen in Tempeln oder in abgeschiede-
nen Höhlen. Ihr Erscheinungsbild ist jedoch meistens dasselbe:
Sie tragen einen dichten Bart, verfilzte Rastalocken, die Stirn ein-
gekreidet und ornamentiert, orangefarbene Kleidung und schleppen ihre wenigen Habseligkeiten in einem Beutel mit sich. Der
Konsum von Marihuana ist in Indien illegal, den heiligen Männern aber ist er erlaubt: Das *charaz* soll helfen, Versenkung und
Meditation zu erleichtern. Ein Standpunkt, der von vielen anderen Yogis und Erleuchteten abgelehnt wird, da der berauschte
Zustand ihrer Meinung nach nicht dazu führen kann, den Geist
vom Lärm der Ich-Welt zu reinigen.

Da sie weder Geld verdienen noch besitzen, sind sie auf Almosen und Spenden angewiesen. Und die Bevölkerung gibt gerne. Sadhus verkörpern nicht nur die individuelle asketische Bemühung,
sondern auch die des Volkes. Sie sind Stellvertreter all jener Inder, die in diesem Leben einem anderen *Dharma* und damit einer
anderen Lebensaufgabe verpflichtet sind.

Madurai ist eine uralte Stadt, deren Gründung etwa zweitausendfünfhundert Jahre zurückliegt. Umso weiter man sich von ihrem
Zentrum entfernt, desto schneller gerät man in die Moderne.
Verkehrschaos, Betonhäuser, klimatisierte Geschäfte, Müll. Und
doch finden sich in den kleinen Gassen des hektischen Madurai

der Neuzeit diese gewöhnlichen und doch so unglaublich intensiven Bilder, um die man Indien beneidet. Ein Neembaum ist zu
einem Schrein ausdekoriert worden; der Rikscha-*wallah* schläft
quer über sein Gefährt gestreckt; in den schmalen, dunklen Räumen, die dem Geschäft dienen, sitzen die Inder in scheinbar
ewiger Ruhe über ihrer täglichen Arbeit und buchbinden, stem-
peln, waschen, schreiben oder rechnen; und der Besucher, den die
Tamilen *walakara* nennen, weißer Mann, wird überall zu Tee eingeladen und gebeten niederzusitzen und sich auszuruhen.

Indisches Paradox: Dem Inder ist die materielle Welt fast
vollkommen wertlos, da sie von allen göttlichen Erscheinungen am meisten von Gott entfernt ist. Er steht ihr, wenn er sich
schon für eine Position entscheiden muss, bestenfalls gleich-
gültig gegenüber; zugleich jedoch betrachtet er sie eben doch
als eine Manifestation Gottes, der gehuldigt werden muss. Ein
Chai-*wallah* öffnet seinen kleinen Laden und segnet mit einem
Bündel Räucherwerk dreifach kreisend Kasse, Teekiste, den
Milchkessel, Gasflasche, sein Mobiltelefon und das blumenbe-
hangene Bild des Vaters, des Großvaters und seiner Götter. Alles Dinge, die er zum Leben benötigt, und die seinen Tag begleiten werden. Segnung: Mögen sie dienen und nützlich sein,
solange sie existieren.

Mit mir sitzt eine junge Frau auf der alten, termitenangenag-
ten Holzbank und unterhält sich lachend mit dem Chai-*wallah*.
Sie studiert Grafikdesign in Bangalore (einem der Hauptzentren
des indischen IT-Booms) und stellt gerade ein Buch über indische
Gewürze und Kräuter zusammen, die in der lokalen Küche und
Medizin verwendet werden.

»Wir modernen Inder in Bangalore«, erklärt sie mir, »kümmern uns nicht mehr um das alte Wissen, wir werden ganz und gar
von der Moderne überrollt. Aber wir sollten. Die Menschen hier
wissen soviel über ihre Umgebung, die Wirkungen ihrer Pflan-
zen, und es ist unfassbar, dass wir ernsthaft in die Apotheke ren-

nen und uns pharmazeutische Pillen einwerfen! Langsam geht alles verloren, deshalb will ich es für die Zukunft bewahren.«

Der Chai-*wallah* unterbricht uns und zeigt auf einen Gecko, der an der Decke klebt. Er nimmt einen großen Deckel und schließt den Kessel, in dem sich die Milch befindet. Sie übersetzt: »Er sagt, auf die Geckos müsse man aufpassen. Wenn sie in Milch fallen und dort sterben, entlassen sie eine Säure, die für den Menschen tödlich ist.«

»Like this«, sagt er auf Englisch und demonstriert noch einmal, wie er den Deckel über die Milch schiebt, um seine Kunden vor der Geckosäure zu schützen.

»Excatly like this!«

In nur zwei Tagen habe ich einige der großartigsten Tempel des Landes besucht. Ich kann mich fast dran gewöhnen, meine Zeit zwischen der Freiheit der Sonnenstaubstraße, den schäbigen Unterkünften und den Tempeln aufzuteilen, in denen die Bilder, Geräusche und Düfte so herznah rücken wie an keinem anderen Ort.

Chidambaram: mystisch, tief, ergreifend.

Thanjavur: poetisch, sanft, gegenwärtig.

Und der Shri-Minakshi-Tempel: stolz, undurchdringlich, pompös.

Dessen Legende: Malayadvaja Pandya, König des im 13. Jahrhundert herrschenden Pandya-Königreichs, erwartet die Geburt seiner Tochter. Als diese aus einem heiligen Feuer geboren wird, zieren drei Brüste ihren Oberkörper und ein weiteres Merkmal ihr Gesicht, das seinerzeit als elysisches Schönheitsideal galt und zu der Namensgebung des Kindes führte. Minakshi, die Fischäugige.

Eine himmlische Stimme spricht zu dem König, er solle unbesorgt bleiben. Die dritte Brust werde verschwinden, sobald seine Tochter ihrem zukünftigen Ehemann begegne. Und wahrlich: Mit göttlichen Kräften ausgestattet, besiegt Minakshi auf unzähligen Feldzügen alle anderen Götter, bis sie sich schließlich zu dem Berg Kailash aufmacht, dem Sitz Shivas im heutigen Nepal.

In dem Moment, in dem sich beide kampfbereit gegenüberstehen und sich zum ersten Mal in die Augen blicken, fällt beides von ihr ab: ihre Kampfeslust sowie eine überschüssige Brust. Sie sinkt nieder und verbeugt sich ehrfürchtig vor Shiva. Sie hat ihren Ehemann gefunden und kehrt mit ihm und der Erkenntnis, eine Inkarnation Parvatis zu sein, nach Madurai zurück, wo die beiden den Bund der Ehe schließen.

Weniger mythisch ist die Erbauung des Tempels, der sehr wahrscheinlich so alt ist wie die Stadt selbst, jedoch erst im 16. Jahrhundert, Turm um Turm, zu seiner heutigen Pracht aufstieg. Ich betrete den Tempel durch das gewaltige Osttor und finde mich zuallererst in einem Basar wieder. Neben allerlei Tempelaccessoires, den Hauptopfergaben Bananen und Kokosnuss sowie jeder Menge Kurkumapulver gibt es auch die weltlicheren Konsumgüter. Plastikspielzeug für die Kinder, Uhren für den Herren und falsche Haare für die Dame.

Sobald ich die Verkaufsbuden hinter mir gelassen habe, merke ich schnell, warum jeder Tamile in den stolzesten Worten über diesen Tempel spricht. Die Halle der Tausend Säulen beherbergt tatsächlich knapp an die tausend Säulen, die alle von Meisterhand bearbeitet sind. Dreißigtausend Skulpturen führen den Pilger durch ein Labyrinth von dunklen Gängen, durch die man immer wieder, wie von Zauberhand geführt, in den Kilikoondu Mandapam gelangt. In diesem Korridor, der das Sanctum Sanctorum umschließt, meint man noch immer den Gesang der Papageien *(kilikoondu)* zu hören, die einst hier lebten und von den Priestern trainiert worden waren, den Namen Minakshis auszurufen.

Es ist leicht, sich in den riesigen Quartieren des Tempels zu verlaufen. Um an einen verlässlichen Ruhepol zu gelangen, hocke ich mich schließlich zu dem Tempelelefanten, der gerade gefüttert wird. Sein Pfleger stopft ihm aus einem Eimer riesige Essenshaufen tief ins Maul, während die Menschen geduldig warten, bis sie wieder gesegnet werden können. (Video 2)

Sobald keine Besucher da sind, gähnt er, reibt sich mit dem Rüssel die Augen und hängt ihn dann zur Entspannung in die Glöckchenkette, die ihm um den Hals baumelt. Seine Haut scheint so alt zu sein wie der Tempel selbst, aber hinter seinen kleinen gelben Augen, die von weiblich anmutenden Wimpern überdacht werden, steckt ein uraltes Bewusstsein, für das der weltliche Zeitenlauf nur Firlefanz ist. Ein gutes Symbol für den Hinduismus, der nicht in Tagen, Jahren oder Menschenleben, sondern, wenn überhaupt, in *yuga* (Äonen) rechnet.

Ein kleiner Junge redet auf den Elefanten ein. Als dieser nicht antwortet, beschwert er sich lauthals bei seiner Mutter, die ihn zur Belohnung näher an das riesige Tier heranschiebt. Ein Mann stellt seine Hände hinter den Ohren auf und klappt sie vor und zurück. Der kleine Junge begreift die Geste. Der Elefant kann nicht reden, aber sein Ohrenschlacksen zeigt an, dass er alles versteht.

Zurück in meinem Zimmer treffe ich auf eine andere Legende.

Bollywood ist die größte Filmindustrie der Welt, aber die Tamilen stehen weder mit dem Hindi, der Sprache, noch mit den in Bombay produzierten Filmen auf gutem Fuß. Viel zu stolz auf ihre eigene Kultur und ihre uralte Sprache, besitzen sie ihre eigene Filmindustrie: Kollywood. Das K steht für Kodambakkam, ein Viertel Chennais, in dem die meisten Filme gedreht und produziert werden. (Zudem gibt es noch eine andere südindische Filmindustrie, Tollywood, die den Telugu sprechenden Teil des Landes bedient.)

Kollywoods »Greater than life«-Überheld, der auf den Namen Rajinikanth hört, aber nur »The Boss« genannt wird, feiert dieses Jahr seinen dreiundsechzigsten Geburtstag. Ein einzigartiges Merkmal der indischen Filmkultur ist, dass die wirklich großen (männlichen) Helden allesamt keinem Schönheitsideal entsprechen. Sie müssen einzig charmant sein oder brutal, am besten aber beides unter einem ansehnlichen Schnauzer vereint. The Boss passt so gut in dieses Muster, als habe er es höchstpersönlich ins Leben gerufen. Keine Frau würde ihn jemals aufgrund seiner physischen Reize begehren, aber er besitzt diesen Leinwandmix aus Männlichkeit, Coolness und Schuljungencharme, der fürs heimische Kino unbezahlbar ist. Bevor er ins Filmgeschäft einstieg, arbeitete er als Fahrkartenverkäufer in Bussen und wurde entdeckt, weil er seine brennende Beedi auf eine Art im Mund herumdrehen konnte, die seine Passagiere in selige Schockstarre versetzte.

Die Fans Rajinikanths haben um ihren Helden einen Kult etabliert, der mit dem des amerikanischen Actionstars Chuck Norris vergleichbar ist. Über beide zirkulieren die gleichen (ehrfürchtigen) Witze.

»Nur Rajinikanth hat zweiunddreißig Weisheitszähne.«

»Wenn Rajinikanth Liegestütze macht, drückt er sich nicht hoch. Er drückt die Erde runter.«

»Nur Rajinikanth kann mit offenen Augen niesen.«

»Wenn Rajinikanth operiert wird, wird die Anästhesie den Ärzten verabreicht.«

»Rajinikanths Puls kann nur auf der Richter-Skala gemessen werden.«

»Wenn Rajinikanth ins Meer steigt, wird er nicht nass. Das Meer wird zu Rajinikanth.«

Es läuft »Thalapatti«, einer seiner Klassiker, und nach drei Stunden tamilischer Hau-drauf-Action schalte ich noch kurz durch die Programme. Bald finde ich einen lokalen Sender, der in einer Endlosschleife Einblendungen durchs Bild laufen lässt, die mich wie indische Schäfchen in den Schlaf wiegen:

»Don't use vulgar words please.«

»Avoid drunken drive.«

»Help others.«

»Don't send repeated messages.«

KERALA

Munnar

Um halb sechs morgens muss ich drei in der Lobby schlafende Angestellte wecken, bis man sich erbarmt und mir missmutig die Hotelpforten öffnet. Da ich nochmal in den fünften Stock hochlaufen muss, weil ich meine Spannseile vergessen habe, bin ich schon halb durchgeschwitzt, bevor ich überhaupt auf Marlene sitze.

Jeden Morgen dasselbe Bild. Aus den leeren Straßen, in denen sogar die Hunde noch schlafen, drängt es die wenigen Seelen, die um diese Uhrzeit schon das Haus verlassen haben, zu den Verheißungen des Chai-*walla*h. Steht man sonst als weißer Reisender zwangsläufig im Mittelpunkt, genieße ich diese frühmorgendlichen Chai-Einheiten, da ich ganz einfach, wie alle anderen auch, ruhig und schweigend um den heißen Kessel herumstehen darf. Noch immer viel zu sehr Traum als Gegenwart, warte ich auf die erste süßbraune Portion Leben, die Nerven und Blutlaufbahn in den Tag eilen lässt. Stille. Wir teilen ein gemeinsames Schicksal und eine gemeinsame Freude, die nicht durch Worte entzaubert werden. Dann beginnen unsere Reisen, und es geht ab in den Bus, zurück ins Bett, zur Arbeit oder aufs Motorrad.

In den ersten zehn Minuten passiere ich drei überfahrene Hunde, an denen die Raben herumpicken. Es wird hell. Der Tag stiehlt sich ins Land, um die Berge anzukündigen. Hügelketten links wie rechts, rötlicher Stein und Fels, punktiert von mannshohen Sträuchern, die wie Sommersprossen auf den Hügeln sitzen. Meine heutigen Mitfahrer: Ein Fahrschulauto hat »Your sorrows will be turned into joy« als Slogan gewählt, die Werbung des Satwa Taxi Service lautet »Your trip prosperous our life«, und auf der Heckscheibe einer Ambulanz steht, gleichsam Hoffnung und Hoffnungslosigkeit verkündend: »Jesus will come soon.«

Teni. Ein schöner, nach Karibik klingender Name und laut meiner Karte eine der größeren Stationen auf dem Weg nach Munnar, welches ich mir gestern Abend als heutiges Reiseziel auserkoren habe. Also frage ich mich nach Teni durch, das dem durcheilenden Besucher den exakt gleichen Anblick schenkt wie alle anderen tamilischen Kleinstädte auch. Lärmende Straßen vor brüchigen Betonreihen und improvisierten Unterständen, die mit Geschäften und kleinen Restaurants gefüllt sind, und zwischen ihnen und der Teerstraße die Ausläufer von roter Erde, Staub, Müll. Teni, den wohlwollenden Simsalabim-Klang, lasse ich in der staubigen Luft zurück.

Die Stadt ist eine Grenze. Nach ihr wird das trockene Ackerland abgelöst von üppigen Getreide- und Kokosnussfeldern, Grün mischt die Karten des neuen Farbenspiels. Männer und Frauen stehen knöcheltief in den Feldern und beugen sich über ihre harte Arbeit, die in der paradiesischen Umgebung viel zu romantisch anmutet. Keine dreckigen Dörfer und Kleinstädte mehr, sondern von Plastikmüll umzäunte Häuser, die sich teilweise zu Namen eines auf keiner Karte verzeichneten Dorfes zusammenschließen. Halbnackte Kinder rollen Autoreifen über die Straßen, die Alten sitzen vor ihren Hütten und schlürfen an ihren Beedis, um das Vergehen der Zeit in ihren Alveolen feststellen zu können.

Die Hügel kommen näher, dann ist es soweit. Von den Ausläufern der Western Ghats in die Enge getrieben, beginnt für Marlene und mich der Anstieg. Das Refugium der Berge hebt sich über das flache, hitzedurchdrungene Land, die Luft atmet tief durch. Serpentinen führen uns höher und höher; bald schon habe ich einen Blick auf die soeben verlassene Ebene, mit dem ich mich großartig von Tamil Nadu verabschieden kann, von seinen toten Hunden, dem Immer-Lächeln seiner schwarzen Bewohner, den Stromausfällen: Eingekeilt zwischen den spitzen Bergen liegt das Grün der bewirtschafteten Felder im Rötlichbraun der trockenen Erde, und unter dem milchigen Dunstfilm verbirgt das Land seine Gottesstätten, seine einzigartigen Shiva-Tempel und den Ölduft einer uralten Anbetung. (Video 3)

Nach einer Stunde erreiche ich Bodi Mett. Ein letzter klebriger Chai und eine Beedi, dann schiebt der gelangweilte Angestellte des Custom House eine alte Schranke gerade so weit hoch, dass ich mich mit Marlene darunter hindurchducken kann, und schon sind wir in Kerala.

Als beträte ich ein neues Land.

Die morsche Schranke ist anscheinend für mehr als nur die Regelung des interstaatlichen Straßenverkehrs zuständig: Sie hält auch eine ungeheure Kraft davon ab, von Kerala nach Tamil Nadu zu fließen. Das Ergebnis ist ein Urwald. Kühler Nebel liegt in dem üppigen Grün, das nur dort verschwunden ist, wo der Mensch diesen dünnen Pfad aus Teer durch Flora und Fauna geschlagen hat. Der Grund für den so plötzlichen Klimaumschwung sind die Western Ghats: jene Gebirgskette, die sich vom Bundesstaat Maharashtra eintausendsechshundert Kilometer bis in den äußersten Süden Indiens zieht. Kerala hat das geografische Glück, auf der Sonnenseite der Berge zu liegen, welche die Regenseite ist. Der Westmonsun regnet sich an den Berghängen aus und verwandelt den südlichen Teil der Westghats in die artenreichste Region Indiens: Achtzig Prozent aller Blütenpflanzen wachsen hier, der Reichtum an Tieren und Vegetation ist überwältigend.

Um halb neun Uhr morgens ist die Straße noch immer an vielen Stellen feucht und rutschig, die Sonne steht im nassgelben Glanz des Dschungels und schwere Früchte malträtieren jene Äste, die sie überhaupt erst in die Höhenluft treiben. Jeder Flecken Erde scheint schwanger mit neuen Samen, Saft und Wachstum. Kaum schafft es der Boden, all das Leben hervorzutreiben, das hier hinauf will zu Sonne und Licht.

Die Fruchtbarkeit beginnt bereits mit dem Namen, denn Kerala bedeutet Land der Kokospalmen, zusammengesetzt aus *kera*, Kokospalme, und *alam*, Land. Beide Wörter stammen aus dem Malayam, welches als weiteres großes Merkmal des Staates dient und für dessen heutige Form die entscheidende Rolle spielte. Wie im Falle vieler anderer Bundesstaaten auch war für den ›Zuschnitt‹ Keralas in den Jahren nach der Unabhängigkeit 1947 die Verbreitung der regionaltypischen Sprache, in diesem Fall des Malayam, maßgebend.

Kerala ist ferner ein gutes Beispiel dafür, dass Indien wirtschaftlich, kulturell und sozial funktionieren kann. Es ist der wohlhabendste Staat Indiens und besitzt eine Alphabetisierungsrate von siebenundneunzig Prozent, die Lebenserwartung liegt mit fünfundsiebzig Jahren mehr als zehn Jahre über dem gesamtindischen Durchschnitt. Alle Kinder gehen zur Schule. Slums und endlose Barackensiedlungen wird man hier vergebens suchen (was natürlich im Umkehrschluss nicht bedeutet, dass es keine Armut gibt), es herrschen weniger soziale Konflikte und interreligiöse Ausschreitungen.

Die erste demokratische Wahl im Staat fand 1957 statt; seine
Einwohner schrieben Geschichte, indem sie die CPI, die Kom-
munistische Partei Indiens, mit der Regierungsbildung beauf-
tragten und somit zum ersten Mal einer kommunistischen Partei in einer freien Wahl zum Sieg verhalfen – und zwar weltweit.
Seitdem wechseln sich die CPI und die größte Partei Indiens,
die Kongresspartei, mit der Regierungsverantwortung ab. Kon-
sequente Investitionen in das Bildungssystem, den Gesundheits-
sektor und wirksame Agrarreformen verwandelten Kerala in ein
aufblühendes Land – man ahnt hier nur allzu gut, welchen Weg
Indien gehen könnte, wenn es eben nicht Indien wäre.

Bald tauchen die ersten Plantagen auf, für welche die Region berühmt ist. Tee, soweit das Auge reicht; immer wieder halte ich an, um meinen Blick von der löchrigen Straße auf die Un-
mengen von Teesträuchern zu heben. Frischgrün strahlen sie über
das gesamte Sichtfeld, und nur die wenigen Flächen, die abgeern-
tet sind, schimmern dunkelsilbrig in den Farben von Olivenbaum-
blättern. Die schmale Bergpiste ist in einem derart schlechten
Zustand und die Landschaft so einnehmend, dass ich oft anhalte
und für die letzten dreißig Kilometer bis Munnar über zwei Stunden brauche. Sobald ich ein Zimmer in einem Homestay bezogen
habe, regnen sich die Wolken aus, die sich in den letzten Stunden am Himmel gesammelt haben. Der Regen trommelt frischen
Nebel hervor; aus meinem Fenster sehe ich glasige Rinnsale über
das Nachbarhaus laufen, als stoße es weißes, durchsichtiges Blut
aus seinem Dach. Es ist lange her, dass ich das letzte Mal das Vergnügen hatte, unter eine Decke zu schlüpfen, aber nach Wochen
der Hitze finde ich in der dicken Polyesterdecke eine innige Vertraute, die mich in einen mehrstündigen Mittagsschlaf schmiegt.

Und der Regen dauert an.

Um sechs Uhr am nächsten Morgen sehe ich einen Himmel, der
sich erneut mit dunklen Wolken füllt; kurzerhand überrede ich

mich, noch vor den einsetzenden Schauern die Berge zu verlassen. Dann eben kein Picknick in den Teefeldern. Sondern am Strand. Von Munnar aus geht es Richtung Küste nur bergab. Bald tauchen die ersten Kokosnusspalmen auf, gefolgt von Bananenstauden und einem tropischen Flachlandklima, welches ein völlig anderes Bild bietet als die tamilische Seite der Western Ghats. Die Straßen sind gepflastert mit staatlichen Hinweisschildern, die auf die Instandhaltung der Umwelt pochen und zum anderen darum bitten, keine Tiere zu belästigen oder mit Steinen zu bewerfen. Die Jungen fahren auf blitzenden Motorrädern und in sauberen Hemden zur Schule, die Frauen sitzen anmutig auf ihren Rollern, weniger Müll belagert die Straßenränder, der Verkehr ist gemächlich, die Straßen breiter und weniger löchrig. Keine Frage: Der Zustand der Schulen, der Infrastruktur und der Häuser zeugen davon, dass Kerala der reichste Bundesstaat des Subkontinents ist. Zudem hat das ausgeglichene Klima auch die Physiognomie der Menschen verändert. Jede Linie ihrer Gesichter ist etwas feiner als bei ihren Brüdern und Schwestern in Tamil Nadu, symmetrisch und abgerundet, die Haut glänzend-braun und die ganze Statur wie mit federleichten Seidenstrichen gezogen.

Es ist schon später Vormittag, als ich vor einem Straßenschild stoppe und die Wahl habe, nach Kochi oder in Richtung des nördlicher gelegenen Thrissur zu fahren. Ich entscheide mich, nicht folgenlos, für Letzteres.

Straßenschilder sind Mangelware. Wenn ich aus einem Dorf oder einer Stadt auf dem richtigen Weg wieder hinausfinden will, bin ich auf Hilfe angewiesen. Pro Fahrt frage ich bestimmt zwanzigmal nach dem Weg. Ich schreibe mir die größeren Stationen in mein kleines Notizbuch, das ich immer in meiner Hosentasche trage, und schreie diese Namen an den größeren Kreuzungen in Menschenmengen oder suche mir einzelne Personen, die verlässlich aussehen. Denn der Inder – selbst ungreifbares Individuum

– ist Meister der unbestimmten Ortsangabe: Vier Inder werden dieselbe Frage mit vier verschiedenen Himmelsrichtungen beantworten. Ich frage einen Geschäftsinhaber nach Thrissur, der erstens nicht versteht, was ich von ihm will, und zweitens eisern auf der (falschen) Richtung beharrt, in die er mich unbedingt schicken will. Wer weiß, was es dort zu sehen gibt.

Indisches Paradox: Einerseits ist man zu höflich, um nein zu sagen und nicht zu helfen, andererseits kommt die gesamte indische Kommunikation ohne jegliche Höflichkeitsfloskeln aus. Es gibt kein Hallo, kein Bitte oder Danke. Anstatt zu sagen, »Entschuldigen Sie, wo bitte ist die Straße nach Thrissur?«, heißt es einfach so laut und direkt wie möglich: »Thrissur!?«

Dann wackelt man anerkennend mit dem Kopf, wenn man die Richtung erhalten hat, und fertig. (Selbiges gilt auch für Restaurants, Bahnhöfe, Geschäfte und alles andere. Ich habe noch keine Bestellung oder Bezahlung erlebt, die mit einem Bitte begonnen oder mit einem Danke geendet hätte.)

Um eine positive Verbindung zur Polizei herzustellen und berechtigte Ängste abzubauen, frage ich, wann immer es geht, einen Polizisten nach dem Weg; selbst wenn ich bereits die richtige Richtung eingeschlagen habe. Meistens sind sie überrumpelt, weisen mir höflich den Weg und kommen gar nicht auf die Idee, mir unangenehme Fragen zu stellen.

Nun aber hat mich ausgerechnet ein Verkehrspolizist in die falsche Richtung geschickt. Selbst meine Straßenkarte, die ich aus meinem Rucksack krame, ist hilflos. Die Zeit wird zäh und unnachgiebig. Ich verliere mehr als eine Stunde, weil ich einmal im Kreis beziehungsweise im Achteck fahre; die Sonne ist unerträglich heiß, Arme und Gesicht verbrennen, obwohl ich mittlerweile meinen Full Battle Gear trage: einen Turban und ein weiteres Tuch als Mund- und Nasenschutz, Sonnenbrille, lange Hose und lange Ärmel. Nur Hände und Füße lugen aus dem Mantel hervor, den ich mir gegen die Sonne gebastelt habe.

Ich bin eindeutig zu lange unterwegs. Die Straße, der dichte Verkehr und die tropische Hitze ermüden mich. Durch die dicken Rußwolken der Lastwagen und kaputten Rikschas habe ich bereits so viel Kraftstoff zu mir genommen, dass ich keinen Hunger habe, mich aber zum Mittagessen zwinge. In einem *dhaba* bekomme ich von einem Kerl, der sich unentwegt den Schritt kratzt, schlechtes *biryani* und eine lauwarme Pepsi serviert, die nach Zuckerrost schmeckt. Ich schwitze meine Kleidung voll und erhasche einen Blick auf die digitale Uhr. Ich muss mich konzentrieren, um überhaupt die Uhrzeit abzulesen. Es ist fast zwei Uhr, und es sind fünfunddreißig Grad.

Ich muss dringend irgendwo ankommen.

Der National Highway 17 ist eine gewöhnliche, einspurige Straße und führt die gesamte Westküste hinauf bis nach Bombay. Ich verlasse die Straße immer wieder in die kleinen Dörfer, die zwischen dem Highway und dem Arabischen Meer liegen, finde aber bis auf einige überteuerte Strandresorts keine Unterkunft.

Bald ist es halb vier; ich mache Pause an einer winzigen, klapprigen Stube, die nach *chicken meal* stinkt und in die sich der Lärm und der Staub der Straße legen wie Neuschnee über die Alpen. Auch der Chai, der gut ist, hilft nicht. Ich lasse die immer gleichen Fragen der Männer über mich ergehen, die ich jeden Tag Dutzende Male beantworten darf.

»Hello, what is your name?«

»Where are you from?«

»Are you married?«

»Where are you going?«

»Is this your motorbike?«

»What do you think about my India?«

Dann tagesschwere Müdigkeit, die kurzes, blitzartiges Selbstmitleidsgejammer mit sich bringt. Wäre ich doch in Munnar bei meiner Polyesterdecke geblieben, hätte ich doch die Straße nach Kochi genommen, wäre ich doch ... Ich bestelle noch einen Tee, der mir Körper und Kopf gleichzeitig reinigt und verklebt. Seit einer halben Stunde zieht der Hauptstraßenverkehr an mir vorbei durch die unendliche Hitze, die erst am Fuß des Himalaya endet. Egal, dass die neben mir aufgestapelten Säcke nach Dreck und faulem Fisch riechen. Ich lehne meinen Kopf an den rauen Jutestoff, der mir wie Kaschmirwolle vorkommt, wische mir mit einem letzten hellen Gedanken durch das Dumpfgestrüpp meines Kopfes – und schlafe sofort ein.

KERALA

Kannur

Das Feilschen hat in Indien lange Tradition. Es wird über alles verhandelt: den Fahrpreis eines Taxis oder einer Rikscha, die Auslagen der Basare, Kosten für Reparaturen jeglicher Art und natürlich, als Reisender, die Miete der Unterkunft.

Als ich im Natarajan Beach Resort ankomme und mit Natarajan, dem Besitzer, Tee trinkend in seinem Büro sitze, weiß ich bereits, dass ich bleiben werde – und habe somit Zeit, lange und gemütlich über den Preis zu verhandeln. Eine nicht zu verachtende Kunst, die schon zu etlichen Freundschaften geführt hat. Schafft man es, mit Respekt und Geduld das Spielchen der Geldfeilscherei zu beiderseitigem Wohlwollen auszuspielen, gewinnt man in seinem indischen Gegenüber oft einen lebenslangen Freund.

Natarajan ist circa fünfundfünfzig Jahre alt, trägt graue Haare über einem faltenfreien, weichen Gesicht und besitzt alle Ruhe der Welt. Er zeigt mir ein Fotoalbum von Sri Sri Ravi Shankar, einem indischen Yogi, der die Art of Living School gegründet hat, die Schule von der Kunst des Lebens. Er war vor Kurzem auf Einladung Natarajans hier im Beach Resort, und die Fotos zeigen ihn lächelnd in der Schar seiner Anhänger, vor seiner Hütte oder knietief im Meer. »Hier«, sagt Natarajan und zeigt mir ein weiteres Bild seines Gurus am Strand: »Er hat zwei Stunden lang mit größter Freude im Wasser herumgespielt, wie ein kleiner Junge.«

Er schiebt seine Brille zurecht, schaut mich an und lächelt. Ich nenne den Preis, den ich zunächst einmal zu zahlen bereit bin. Er nennt seinen, und wir plaudern über verschiedene Atemtechniken, die den Menschen entweder helfen zu entspannen, Gesundheit zu finden oder das Selbst zu transzendieren. Ich erzähle ihm von meinen letzten Tagen, die ich in einem kleinen Küstendorf einhundertvierzig Kilometer weiter südlich verbracht habe, von der einzigartigen Schönheit der Landschaft und der dort lebenden Menschen, von den so behutsamen, weiß bekappten Männern, mit denen ich die Nachmittage im Innenhof der Dorfmoschee saß, um Rauch und Schall in die weiche Luft zu streuen. Ich erzähle von der Herzlichkeit der Frauen und von den Kokoswegen, die stets auf magische Weise zum Meer finden, um diesen endlosen Blick heraufzubeschwören: eingepfercht zwischen dem Dunkelblau des Ozeans und dem Immergrün der Palmen goldgelber Sand, schimmernd und warm. Und darüber der Himmel so vollblau, ich konnte ihn knistern hören.

»Alles schien jederzeit gut zu sein«, höre ich mich sagen. »Lachende Kinder, zufriedene Männer, offenherzige Frauen. Selbst die kaputten Straßenhunde waren zutraulich.«

Natarajan nickt und legt sich eines dieser unbezahlbaren indischen Lächeln zwischen die Ohren. »Komm«, sagt er, und wir streifen um die Hütten, wo er mir die Veränderungen zeigt, die im letzten Jahr vorgenommen wurden. Er nennt seinen Preis, ich nenne meinen, wir treffen uns in der Mitte und besiegeln das Geschäft per Handschlag.

Das Resort ist nicht nur ein sehr angenehmer Ort mit dünnen Pappbungalows, die alle den Eindruck machen, als seien sie dem Grimmschen Märchen von den drei kleinen Schweinchen nachempfunden. Die gesamte Anlage ist auch ein perfektes Beispiel für das indische Verständnis von Sauberkeit und Verantwortung. Das Resort befindet sich auf einem großen Gelände, von dem die Hälfte resortisiert worden ist. Hier wird alles sauber gehalten, es werden Büsche und Blumen zwischen den Hütten gepflanzt, jeden Morgen gießt der Gärtner das dicke, weiche Gras, kein Müll wird liegen gelassen. Diese Resortseite ist einwandfrei durch ein zwanzig Zentimeter hohes Plastikzäunchen von dem anderen Teil getrennt, den Trockenheit, Wildwuchs, Chaos und Müll kennzeichnen. Wenn ich aus meiner Hütte trete, liegen im linken Blickfeld etliche Müllhaufen, die ihrer Verbrennung harren, übrig gebliebenes Baumaterial und ein faszinierender Unkrautgarten, während rechts des Zäunchens alles harmonisiert worden ist, um dem Auge des zahlenden Gastes zu gefallen.

Für den Inder zählt immer nur jene unabdingbare Weltlichkeit, die ihn in seinen Auswirkungen betrifft – seine eigene Verantwortung und sein eigenes Karma. Die sehr strenge Kasten- und Standesgliederung der indischen Gesellschaft hat heute noch immer zur Folge, dass die Aufgaben klar verteilt sind und demnach kaum soziale Verantwortung herrscht, außer bei jenen, die sie karmisch/beruflich ausüben. Das eigene Haus zum Beispiel wird gleich einem Resort tadellos sauber gehalten, und jeden Morgen wird vor dem Hauseingang gekehrt und sogar die Straße mit Wasser bespritzt, damit weniger Staub aufwirbelt; was aber einige Meter nebenan geschieht, interessiert nicht und ist die Verantwortung eines (oft imaginären) Anderen, sei es Nachbar, Dorfrat, Ministerium oder Gott.

Meine Kindermärchenhütte am Payyambalam-Strand ist ein Segen, nachdem ich bei meiner Ankunft festgestellt habe, dass Kannur eine viel zu hektische, typische indische Kleinstadt ist, deren
holprige Straßen sechzehn Stunden am Tag hoffnungslos überfüllt sind.

Hier an der Küste von Kannur, das der »Periplus Maris Ery-
thraei« als Naura identifiziert, legte König Salomons Flotte ab,
um Holz für den Bau des großen Tempels nach Jerusalem zu
schiffen. Streunt man heute in den Randbezirken Kannurs herum, trifft man auf viele Militärcamps, so auch neben dem Parkplatz des St.-Angelo-Forts. Als ich Marlene parke, um das Fort
zu besuchen, begrüßen mich hundert winkende Soldaten, die
mich lächelnd in eine der ersten Festungen begleiten, die von
einem europäischen Gouverneur auf indischem Boden gebaut
wurde. Das Fort selbst ist wenig spektakulär. Ein sonniger, ru-
higer Ort, der in der Hitze nicht viel zu tun hat. Ein Dutzend
Adler kreisen knapp über den Köpfen, Sonne versengt das Gras.
Von den Festungsmauern lässt sich so weit die Südküste hinunterblicken, bis sich der grüne Palmenbalken zwischen Himmel und Meer im Dunst der Mittagsstunde verliert. Dort unten, nur zwanzig Kilometer entfernt, liegt das ehemalige kleine
Fischerdorf, wo der Portugiese Vasco da Gama 1458 Indien erreichte und die längste Kolonialepoche einleitete, die jemals auf
der Erde herrschte – und die mit der Gier nach Seide, Pfeffer
und Nelken begann.

Die Portugiesen waren im 15. Jahrhundert mit einem außeror-
dentlichen Eroberungsdrang ausgestattet, der sie immer weiter
gen Süden trieb. Nach der Erkundung des Atlantischen Ozeans
landeten ihre Schiffe 1415 in Marokko, erforschten daraufhin
die Westküste Afrikas, bis sie schließlich 1488 unter Bartolo-
meu Diaz zum ersten Mal das Kap der Guten Hoffnung hinter
sich ließen.

Damit rückte ihr eigentliches Vorhaben in greifbare Nähe: Reichtum. Oder genauer: indischer Reichtum.

Für die europäischen Großmächte war es von existenzieller Bedeutung, einen Seeweg nach Indien zu finden. Der europäisch-asiatische Handel über Land wurde seit dem Fall Konstantinopels an die Osmanen von selbigen beherrscht, die Seeroute nach Indien von arabischen Händlern. Es konnte nur das Ziel der großen Handelsnationen sein, alle Zwischenhändler auszuschalten und selbst die kostbaren Gewürze und Stoffe einzuschiffen, indem man die Vormachtstellung auf See an sich riss und die entsprechenden Handelswege kontrollierte.

Zehn Jahre nach der ersten Umrundung des afrikanischen Kaps fand Vasco da Gama mit seinen Truppen das sagenumwobene Indien, besiegte in der ersten von vielen Schlachten die arabische Flotte und schloss bald mit dem Herrscher der Region ein Handelsabkommen ab, welches den Portugiesen das Monopol über den indischen Gewürzhandel sicherte. Um ihre Macht auszubauen und diese besser gegen ihre Feinde verteidigen zu können, eroberten die Portugiesen weitere Gebiete und errichteten in ihrem neuen, 1505 gegründeten Staat, den sie Estado da India nannten, strategische Handelsstützpunkte und Festungen. Der königliche Monarch ernannte einen Gouverneur für sein neues Land, der offiziell den Status eines Vizekönigs innehatte, während zeitgleich die Missionare Kirchen aus dem fruchtbaren Tropenboden hoben, um die vermeintlich Wilden in den Schoß des christlichen Glaubens zu führen.

Ein ganzes Jahrhundert lang herrschte das kleine Portugal über große Teile der indischen Westküste und den Indischen Ozean, bis ihnen ihre Vormachtstellung von einer anderen Handelsnation streitig gemacht wurde, die von Europa aus an Indien vorbeigesegelt war und ein nicht minder reiches Paradies erschlossen hatte. Die Inseln Indonesiens schenkten den Holländern schier unendliche Vorkommen an allen Gewürzen, nach denen es die

Waren umsetzende Welt dürstete, und der indische Stern Portugals sank durch den wirtschaftlichen Aufstieg Hollands und einen Verbund britischer Geschäftsmänner, die 1599 in London die berüchtigte East India Company gründeten.

Versehen mit einem von Königin Elizabeth ausgestellten Handelsbrief gelangten nun auch die Briten nach Indien und errichteten mit Erlaubnis des Großmoguls Jahangir ihre erste Handelsstation in Surat. Es dauerte nicht lange, bis es zu Kämpfen und Seeschlachten zwischen den Portugiesen und der East India Company kam, welche die Briten für sich entscheiden konnten. Die Macht der Portugiesen schwand, bis sie ›nur‹ noch über zwei Territorien verfügten: Goa und Diu. Die britischen Kaufleute allerdings begannen, ihre Macht über Indien auszudehnen. Mitte des 18. Jahrhunderts, kurz vor ihrem langsamen Untergang, hatten sie Rohstoffe, Güter und die jeweiligen Fürsten der Regionen weitgehend unter ihre Kontrolle gebracht. Eine erstaunliche Macht: Es waren keine Könige, Kaiser oder Krieger, die ein fremdes Land annektierten und beherrschten, es waren weder religiös noch politisch motivierte Feldzüge, die das riesige Indien einnahmen. Sondern europäische Kaufleute und ihre Privatarmee.

Zu ihren besten Zeiten beschäftigte die East India Company über zweihunderttausend einheimische Soldaten, errichtete aus kleinen Fischerdörfern die Städte Kalkutta und Madras (das heutige Chennai), nahm bedeutende Häfen wie Bombay ein, verwaltete zehn Millionen Steuerzahler und verfuhr mit den lokalen Fürsten, deren Territorien sie entweder durch Bündnisverträge oder Kriege einnahm, auf stets dieselbe Weise: Die Regenten blieben allesamt inthronisiert und gingen, oft als Schatten ihrer selbst, nach außen hin ihren Geschäften und Pflichten nach, während es eigentlich die britischen Geschäftsmänner waren, die ihre Regionen verwalteten und wirtschaftlich wie militärisch kontrollierten.

Die Ausbeutung war skrupellos und ging so weit, dass selbst in Hunger- und Dürrezeiten die üblichen Abgaben zu leisten waren und nicht nur der Export von Opium, Seide und der wertvollen Baumwolle von der Company kontrolliert wurde, sondern allmählich auch der Binnenhandel. Aufgrund immer höherer Ausgaben und zunehmender Ungerechtigkeit verlor sich die Company derart tief in Schulden, Korruption und kriegerischen Auseinandersetzungen, dass sie zunehmend die Kontrolle über sich selbst und das Land verlor. Bald musste die britische Krone ihre Geldmacher zügeln und die East India Company – nach etlichen gescheiterten Versuchen, sie zu regulieren – schließlich abschaffen.

1859 entzog ihr die Londoner Regierung jegliche Herrschaftsbefugnisse. Die Zeit der East India Company war vorüber, die Zeit der eigentlichen britischen Kolonisation aber hatte gerade erst begonnen. Nach einem blutigen Aufstand der bislang loyalen Sepoys, der indischen Soldaten, wurden alle Machtbefugnisse an die britische Krone und Königin Victoria übertragen, die zur Kaiserin des gesamten Subkontinents ernannt wurde.

Indien, ein Konglomerat unterschiedlichster Völker, Religionen und Fürstentümer, war nun offizielles Mitglied des Vereinigten Königreichs von Großbritannien und Irland.

»Excuse me, where are you from?«

Der bullige Polizist, der mich bei meinem Rundgang durchs Fort schon einige Male angewunken hat, steht nun neben mir, um seine Hand in die meine zu legen. Zudem rückt er mir so nahe, dass mir sein Rangabzeichen fast in die Brust sticht.

Öffentliche Berührungen und semisexuelle Spielereien zwischen Männern sind in Indien völlig normal. Wenn beim indischen Mann im Teenageralter seine Hormone und sein Sexualtrieb erwachen, ist er vollkommen auf sich alleine gestellt. Geschlechtsverkehr ist ein großes Tabu, es gibt keine sexuelle

Aufklärung, und schlimmer noch, es gibt keine Frauen – und somit weder Romantik noch Erotik[3]. Für die Mehrheit der indischen Männer ist es noch immer so, dass sie bis zur Hochzeitsnacht warten müssen, um eine (ihnen auch noch unbekannte) Frau berühren zu dürfen. Und so gibt es kaum eine Gruppe Männer, die sich nicht permanent umarmt, aneinander rumstreichelt oder Händchen haltend ihrer Wege geht. Was auf den ersten Blick liebenswürdig aussieht, ist in zweierlei Hinsicht eine traurige Angelegenheit. Denn erstens suchen diese jungen Männer eigentlich die Nähe von Frauen und unterdrücken ihren Trieb so stark, dass er sich oft in Form von Gewalt gegenüber Frauen entlädt, und zweitens ist echte Homosexualität gesellschaftlich so verpönt, dass ihr mit extremer Verachtung und Gewalt begegnet wird. Sich zu outen hieße oft, sein Leben aufs Spiel zu setzen.

»Mein Name ist Vikram. Komm, wir setzen uns hin, es ist viel zu heiß.«

Hand in Hand spazieren wir in den Schatten, den der Eingangsbogen des Forts wirft. Vikram holt aus dem kleinen Polizeihäuschen Milchsüßigkeiten und kaltes Soda. Sein Englisch ist so gut, dass es für die handelsübliche Konversation zwischen Inder und Tourist reicht, aber so schlecht, dass ich ihm nicht folgen kann, als er mir die Geschichte Keralas im Allgemeinen und die des Forts im Besonderen erklären will. Je mehr er erzählt, desto schwammiger wird seine Sprache. Bald findet seine Zunge einen großartigen Beat, der gleichermaßen aus Englisch, Malayam und einer dritten Einheit besteht, die der Flügelschlag eines ausrollen-

---

3 Bevor Pornografie durch das Internet jederzeit verfügbar wurde, gab es für den indischen Mann nur zwei Möglichkeiten, sich mit dem Anblick halbnackter Frauen zu beglücken: Die sogenannten Blue House Cinemas, die erotische Schmierenkomödien zeigten, und billige Magazine, die hier und da unter der Ladentheke verkauft werden.

den Gewitters sein könnte. Anerkennend wackle ich den Kopf im Takt seiner Wortungeheuer.

Wir bekommen Besuch. Ich halte die beiden zuerst für gewöhnliche Touristinnen, merke aber schnell, dass die Damen nicht das Fort, sondern Vikram besuchen wollen, der sofort mit der Schachtel Süßigkeiten die Runde macht und sich eine Freude zu Gesicht steigen lässt, welche die nächste Stunde nicht einen Millimeter weichen wird.

Judy, die aus England stammt, aber schon seit dreißig Jahren mit ihrem indischen Mann in Kerala wohnt, ist mit ihrer Tante Erleen, dreiundsiebzig Jahre alt, nach einer Einkaufstour in der Stadt hierher gekommen, um ebenfalls das schattige Tor zu genießen.

Nur ihre Hautfarbe weist noch darauf hin, dass Judy eigentlich Engländerin ist. Kleidung, Ausdruck und Sprache sind komplett ›indisiert‹, und sie benutzt die typisch ausladenden Gesten, mit denen der Inder seine Worte untermalt. Das Drehen der leicht eingekrallten Hand, Abschätzung oder Unsicherheit anzeigend, oder das schnelle Heben und Schwenken des Armes, wenn sie sich entweder echauffiert oder Befehle erteilt. Ihr Malayam ist fließend, besitzt einheimisches Tempo und hat sogar in ihr Englisch gefunden, dessen Timbre die Vokale je nach Bedarf verkürzt oder in die Länge zieht, nicht selten gefolgt von einem rhetorischen »No?«, welches der Südinder gerne an das Satzende stellt, um seine Aussage zu bekräftigen.

Sie übersetzt einige Erklärungen Vikrams und erzählt von hiesigen Sprachdilemmata. »Weißt du, die Jugend will Englisch lernen, da man heutzutage für die profitablen Jobs Englisch braucht, doch die Regierung, die wie überall eine Ansammlung korrupter Nationalisten ist, drängt auf eine Exklusivität des Malayam und verbietet sogar den Beamten, Englisch zu sprechen oder zu schreiben, obwohl Englisch als Amtssprache überall in Indien angewandt wird. Dokumente und Papiere bekommst du hier nur in Malayam, aber die meinen das nicht ernst, das ist das Schlimme. Das ist Heuchelei! Es geht nicht um den kulturellen Erhalt der Sprache, sondern um Machtausübung und Wählerstimmen, simple is that.« So einfach ist das.

Judy klatscht abschließend in die Hände, Vikram nickt, Erleen fächelt sich Luft zu. Wir sitzen noch eine Stunde zusammen. Zum Abschied werde ich von Erleen, deren britischer Akzent so alt und reich zu sein scheint wie der Lateritstein der Festungsmauern, zum Abendessen eingeladen.

Dankbar nehme ich an.

Rosa Linien heben sich aus dem dichten abendlichen Wolkenband, das genau dort über dem Meer steht, wo sich das Wasser in den Horizont verwandelt. Das Meer erhebt sich, wandert vor und zurück, ohne Wellen zu schlagen; Fischerboote schweben in den kaum wahrnehmbaren Erhebungen des Ozeans und markieren durch ihre feinen Silhouetten jene überaus unsicheren und fast ungreifbaren Punkte, die das Meer mit der Erde in Gleichgewicht halten. Kannur, ganztägig mit dem Lärm von Mensch und Maschine gefüllt, ist zu seiner Abenddämmerungsstunde so ausgeglichen wie der Geist eines Bodhisattva.

Um eine Flasche Wein für das Abendessen bei Judy mitzubringen, frage ich mich zu einem sogenannten Wine oder Liquor Shop durch, was einige Zeit in Anspruch nimmt. Ich muss die größeren Straßen verlassen und werde in eine hinterletzte Ecke geschickt, in der vor einem scheinbar leeren Haus einige Männer zu ihren Motorrädern wanken. Kein Schild. Kein Licht. Ich gehe um das Haus herum und lande in einem eingekäfigten Gang, der sich in bester Warteschlangenmanier bis zum Counter schlängelt. Ungefähr vierzig Männer sind mit mir in dieses klaustrophobische Ungeheuer gepfercht, und wie so oft in Indien habe ich das Gefühl, mit dem Kauf von Alkohol eine Straftat zu begehen, die selbst durch ein Sünden reinigendes Bad im Ganges nicht wieder gutzumachen ist. Die Verkäufer, die vor den gefüllten Regalen thronen wie Priester vor dem Tempelheiligtum, sind flink; es dauert nur zwei Minuten, bis ich an der Reihe bin. Ab hier muss es schnell gehen. Ich frage nach einer Flasche Rotwein und meinem Old Monk, den es nicht gibt. Es bleibt keine Zeit, eine andere Bestellung aufzunehmen. Der Verkäufer knallt mir mit entnervten Gesichtszuckungen zwei Flaschen auf die Theke: Ich kann sie entweder kaufen oder es sein lassen. »Geld, Geld«, schreit er, während er schon die nächsten beiden Bestellungen aufnimmt. Selbst das Bezahlen geht ihm zu langsam. Verächtlich wedelt er mit meinen beiden Fünfhundert-Rupien-Noten in der ranzigen Luft, die nach verschwitzten Sandalen und dunklem Alkoholäther schmeckt, bevor er sie in eine Tonne (ja wirklich, eine hüfthohe Plastiktonne) wirft. Aus zwei anderen Tonnen fischt er mein Wechselgeld, lächelt nicht, und weg bin ich.

Erleen öffnet mir eine halbe Stunde später die Tür. Sie trägt ein rosafarbenes, zweiteiliges Kleid, eine prächtige Perlenkette liegt um ihren Hals. In den Händen schaukelt sie zwei Gläser Gin Tonic.

»Ich hoffe du trinkst«, sagt sie, »denn diese Leute hier trinken nicht.«

Mit diesen Leuten sind wohl Judy, die in der Küche das Essen zubereitet, und ihr Ehemann Kamal gemeint, der noch nicht von der Arbeit zurück ist. Erleen führt mich durch das geräumige und sehr indische Mittelklassehaus. Das Wohnzimmer ist mit einer langen Reihe dickpolstiger Sofas bestückt, das Esszimmer besteht aus einem Tisch, Stühlen und einem grünen Aquarium; einige kleinere Stau- und Büroräume sind mit allerlei Kisten, alten Verpackungen vollgestopft, und in der Küche steht Judy wie ein Wahrzeichen indischer Mütterlichkeit in Dampf- und Gewürzwolken, die aus etlichen Töpfen und Pfannen steigen. Die Einrichtung eines indischen Hauses ist ganz der Philosophie angepasst, die für die Materie gilt. Sie ist ungefragt da, man benutzt sie, aber sie muss nicht schön sein – sie *dient* dem Menschen nicht. Nur Künstler besitzen diesen un-indischen Sinn, der dem Pragmatismus der Materie keine Ästhetik verweigert.

Erleen trinkt schnell und schüttet uns nach. Wir bleiben bei Judy in der Küche, und ich frage sie nach ihren Studenten, und was sie mit ihren Englischkenntnissen zu tun wünschen.

»Nun, ich denke, rund vierzig Prozent meiner Studenten wollen später einen dieser Beamtenjobs, da es der einzige Weg ist, um sich ein gutes Gehalt und eine Rente zu sichern. Aber viele arbeiten auch in der Tourismusbranche oder wollen einen anderen modernen Job, der mit Medien oder Kommunikation zu tun hat, oder sie möchten in einem der Callcenter arbeiten. Und dafür ist Englisch nun mal notwendig.«

»Oh das ist laaaangweilig«, stöhnt Erleen und zieht mich schon mal an den Esstisch, bevor auch sie anfängt, sich wie eine indische Großmutter zu benehmen und mir Fotos von ihren Enkelinnen und Nichten zeigt, die noch nicht verheiratet sind.

Kurz bevor das Essen fertig ist, kommt Kamal nach Hause. Ein gut aussehender Mann, der sich in den Jahren, als er in England studierte, arbeitete und Judy kennenlernte, einen typisch britischen Zynismus antrainiert hat, der zeitgleich mit seinem kindlich-indischen Erbe in seinen dicken Backen hausiert. Seine gut eingespielten Späße begleiten Judys Handgriffe, die das Essen auf den Tisch bringen. Reis, *chapati* und fünf verschiedene vegetarische Currys, allesamt hervorragend. Nach dem Essen sitzen wir noch so lange im Wohnzimmer zusammen, bis Erleen über ihrem sechsten Gin Tonic einschläft und auch ich mich, betrunken genug, auf den Heimweg mache. Als ich bereits etwas schwerfällig auf Marlene geklettert bin, drückt mir Judy noch die Telefonnummer eines ihrer ehemaligen Studenten in die Hand.

»Er ist ein sehr intelligenter Junge«, sagt sie, »und er freut sich immer, wenn er sein Englisch üben kann.«

Die Nacht ist mondlos, warm; ein breit gespanntes Sternenband bewundert die Leere des Himmels. Es sind nicht
mehr viele Fahrzeuge unterwegs, aber jene Autos, Motorräder und Lkw, die mir entgegenkommen, erinnern mich einmal
mehr daran, warum ich meine Fahrten immer erst bei Tagesanbruch beginne.

Die Huldigung der Macht und der Stärke führt dazu, dass
der Inder generell in den Gegenpolen *full shakti* oder *kutch nehi*
denkt: volle Power oder gar nichts! So steht es für ihn außer
Frage, von den zwei Lichtern, die sein Gefährt besitzt, gegen
alle Vernunft und Gesundheit das hellere und stärkere zu wählen, also das Fernlicht. Warum auch das kleine Licht benutzen,
wenn man das brachiale einsetzen kann? So taucht ein entgegenkommendes Fahrzeug die eigene Sicht schon über Hunderte Meter in ein brennendes, weißes Licht, in dem sich von
der Straße und dem Rest der Welt nichts mehr erkennen lässt.
Derart geblendet, verbleibt nur noch die Möglichkeit, den Heiligenmodus einzuschalten und blind auf das Licht zuzusteuern,
um sich in letzter Sekunde zwischen den schemenhaften Bäumen und dem Lichtkegel zu positionieren. Dann nur noch hoffen, dass der Gegner in diesem indischen toten Winkel etwas
Straße übrig gelassen hat, auf der sich keine Kuh, kein Radfahrer/Fußgänger befindet, und schon ist man um eine Nahtoderfahrung reicher.

In meiner ersten Zeit auf indischen Straßen bin ich davon ausgegangen, dass die Inder einfach nicht wissen, dass sie ein Aufblend- und ein Abblendlicht haben. Aber sie wissen es sehr wohl,
da sie das Fernlicht als Fernhupe verwenden, um ihr Kommen anzukündigen. Es ist ihnen einfach scheißegal, dass sie selbst und
alle anderen in der Dunkelheit zum größten Teil blind fahren und
somit Hunderttausende Unfälle provozieren, denn: Das Nachgeben und die freiwillige Benutzung des schwächeren Lichtes, die
dem Mitmenschen das Überleben erleichtern würden, kämen ei

ner Schmach gleich, einer freiwilligen Unterordnung unter den
Unbekannt-Anderen. Da der Inder stets anderen Menschen hö-
rig sein muss und sich seit Jahrtausenden durch Unterwerfung definiert, hat er sich die Straße als jenes Schlachtfeld auserkoren,
auf dem die gesellschaftlichen Normen, zumindest nachts, außer
Kraft gesetzt sind: In der sicheren Dunkelheit und der Anonymi-
tät der Straße ist jeder Inder gleich und lässt seinem eigenen Hang
zur Gewalt und Unterdrückung freien Lauf.

Das Fernlicht der meisten Fahrzeuge, besonders der Motorräder und Mopeds, ist zudem so eingestellt, dass es nicht auf den
Straßenbelag, sondern entweder auf den Gegner oder in die Kro-
nen der Bäume gerichtet ist. Sieht man in den meisten Teilen der
Welt dicke Lichtkegel den Nachthimmel absuchen, so handelt es
sich um ein Konzert oder eine Diskothek. In Indien aber handelt
es sich um einen Kleinbauern, der auf seiner dröhnend-klapprigen
TVS – dem indischen Moped – auf dem Weg zu Kind und Kegel
sein weltliches Glück in den Sternenbildern sucht. Und eine der
großen Fragen Indiens lautet nicht etwa, was der Mensch und die
Welt seien, dies haben die Inder schon lange beantwortet, sondern: Wer stellt den Sonnenstrahler ein? Entweder laufen alle indischen Motorräder bereits mit einem Fernlicht vom Band, das
durch ausgiebige Testversuche an den Augenpaaren eines entge-
genkommenden Motorradfahrers kalibriert wurde, oder der erste
Gang nach Kauf eines neuen Fahrzeugs führt direkt zum nächsten
Mechaniker, wo mit der Aufforderung, das Licht doch bitte richtig einzustellen, selbiges endlich in die Waffe verwandelt wird, die
es sein soll.

Drei Tage später treffe ich Munnaz, Judys ehemaligen Schüler,
der übers Wochenende in Kannur bei seiner Familie ist. Bevor er
überhaupt ein Wort sagt, bin ich schon von seiner Erscheinung
beeindruckt. Munnaz besitzt die Statur und die Selbstsicherheit
eines Mannes Ende zwanzig, ist aber erst einundzwanzig Jahre alt.

Ein hochgewachsener, sehr gut aussehender Junge, in dessen klarem Blick ein aufgeräumter Geist und fokussierter Wille liegt.

Wir fahren an die Küste und lassen uns in einem der schickeren Hotelcafés nieder, das einen wunderbaren Blick über den Ozean bietet. Judy hat anscheinend gute Arbeit geleistet. Sein Englisch ist hervorragend, auch wenn er immer wieder betont, wie viel er noch zu lernen habe.

»Englisch ist notwendig«, wiederholt er Judys Worte, »um heutzutage einen guten Job zu bekommen. Außerdem kann man mit mehr Menschen reden und besser Freundschaften mit Ausländern pflegen.«

Über einer Kanne Kaffee gibt mir Munnaz einen kleinen Einblick in sein Leben.

»Ich komme aus einer muslimischen Familie, wir wohnen nur ein paar Kilometer von Kannur entfernt in einem kleinen Dorf. Ich hatte schon immer den Traum, die Welt zu bereisen, besonders Australien. Australien ist mein großer Traum. Aber dazu brauche ich zuerst einen guten Job hier, auch um meine Familie zu ernähren. Ich bin der einzige Junge, und in Indien ist es so, dass die Kinder sich um die Eltern kümmern, wenn diese alt werden. Also ist das meine Verantwortung.«

Dann macht er eine kurze Pause und betont noch mal seinen Kindheitswunsch, ins Ausland zu gehen und Englisch zu lernen, bevor er diesen tollen Satz sagt, der so viel über seine Generation verrät:

»I loved the idea. So I did it.«

Munnaz verließ die Schule mit besten Noten, studierte Touristik und begann bald, für das Tourismusbüro Keralas zu arbeiten. Im Rahmen seiner Ausbildung schickte man ihn für acht Monate nach Delhi. Seine Eltern nahm er mit, und sie waren stolz darauf, ihren Sohn für kurze Zeit in die Hauptstadt begleiten zu können. Heute arbeitet er am Flughafen in Kochi und organisiert Reisen, Taxis und Hotels für die eintreffenden Touristen.

Ich sage, dass mich die neue, ambitionierte indische Jugend sehr fasziniere, weil sie wahrhaftig zu ihren Träumen zu erwachen scheine.

»Yes«, sagt er, »die neue Generation ist bereit, etwas zu riskieren. Die Menschen wollen etwas erreichen, das ist ein gutes Zeichen.«

»Ein gutes Zeichen wofür?«, frage ich.

»Nun, für Fortschritt und Wohlstand. Und dafür, dass sich viele schlechte Sachen verändern. Zum Besseren. Viele meiner Freunde tun genau das, was sie tun wollen, und sie haben ein klares Ziel für sich selbst.« Er blickt in seine Kaffeetasse, um noch einmal zu einem Bilderbuchsatz auszuholen: »People are waking up! Jeder hat seine Vorstellung von seinem Leben, und man versucht, seinen Traum zu leben.«

Es wird langsam dunkel. Die untergehende Sonne hängt in den ersten Wolkenschlieren, die sich in den letzten Stunden am Horizont gebildet und nur auf diesen Augenblick gewartet haben, um endlich zu ihrer kurzen Farbenpracht zu erwachen. »Kerala ist ein Paradies«, denke ich laut, und Munnaz nickt zustimmend und sagt, dass sei einer der Gründe, warum aus Kerala langsam aber sicher der neue Golf werde. »Es ist so angenehm hier und die Arbeitsbedingungen sind so gut, dass ganz Indien hier arbeiten will.«

Es stimmt. Die allermeisten Inder, die in den Golfstaaten als Fahrer, Köche, Ingenieure und so weiter arbeiten, kommen aus dem reichen Kerala, das auf diesem Weg einen nicht geringen Teil seiner Arbeitskräfte exportiert. Ein Elektriker zum Beispiel verdient dort zehntausend Rupien mehr pro Monat. Da der Lebensstandard in Kerala sehr hoch ist und die Bezahlung wesentlich besser als anderswo in Indien, geschieht nun Folgendes. Viele Keralaner aus den unteren Sektoren der Arbeitspyramide – Industrie, Bauwesen und Landwirtschaft – zieht es, ob der besseren Bezahlung, an den Golf, sodass in Kerala selbst ein Mangel entsteht, der von Arbeitern aus anderen indischen Staaten gedeckt wird, allen voran aus West Bengal, Uttar Pradesh, Bihar und

Tamil Nadu. Tausende meist un- oder semitrainierte Arbeiter strömen nach Kerala, anstatt ihrerseits in die Golfstaaten abzuwandern.

Keralaner an den Golf, Inder nach Kerala.

Indem ich noch mal seinen australischen Traum erwecke, frage ich ihn, ob seine Eltern und seine Familie mit seinen Plänen einverstanden seien.

»Sie unterstützen mich. Aber ich werde mich immer um sie kümmern, egal wo ich wohne. Für uns Inder ist die Familie alles.«

Er lächelt und lehnt sich für seinen letzten Satz etwas zu mir herüber, als wolle er mir ein Geheimnis verraten.

»Und das ist wohl die eine Sache, die sich in Indien zum Glück niemals ändern wird.«

Munnaz letzte Worte geistern mir noch immer im Kopf herum, als ich mit Marlene nach Hause fahre und etliche Pärchen sehe, die am Strand Händchen haltend durch den Abend spazieren. Diese Öffentlichkeit der Zuneigung ist neu, aber man begegnet ihr immer häufiger, besonders in den Städten. Während sich also die Rolle der Familie kaum verändert, verändert sich langsam die Art der Beziehungen zwischen Mann und Frau, da vor allem die jüngere Generation keine große Lust verspürt, die engen, puritanischen Vorgaben der Gesellschaft zu erfüllen. Auch die Liebe der Jugendlichen will anscheinend zu ihren Träumen erwachen.

Nichts aber illustriert das ständige Aufeinandertreffen konservativen Denkens und moderner Lebensweise besser als der Umgang mit dem weiblichen Geschlecht. Dies ist einer der Übergänge, mit denen Indien in Zukunft zu kämpfen haben wird, wenn es sich denn wirklich in die Richtung einer modernen, selbstbewussten und toleranten Kultur entwickeln will, die für das 21. Jahrhundert gewappnet ist. Die Gewalt gegenüber Frauen besitzt in Indien katastrophale Ausmaße, die erst seit Kurzem mit allgemeiner Bestürzung zur Kenntnis genommen werden. Im Jahr 2011 hat die Gewalt gegen Frauen um 7,1 Prozent zugenommen, die Anzahl der unter achtzehnjährigen Vergewaltiger ist um das Doppelte gestiegen, und mehr als zwei Drittel aller indischen Frauen erfahren in ihrem Leben sexuelle Gewalt in irgendeiner Art. Dies sind nur die drei Statistiken, die mir in der heutigen Tageszeitung begegnen, aber es lassen sich Seiten füllen mit weiteren Studien und Statistiken, die allesamt deprimierend und alarmierend sind. Nur das Entstehen von immer mehr Frauenrechtsorganisationen scheint die einzige positive Meldung zu sein, die das Thema zu bieten hat.

Indisches Paradox: Auf der einen Seite wird der Weiblichkeit, gerade dem Prinzip der Mutter, höchste Verehrung zuteil, von den allmächtigen Göttinnen des indischen Götterpantheons ganz zu schweigen. Auf der anderen Seite werden Mädchen und Frauen wie Vieh oder Ware behandelt. ›Eve teasing‹ ist das harmlos und fast schon niedlich klingende Wort, welches für all das gewöhnliche Übel steht, das in Indien gang und gäbe ist: Angrapschen, verbale Belästigung oder das lüsterne Anstarren. Ich kenne kein indisches Mädchen und keine indische Frau, die sich in einer Menschenmasse, die überall zum allergrößten Teil aus Männern besteht, in ihrer Haut wohlfühlen, und es ist nicht möglich, sich nach Einbruch der Dunkelheit ohne Begleitung in der Öffentlichkeit aufzuhalten. Die Realitäten Indiens – feudales Patriarchat und aufgeklärte Gesellschaft – prallen hier heftig aufeinander. Vielleicht ist dieser Konflikt durch nichts besser versinnbildlicht als durch die liebevoll-zärtlichen Szenen am Strand Kannurs und den Neuigkeiten der Tageszeitung. Hier die Pärchen Hand in Hand, schmusend, unbelästigt und glücklich, und dort schwarz auf weiß die Vorgänge im nördlichen Staat Haryana, die seit einigen Tagen unter der Überschrift »Haryana rape series« die Titelseiten besetzen:

In der letzten Woche ist es täglich zu Vergewaltigungen gekommen; jeden Tag kommen neue hinzu. Meistens sind es zwei oder mehr Männer, die sich an einer Frau vergehen, und die eigentliche Neuigkeit sind nicht die Vergewaltigungen, die häufig vorkommen, sondern dass sie überhaupt gemeldet werden. Die meisten gewaltsamen Übergriffe und sexuellen Belästigungen werden nie zur Anzeige gebracht. Die Frauen schämen sich für das, was ihnen angetan wurde, und fürchten um ihren Ruf, den des Dorfes und der Familie.

Neben den überwiegend entrüsteten Reaktionen auf die anhaltende Vergewaltigungsserie gibt es stets jene Kommentare, die Futter für diejenigen sind, die Indien und vor allem den indischen Mann für rückständig und unbelehrbar barbarisch halten. Die Regierungspartei von Haryanas Ministerpräsidenten Om Prakash Chautala lässt verlauten, dass zu Zeiten der Mogulen die Frauen früher verheiratet wurden und es somit nicht zu derartigen Übergriffen kam. Man solle die Mädchen im Stil des 16. Jahrhunderts einfach wieder mit vierzehn Jahren verheiraten und nicht aus dem Haus lassen, um das Problem in den Griff zu bekommen (dass einige der Opfer verheiratet und sogar schwanger waren, scheint neben dem Umstand, dass die Situation der Frau vor fünfhundert Jahren sicherlich nicht rosiger war, von geringer Bedeutung zu sein). Zudem gibt es Stimmen wie die des Regierungsmitglieds Dharambir Goyat, der behauptet, die meisten der Vergewaltigungen seien unter der Kategorie »einvernehmlicher Sex« anzusiedeln, da die Frauen nichts anderes erwarten könnten, wenn sie sich mit zwielichtigen Männern einließen (die meisten Opfer wurden auf dunklen Wegen von Unbekannten vergewaltigt oder in Autos entführt). Und ein Dorfrat schiebt die Schuld auf den übermäßigen Genuss von *chowmein* und anderem Fastfood, »da die fettigen und scharfen Gerichte bei den jungen Männern zu hormoneller Disbalance führen.«

Ich lege die Zeitung beiseite und widme mich lieber den angenehmen Seiten Indiens, denn Natarajan ist mit einem großen Topf

Tulsi-Tee auf der Veranda aufgetaucht. Er besorgt mir ein Glas und schüttet ein. Gütig lächelnd, lässt er sich langsam in einen krächzenden Stuhl nieder, atmet erleichtert aus und stupst zum Zeichen seiner Zufriedenheit seine Brille zurecht.

Wir schlürfen Tee. Und dann stelle ich ihm die Frage, die ich ihm schon seit Tagen stellen will, seit ich den entsprechenden Abschnitt in der Bhagavad Gita gelesen habe.

»Natarajan-ji, was hältst du von dem Konzept des Dharma? Spielt es für dein Leben eine Rolle?«

Seine Antwort ist ein mit wenigen Worten unterlegtes Schmunzeln.

»Oh, Dharma ist groß, Dharma ist alles, was passiert. Ich weiß nicht genau. Was genau meinst du?«

»Nun, ... dein Leben und deine Arbeit auf Erden: Ist sie dir göttlich vorherbestimmt, ist sie deine Aufgabe und Pflicht?«

»Ja.« Natarajans Antwort kommt so schnell und unbeirrt aus seinem Mund geschossen, dass ich zuerst meine, er wolle mit dieser felsenfesten Bestätigung die Unterhaltung beenden, bevor sie wirklich begonnen hat. Aber er fährt fort:

»Ich kann mir mein Leben nicht aussuchen, denn es ist ein Resultat dessen, was alles vorher in der Welt und mit der Seele geschehen ist. Ich«, er pocht sich sanft auf den Brustkorb, »bin nur ein Instrument.«

»Ein Instrument wofür?«

»Ich weiß nicht!« Er lacht und verschüttet dabei einen kleinen Schluck Tee, der auf seiner Hose landet. Nach einer kurzen Pause folgt dann schließlich der Satz, den ich mir insgeheim erhofft habe.

»Ich folge nur und versuche, meine Arbeit so gut wie möglich zu tun. Das hier ist mein Leben. Das Leben hat mich hierhin gebracht, ich muss auf mein Hotel und meine Gäste aufpassen, und darin besteht mein Weg zu Gott. Hier bin ich Instrument, verstehst du? Es muss all das sein.«

Es ist unmöglich, das Wort Dharma akkurat zu übersetzen. Wörtlich bedeutet es: das, was die Dinge zusammenhält. Es ist das göttliche Gesetz der Welt, der Weg, die persönliche Aufgabe, und es hat je nach Bedarf und Auslegung eine ethische, soziale, religiöse oder spirituelle Bedeutung.

Die Bhagavad Gita behandelt das Konzept des Dharma und der persönlichen Pflicht immer wieder. Es ist eine der Hauptlehren, die Krishna dem Krieger Arjuna vermittelt. Arjuna, wir erinnern uns, ist aufgrund seiner Position als Heeresführer in die verwirrende Lage geraten, nicht mehr Recht von Unrecht und Tat von Nicht-Tat unterscheiden zu können. Krishna:

> *»Was ist denn Tat? was ist Nichttun? –*
> *das ist's, was Weise selbst verwirrt;*
> *Drum will die Tat ich künden dir, wodurch du kommst vom Übel frei.*

> *Nicht durch Vermeidung jeder Tat wird*
> *wahrhaft man vom Tun befreit,*
> *Noch durch Entsagung von der Welt gelanget zur Vollendung man.*

> *Nie kann man frei von allem Tun auch einen Augenblick nur sein,*
> *Die in uns wohnende Natur zwingt jeden, irgend was zu tun.«*

Der Mensch – der nun mal aus dem Grunde, dass er eben Mensch ist – als Teil der Natur ihren Wirkungen unterworfen ist, darf und kann sich nicht aus dieser vermeintlich kleineren und ungöttlichen Welt zurückziehen, sondern muss sie über den inneren Weg meistern. Die Gita spricht sich gegen das Ideal der Askese und Weltverneinung aus und nimmt genau die gegensätzliche Position ein: Die Welt existiert. Entfliehe ihr nicht, sondern meistere sie in all ihren Auswirkungen. »Vollbringe die notwend'ge Tat«, ist die Aufforderung des in der Gestalt Krishnas personifiziertes Gottes, »denn Tun ist besser als Nichttun.«

» Wer in der Tat das Nichttun schaut und in dem Nichttun grad die Tat,
Der ist ein einsichtsvoller Mensch, andächtig tut er jede Tat.

Wer an der Taten Frucht nicht hängt,
stets zufrieden, nicht Hilfe brauch, –
Wenn er im Tun sich auch bewegt, so tut er doch in Wahrheit nichts.«

Dieses Nichts ist natürlich keine Negation und keine Gleichgültig-
keit, im Gegenteil: Der Mensch lässt sich nun von dem Wissen der
höchsten Erkenntnis leiten und nicht von seinem ängstlichen Ego,
dessen kurzsichtige Ziele immer nur auf Haben, Wunsch, Macht
und persönlichen Erfolg gerichtet sind. Motiviert durch eine wahre Schau in das Wesen der Welt und der Tat, handelt er nicht mehr
nach seinen ersten Instinkten, sondern durch Einsicht und Weisheit. Die Taten selbst, die in solch einem Bewusstseinszustand voll-
bracht werden, sind nun alle gleich wichtig und gleich unwichtig,
denn es geht primär um das Bewusstsein, das die Tat ausführt, und
weniger um die Tat selbst. So wird jeder Schritt, jeder Atemzug, jedes Wort und jede Schlacht eine Hingabe an Gott.

» Vergnügt mit dem, was er bekommt, nicht neidisch, gegensatzentrückt,
Gleich bei Erfolg wie Mißerfolg, wird er durch keine Tat verstrickt.

Gleichwie das Feuer, wenn es flammt,
zu Asche all das Brennholz macht,
So brennt auch der Erkenntnis Feu'r zu Asche alle Taten dir.«

Die Gita lehrt nicht die menschliche, sondern die göttliche Tat.
Die Aufforderung zu selbstlosem Handeln ist demnach auch keine Aufforderung zu sozialem Verhalten oder humanitären Aktionen, sondern zum Einswerden mit Gott.

   Der Philosoph, Dichter und Yogi Sri Aurobindo schreibt:
»Arbeit und Tat sind von größter Bedeutung. Werden sie mit der

richtigen Einstellung und dem rechten Bewusstsein getan, sind sie
so wirksam wie jede andere Form der Meditation.«

Das Zentrum der Handlungen kreist also nicht um kleine Be-
griffe wie Ethik oder Moral, sondern um das spirituelle Leben;
nicht darum, möglichst viel Gutes und Rechtes zu tun, sondern um
die innere Einstellung, die alles Tun und Wirken begleitet. Die Inder nennen jenen Menschen, der alle seine Taten als Yoga begreift,
karmayogin. Der Mensch mitsamt seinem Körper und seinem individuellen Bewusstsein ordnet sich keiner äußerlichen Verpflich-
tung unter, sondern geht in *brahman* auf, der Urseele und höchsten Realität. Und hier liegt auch die eigentliche Essenz, welche
diese Art der Pflicht überhaupt erst möglich macht. Denn ohne
brahman wäre jegliches Dharma sinnlos und ersterdings inexistent,
denn *brahman* ist letztlich die Eine Wirklichkeit, welche alle anderen Wirklichkeiten von Welt und Weltwerdung voraussetzt – und
beinhaltet. Fragmentarisch ist das göttliche Prinzip in jeder weltlichen Erscheinung vorhanden, ob in der Materie, im physischen
oder geistigen Leben. Die gesamte Evolution kann als große Man-
nigfaltigkeit des *brahman* aufgefasst werden, die wieder ihrem göttlichen Urzustand zustrebt. Es ist die Kraft, die in allen Dingen und
Zuständen sucht und leitet: die Sehnsucht Gottes nach Gott.

Was der Mensch durch seine Pflicht und seine Hingabe letztlich gibt und opfert, ist also nicht sein Menschsein, nicht sein
Glaube, seine Selbstdisziplin, sind nicht die Dienste des Körpers.
Es ist das Göttliche im Menschen, welches sich selbst ehrt, und
so kann Krishna behaupten, dass das gesamte Leben, wie wichtig
oder unwichtig es erscheinen mag, als Altar dienen kann, auf dem
die eigenen Umstände jener Göttlichkeit geopfert werden können, die uns selbst und die Welt am Leben erhält.

> *»Die Gottheit ist das Opfer selbst, die Gottheit lebt im Opferfeu'r,*
> *Drum geht zur Gottheit ein der Mensch,*
> *der an solch göttlich Tun gedenkt.*

Der Weise, der nach Andacht strebt, dem ist die Tat sein Element,
Doch wer die Andacht hat erreicht, dessen Element ist Seelenruh.«

Natarajan will keinen Tee mehr, da er sonst, wie er behauptet, die
ganze Nacht auf Toilette muss. »Das Alter, das Alter!«, sagt er und
lacht. Wie er so anmutig neben mir sitzt und in die Nacht schaut,
kommt es mir vor, als habe er sich seine Andacht und Stille aus der
warmen Ausgeglichenheit der Luft geschnitzt, als sei einiges der
Beschaulichkeit, die ihn jeden Abend auf dieser Veranda umgibt,
in die Landschaft seines Bewusstseins geraten. Ich beneide Natarajan um die Ruhe, die von ihm ausgeht. Er scheint mit nichts
weiter als dieser abendlichen Gegenwart beschäftigt zu sein, wobei beschäftigt sicherlich das falsche Wort ist. Bald verabschiedet
er sich mit der Entschuldigung, morgen sehr früh für seine Meditation wach sein zu müssen.

»Was für eine Art der Meditation praktizierst du?«, frage ich
ihn.

Wieder gerät seine Antwort zu einem Schmunzeln.

»Atmen.«

Direkt neben dem Natarajan Beach Resort befindet sich ein
zweistöckiges Haus, welches an die Schüler einer großen Ayur-
veda-Schule vermietet wird. Dort haben sich Markus und Karin
einquartiert, ein sehr liebenswürdiges Ehepaar in meinem Alter,
das, eigentlich aus Heidelberg stammend, bereits seit drei Jahren durch die Weltgeschichte reist, von indischen Stränden bis zu
den Klöstern Myanmars und zurück.

Am Wochenende beschließen Markus und ich, eine Backwater Tour zu machen – mit den Motorrädern. Wir fahren rund
dreißig Kilometer nach Norden und folgen einem der berühmten Backwater: Seewege, die sich vom Meer aus durch das Lan-
desinnere ziehen. Auf winzigen Pfaden und ungeteerten Wegen
schleichen wir durch die paradiesischen Zustände der Dörfer.

Man könnte glauben, im Hinterland käme alsbald die Armut, rückten endlich die Lehmhütten, klapprigen Unterkünfte und bettelnden Kinder ins Blickfeld, aber die Menschen wohnen in großzügigen Häusern und prahlen fast mit ihrer Anmut und Selbstsicherheit. Alles, was von Biologen einen lateinischen Namen zugesprochen bekommen hat, darf hier wachsen und entzücken. Immergrüne Inseln schimmern in den Flüssen, Waren werden in riesigen Holzkähnen von Ufer zu Ufer gefahren, tausendkilometerweit ragen die Bambushaine und Kokosnusspalmen in die Luft.

Wir erzeugen großes Aufsehen und scheinen aus einer anderen Welt eingeflogen zu sein. Zwei sonnenbebrillte Weißlinge auf ihren Motorrädern, gefolgt von allen Kindern und Jugendlichen der jeweiligen Dörfer. Ein Begleitservice von vier Motorrädern und acht Jungs fährt uns bald durch die Dörfer voraus und kündigt durch Schreien und Hupen unser Kommen an. Die Frauen auf den Getreidefeldern halten kurz inne, alte Männer winken langsam aus ihren Plastikstühlen, Schulkinder zupfen an unseren blonden Armhaaren.

Wenn es ein Postkartenland gibt, wir haben es gefunden.

Nach dem Mittagessen entdecken wir einen äußerst deprimierenden Snake Park, einen Zoo mit Krokodilen, Affen und Schlangen, in dem man sich für zehn Rupien allerhand Unheil anschauen kann, namentlich in Betonbecken oder Betonkäfigen eingepferchte Tiere. Wir halten es nicht lange aus. Die zehn Rupien zahlt man hier nicht für den Anblick der Tiere, sondern als Reisezoll in die Tiefen des eigenen Mitgefühls. (Video 4)

Nur wenige Kilometer später prangt einer der modernen Tempel Indiens am Straßenrand: das Vismaya Infotainment Centre. Er sieht fast zu gut aus, um wahr zu sein. Denn wenn Indien versucht, die von Disneyland inspirierten Funparks des Westens nachzuahmen, geht das meistens schief. Ich habe viele dieser kleinen Parks gesehen, die allesamt eine unnötige An-

sammlung rostig-quietschender Spielsachen und »*veg puffs*«-Bu-
den sind, und das wahre Abenteuererlebnis dieser trashigen
Vergnügungsparkkopien ist es, sich bei dem hohen Verletzungs-
potenzial keinen Tetanus oder einen Krankenhausaufenthalt
einzufangen.

Nicht so das Vismaya Infotainment Centre, das zwar über
keinerlei Info, aber durchaus über das angepriesene Entertain-
ment verfügt. Für stolze vierhundert Rupien stehen uns ein Dutzend Wasserrutschen und Geschwindigkeitsröhren zur Verfü-
gung, in denen wir uns stundenlang vergnügen. Zudem gibt es eine
Wildwasserbahn und ein riesiges Areal für Familien und Kleinkinder, ein Wellenbecken und alle weiteren Kleinigkeiten, die
man sich in einem Wasserpark wünscht. Die *veg puffs* und *samosa*
der kleinen Verkaufsbuden schmecken großartig.

Um 13.30 Uhr aber geschieht das wirklich Große. Für zehn
Minuten bekommt jeder Besucher seinen größten Traum erfüllt,
einmal Star eines Bollywood-Filmes zu sein.

Aus dem Planschbecken, in dem die meisten Leute herum-
liegen, marschiert die Masse zu einer riesigen Wand, dem Wa-
terfall Spot. Unter wummerndem Technosound regnet es mit
einem Schlag Wasser in das kniehohe Becken, in dem sich im Nu
hundert tanzende und ausrastende Menschen befinden, sorgfältig
nach Mann und Frau getrennt. (Video 5, 6)

Es dauert nicht lange, bis die Männer austicken. Einige krabbeln die Wand hoch, suchen sich einen kleinen Vorsprung und
performen dort ihren klitschnassen Traum, ihren wirbelnden
Tanz aus sexuell aufgeladenen Bollywood-Klischees, während
im sehr viel kleineren Frauenbereich des Beckens die Mädchen
zuerst noch schüchtern an der Wand stehen und die stampfen-
de Horde beobachten – bis auch sie irgendwann zu tanzen beginnen.

Das geht nicht lange gut. Einige Jungs, die nun – gänzlich im
dicken Beat ihrer Gefühle – dem Rausch ihres unerfüllten Lie-

besleben verfallen sind, posieren mit eindeutigen Gesten vor den
Mädels. Die Ordner schreiten ein. Alle Frauen werden zum Tanzen auf eine nahgelegene Plattform getrieben. Das Wasserfall-
becken gehört nun allein der wirbelnden Testosteronhorde, in
der Markus und ich als die einzigen Ausländer unter durchgehen-
den Anfeuerungsrufen willkommen geheißen werden.

Der Inder ist kein Wesen, das zuallererst den kalten Verstand und die analytische Logik als Zentrum seiner Wahrnehmung auserkoren hat. Er ist ganz und gar von Herz und Emotion bestimmt, die regelmäßig außer Rand und Band geraten
müssen, da er sie für gewöhnlich lebenslang unter dem Deck-
mantel seines ultrakonservativen Gesellschaftslebens kontrollieren muss. Dort brodeln und brodeln sie, bis sie irgendwann
durch Ereignisse wie Feste, Massenaufläufe, zeremonielle
Trommelgelage oder Wasserfallspots – Geysiren gleich – an
die Oberfläche schießen, nunmehr unkontrollierbar und un-
aufhaltsam.

Ein durch positive oder negative Emotion in Aufruhr gebrach-
tes Kollektiv ist dann zu allem fähig: zu brüderlicher Vereinigung
oder bestialischen Massakern. Durch die im Inder aufschäumen-
de Güte ist er bisweilen von größtem Mitgefühl beseelt, zugleich
kann er durch irgendein albernes Gefühl, welches seinen Stolz,
seine Religion oder seine Lieblings-Cricketmannschaft betrifft,
einen Menschen in Stücke hacken![4] Eine einzige Sekunde, und er
ist Gott – oder eine Bestie.

Dies alles lässt sich unter das zweite große indische Prinzip
kategorisieren, womöglich das stärkste und häufigste von allen.

Die Notwendigkeit.

---

4   Es ist leider keine Übertreibung. Das Ermorden und damit einherge-
     hende Zerstückeln von Menschen ist in Indien an der Tagesordnung.
     Auch dies scheint dem Ganz-oder-gar-nicht-Prinzip zu folgen: wenn
     man schon tötet, dann bitteschön richtig.

Der zivile Status quo verlangt es, zahmen Lämmern gleich, im Planschbecken herumzuliegen, um sich unter der neuen Notwendigkeit der lauten Musik und des Wasserfalls in das Gegenteil zu verwandeln: ein hyperaktives Wesen, dass sich sogar sein Shirt vom Leib reißt und weder Sinne noch Gliedmaßen unter Kontrolle bringen kann.

Die Notwendigkeit beinhaltet gleichzeitig Demut und Größenwahn. Sie sorgt dafür, dass es stets etwas zu tun oder zu unterlassen gibt. Die Notwendigkeit der Straße beispielsweise ist das Vorankommen und die Notwendigkeit eines Büros das Warten. So ist man in der schizophrenen Lage, auf dem Weg zum Amt all seine Beherrschung zu verlieren, wenn die Straßen blockiert sind. Denn der Inder kann, wenn er eine Maschine navigiert, einfach nicht vollkommen zum Stillstand kommen, es geht einfach nicht! Er wird hypernervös und selig zugleich stundenlang Zentimeter um Zentimeter vorantippeln und dem Vordermann einhundertmal hinten reinfahren, bevor er auch nur eine Sekunde im Straßenverkehr vollkommen stillsteht – es würde ja auch den Sinn der Straße zunichte machen. Kommt er aber nach wohlzelebrierter Nervenaufreibung in einem indischen Büro an, wird er dort, wenn es denn notwendig ist, den ganzen Tag mucksmäuschenstill und zuvorkommend in einem überfüllten Bürovorraum darauf warten, nicht an die Reihe zu kommen.

Notwendigkeiten überall: die Notwendigkeit von Verpackungen ist Müll, die Notwendigkeit des Abfalls ist die Verschmutzung. So einfach ist das. Die Notwendigkeit einer Streiterei ist die Prügelei, und die Notwendigkeit nach einer Prügelei ist die Versöhnung. Es ist unglaublich, aber ich habe schon Schlägereien in Bussen erlebt, in der man sich in der einen Sekunde fast umgebracht hätte und in der nächsten wieder vollkommen friedlich, reinen Engelswesen gleich, nebeneinander saß.

Alles hat seinen Preis und seine Handhabung. Wenn das Leben dich zum Kampf zwingt? Wenn das Leben dich zur Seligkeit zwingt? Alles, was die Inder tun, ist also stets zweckgebunden und orientiert sich an den Erfordernissen der jeweiligen Gegenwart.

Diese Art der Gegenwartshandhabung aber hat bei dem ausländischen Beobachter zu einer immensen Fehlinterpretation geführt: zur Ansicht, die Inder seien ewig friedvolle Lebewesen, die selbst im größten Chaos die berüchtigte innere Ruhe bewahren. Aber nein, sie sind lediglich nach Notwendigkeit ruhig oder nicht.

Es ist die Person Mahatma Gandhi, die vor allen Dingen für diese falsche Wahrnehmung verantwortlich ist. Laut V. S. Naipaul lag der Genius Gandhis darin, intuitiv zu erkennen, »wo genau Hindu-Tugenden wie Quietismus und religiöse Selbstliebe in ein selbstloses Handeln von überwältigender politischer Kraft verwandelt werden konnten.« Die vor und während britischer Regentschaft völlig ungeeinten indischen Regionen haben sich nicht durch innere Friedfertigkeit, sondern durch eine gehörige Lücke in Zusammenschluss und militärischer Organisation in ihr Schicksal als ewig armes und unterdrücktes Volk gefügt (zudem kann zweifelsohne behauptet werden, dass alle Konflikte und Krisen, die vor dem Auftauchen Gandhis stattgefunden haben, genauso brutal und erbarmungslos über die Bühne gingen wie irgend sonst auf der Welt). Dieses Sichfügen wiederum beinhaltete ebenfalls ein Prinzip der Notwendigkeit, denn unter den starren und unbeugsamen Regeln des Kastenwesens hat die Mehrzahl der Inder schon immer gelernt, den Dienst und die Unterordnung als auferlegtes Schicksal zu akzeptieren.

Gandhis Vereinigung des religiösen Indien unter dem Banner der Gewaltlosigkeit und des passiven Widerstands war zu einem gewissen Zeitpunkt in der Geschichte des Landes die einzige Möglichkeit, die Freiheit von den Briten zu erlangen. Die Szenen und Jahre, die unmittelbar auf die Verkündung der Unabhängigkeit folgten, bewiesen im Nu das Ende der gewaltlosen Zeiten und ließen Gandhi bald als einen Mann zurück, der über keinerlei politische Kraft mehr verfügte, von seinen Mit-Indern als weltabgewandte und heilige Ikone verehrt wurde und in einem Indien starb (ermordet wurde), welches bereits in neuen gewaltsamen Auseinandersetzungen steckte. Die temporäre Notwendigkeit der Ideen und Überzeugungen Gandhis war vorbei, sobald diese gesiegt hatten.

KARNATAKA

Mangalore

Es fällt mir schwer, Kannur und die Wasserwege, die idyllischen Dörfer und die gute Gesellschaft von Natarajan, Munnaz, Markus und Karin zu verlassen; ich verlängere meinen Aufenthalt immer wieder um jeweils einen Tag, bis ich wirklich abreise und zwischen Abgasen und Hupgesängen den Highway 17 nach Norden nehme. Es dauert nicht lange, und ich lasse auch Kerala, »Gods own Country«, mit einem Seufzer der Dankbarkeit hinter mir.

Meine erste Erfahrung mit einem Einwohner Karnatakas ist eine kulinarisch-telepathische. Wie jeden Morgen halte ich für einen frischen Kokosnusssaft, parke Marlene und nähere mich dem auserkorenen Kiosk. Noch bevor ich den Mund aufmache, drückt mir der Kioskbetreiber eine geköpfte Kokosnuss samt Strohhalm in die Hand und präsentiert drei verschiedene Kekssorten – anscheinend ist er sich nicht völlig sicher. Ich greife nach der Packung, die ich im Sinn habe, er raunt ein »Mh ha« zwischen seinen schiefen Zähnen hervor. Dann klettert er wieder hinter seinen Tresen, wo er sich mit einem stumpfen Bleistift Notizen macht.

Die letzten zehn Kilometer vor Mangalore werden zu einer Prüfung.

Ein Stau spannt sich über ein Dutzend improvisierte Spuren, da jeder Millimeter auf und neben der Straße eingenommen wird. Rechts stehen die Busse und Lkw, während die kleineren Fahrzeuge oft fernab der Piste jede noch so kleine Lücke suchen, um vorwärtszukommen. Wie gesagt, nichts macht den Inder nervöser als sich auf oder in einem Gefährt zu befinden, das der Vorwärtsbewegung dient, sich aber den Hindernissen Stau oder Ampel beugen muss. Das Rucken und Schieben und Hupen, das Gedrängel und der beizende Einsatz aller Gallenqualitäten sind phänomenal.

Als es nach einer halben Stunde in gemäßigter Schrittgeschwindigkeit weitergeht, treffen wir bald auf Polizisten, die versuchen, den Verkehr zu regeln, indem sie ihre *lathi*, ihre Holzknüppel, gegen jedermann schwingen, der nicht auf ihre unverständlichen Rufe und Anweisungen reagiert.

Anscheinend hat es einen größeren Unfall gegeben, aber Stau macht erfinderisch. Endlich auf der verstopften Brücke angekommen, wuchten einige Motorradfahrer, inklusive meiner selbst, ihre Räder auf den schmalen Bürgersteig und brettern an den Wartenden vorbei.

Die entgegengesetzte Seite hat es noch schlimmer erwischt, dort hat sich seit fast einer Stunde nichts bewegt. Als das Schlimmste vorbei ist, halte ich an einer Kreuzung, um zu rauchen, und informiere einen Autofahrer, der gerade Richtung Brücke abbiegt:

»Don't go there today. It will take many hours.«

Er lehnt sich aus dem Fenster, winkt ab und antwortet:
»Yes Sir, thank you, that is no problem. Waiting is a gift of time.«

Einige Meter hinter der Grenze hat es begonnen. Binnen weniger
Minuten erhalte ich drei Hinweise, einen Helm aufzusetzen. »It
is compulsary!«, schreien sie, es sei Vorschrift; und ich bin geneigt
zu antworten, dass in Indien Vorschriften und deren Einhaltung
so konform gehen wie Feuer und Wasser.

Haben in ganz Tamil Nadu circa vierzehn Leute einen Helm
getragen und in Kerala rund siebzig Prozent, hat in Mangalore
ausnahmslos jeder Fahrer etwas auf dem Kopf, auch wenn es mitunter reine Alibihelme sind, Baustellenhelme oder anderes Plas-
tikgeschütz. Es herrscht dasselbe absurde Gesetz wie in den anderen indischen Staaten: Der Fahrer muss einen Helm tragen, alle
Beifahrer jedoch nicht. So haben viele Familienväter einen Helm
auf, während Frau und Kindern der angenehme Fahrtwind übers
ungeschützte Haupt rauscht.

Ich erwartete das Chaos und den Lärm einer typisch indischen
Stadt, aber Mangalore ist seltsam ruhig und angenehm, die Straßen weitestgehend leer und sauber. An der Rezeption meiner
Lodge erwähne ich mehrfach, dass die graue (Magic Silver laut Re-
gistrierung) Honda Unicorn mit dem Nummernschild aus Pondicherry mir gehört, da ein Schild des Hotels darauf hinweist, allen
Fremdparkern die Reifen aufzuschlitzen.

Die Stadt ist wie dazu gemacht, Zeit zu vertrödeln, gut zu essen, für sich alleine zu sein und einige schöne Tempel auf dem
Weg zu finden. Aber Mangalore ist auch Heimat der »Mangalore Ganesh Beedis«, meiner Lieblingsmarke. Bald habe ich die
Adresse ausfindig gemacht und sitze in einem riesigen Verwal-
tungsraum, um auf den Manager zu warten. Liebenswürdig-anti-
kes Großraumbüro: Die Fotografien der alten Manager und des
Firmengründers hängen blumenkettenumrahmt an den Wän-
den, die wenigen Angestellten schreiben sich unter den uralten

Deckenventilatoren durch ihre vergilbten Notizbücher. Unbe-
streitbar ein Überbleibsel der britischen Kolonialzeit: Ob an
den Rezeptionen von Hotels oder in den noch traditionellen Büros, der Inder liebt seine sperrigen Bücher, die teilweise die Größe eines Fensters besitzen.

Ich habe es immer als seltsam empfunden, dass gerade die Inder so gnadenlos die britische Bürokratie übernommen und sogar noch intensiviert haben. Aber hier wird es mir auf einmal klar.
Das Volk der großen Schriften und einiger der ältesten Sprachen
der Welt (Sanskrit, Tamil etc.), das Volk, das Bibliothek an Bibliothek reiht und dessen Kanon von der Metaphysik der Veden
und Upanischaden über die großen Erzählungen des Ramayana und Mahabharata – wahre Kolosse epischer Dichtung – führt
und den kompletten inneren Erlebniskosmos ins mythologische
Bild umschreibt, um sich letztendlich in den Mammutversen und
Ghasel-Gesängen der Dichter, in den ungezählten Fabelwelten
der Geschichtenerzähler wiederzufinden und zu erneuern ..., dass
dieses Volk, das die ganze Welt aus dem Wort hervorruft und
umgekehrt, dass gerade die Inder alles aufschreiben wollen und
bei jeder Gelegenheit den Stift zur Hand nehmen, um für lyrische
oder pragmatische Übersicht zu sorgen, ist wenig verwunderlich.

Der Manager hat keine guten Nachrichten. Ich erfahre, dass
die Beedis zwar hier auf dem Gelände verpackt, aber nicht her-
gestellt werden. Dies, sagt er, geschähe in Heimarbeit. Tausende
Familien werden mit den Tendublättern und Tabak beliefert und
fertigen die Beedis zu Hause an. Das Einzige, was der Manager für
mich tun kann, ist, mir einige der alten Holzkisten zu zeigen, in
denen Tausende Beedis stecken und ein wunderbar grünfeuchtes
Aroma verströmen.

Mit der untergehenden Sonne steigt eine warme Brise von der See
auf, und ich gehe in eine Mall, um einen Helm zu kaufen. Danach
esse ich zum ersten Mal auf meiner Reise nordindisch, ein vor-

zügliches *malai kofta* mit einigen Knoblauch-*naan*, und finde mich danach in einem der kleinen *paan*-Läden wieder, die halb Mangalore bevölkern. Indisches *paan* ist eine Gewürz- und Betelnussmischung, die in ein Betelnussblatt gerollt und langsam zerkaut wird. Die Substanzen sind geistig stimulierend, man wird ein kleines bisschen high, behält den Saft noch eine Weile im Mund, um ihn später möglichst laut in die Straßen zu spucken.

Es gibt keinen Grund, nicht noch einen Tag in Mangalore zu bleiben. Am Abend aber erhalte ich eine E-Mail von Anja, einer Freundin aus Köln, die auf dem Weg nach Indien ist und in drei Tagen in Goa ankommt. Ich verspreche ihr, sie vom Bahnhof abzuholen, zurre am nächsten Morgen noch vor Sonnenaufgang meinen Rucksack an Marlene fest, stülpe mir den Helm über und breche auf Richtung Goa.

Gokarna

Der Helm. Ein weiteres wunderbares Beispiel für den Unterschied zwischen westlichem und asiatischem Verkehr. In Deutschland würde ich wahrscheinlich immer einen Helm tragen, auch wenn es kein entsprechendes Gesetz gäbe. In Indien wiederum tut man gut daran, keinen Helm zu tragen, auch wenn es entsprechende Gesetze gibt.

Indisches Paradox: Zum ersten Mal fühle ich mich auf der Straße nicht sicher, *weil* ich einen Helm trage.

In einem Verkehr, der erstens auf das vollständige Beisammensein aller Sinne und zweitens auf Zentimeterarbeit ausgelegt ist, fühle ich mich in meinem geschlossenen Helm nur halb anwesend. Ich höre und sehe weniger, kann den Kopf nur noch halb wenden, mein Reaktionsvermögen ist eingeschränkt, und ich bin mir der anderen Fahrzeuge weniger bewusst. Außerdem ist es viel zu warm für einen Helm, man kann sich weder mit anderen Motorradfahrern unterhalten noch telefonieren oder den Wind über den Kopf fließen spüren. Nein, auf der gewöhnlichen indischen Straße, wo es dir das Leben retten wird, das Vibrieren eines fremden Motors in den Nackenhaaren zu spüren, bedeutet der Helm nur Gefahr – es macht keinen Sinn, dass er mich bei einem Unfall schützt, wenn er zuallererst für den Unfall verantwortlich ist.

Eine sehr kurze Beziehung mit einvernehmlichem Ende. Jemand wird sich bestimmt freuen, einen nigelnagelneuen Helm am Straßenrand zu finden.

Der Highway 17 wird zu einer Baustelle. Die ersten sechzig Kilometer schicken mich Dutzende Umleitungen hin und her, von einem makellosen Superhighway zur aufgeplatzten Schotterpiste und zurück. Aber diese kleine Behinderung ist nur die Ouvertüre zu dem Schauspiel, welches die nächsten hundert Kilometer im Straßenwelttheater aufführen.

Die Straße könnte schlechter nicht sein. An den zum Teil einen halben Meter tiefen Schlaglöchern kann ich die vorangegangenen Teerschichten erkennen und nachzählen, wie oft die Straße schon erfolglos verbessert wurde. Sobald man die schlimmsten Löcher überstanden hat, darf man einmal Gas geben und bis in den fünften Gang hochschalten, um sofort wieder bis in den ersten runterzubremsen. Dies geschieht so regelmäßig, dass ich meine, das Ganze hat System und ist vom Verkehrsministerium Karnatakas so in Auftrag gegeben worden. Alle zweihundert Meter zieht sich ein Riesengraben durch die Straße; an einem von ihnen muss ich absteigen und Marlene ohne Gewicht vorsichtig durchschieben. Stopplöcher statt Speedbraker. Oft ist noch die beste Spur neben der Straße – auf der anderen Seite! Als ich schon zu der Erkenntnis komme, dass es besser gewesen wäre, man hätte keine Straße gebaut, entfaltet sich ihre Schönheit. Komplette Streckenabschnitte sind in den hellen Staub der aufgebrochenen

Straßen gehüllt. Wie weihnachtlicher Schnee liegt er über den Blättern und Bäumen, um die tropische Vegetation in ein Winterkleid einzumummen. (Video 7)

In einem Dorf, das nicht viel mehr ist als eine Kreuzung, an der jede Menge Lkw-Fahrer halten, um zu rauchen oder zu essen, halte auch ich für einen Chai bei einem seltsamen Chai-*wallah*. Er ist vielleicht um die vierzig, *lungi* und Hemd sind mit etlichen Teespritzern geschmückt. Während er sich mit zwei Fingern Kokosnussöl in die Haare schmiert, zerkaut er ein Kaugummi, als handle es sich um seinen ärgsten Feind. Ich kann seinen ungewöhnlichen Ausdruck nicht fassen; er gibt sich, gewollt oder ungewollt, nicht preis. Ich weiß nicht, ob es Arroganz ist, die zwischen seinen Augenbrauen zittert, oder ob das Starsinnige in seinen Augen von Unsicherheit zeugt. Auf jeden Fall ist er mit einem Hauch Verrücktheit versehen, von dem sich seine Eigenschaften und Worte womöglich ableiten lassen.

Er stellt mir einen Plastikstuhl hin. Als ich mich setzen will, nimmt er ihn wieder weg mit den Worten, der Stuhl sei nicht gut, »not good good«.

Ich muss es einfach jemandem sagen.

»Babu, die Straße ist ein Haufen Scheiße. Warum baut man so eine Straße?«

Er zeigt auf Marlene und sagt: »Very slow bike!«

»Was! Das Bike ist prima, aber die Straße ist es nicht.«

»This bike no good«, wiederholt er und fragt mich, ob ich Hindi könne.

»Nicht gut, aber ein bisschen«, antworte ich auf Hindi, aber er reagiert nicht und spricht weiterhin englisch mit mir.

»Schwitzt du?«

»Ja. Es ist heiß.«

»Nein, du immer viel schwitzt, immer?«

»Khabi khabi«, antworte ich, was halb-halb bedeutet.

»Schwitzen Tiere? Wassertiere?«

»Mh, bestimmt. Auch wir Menschen haben ja, wenn es denn stimmt, lange Zeit im und am Wasser gelebt. Bestimmt schwitzen Wassertiere.«

»But big skin, too much big!«

»Yes, Reptilien können vielleicht nicht schwitzen, aber die anderen Tiere. Delfine. Bestimmt schwitzen Delfine. Die bewegen sich auch schnell.«

»Ja, schnell, ich habe hier im Meer gesehen, sehr schnell. Und schwitzen, ha, acha!«

Er stellt mir wieder den Stuhl hin, den er mir vor einer Minute weggenommen hat, und überreicht mir meinen Chai, dessen Betonung vor allen Dingen auf dem schwarzen Tee liegt. Genau das, was ich brauche, um wieder zu Kräften zu kommen und den Rest des Tages in Angriff zu nehmen.

»Thirty kilometers good, after«, sagt er und zeigt auf die Straße. Und er hat recht. Erst ist die Straße weiterhin schlecht, dann kommen hervorragende zwanzig Kilometer, bis sich kurz vor Goa die ersten Zeichen für die nahende Veränderung in die Landschaft malen:

Die Straße führt durch leichte Hügel, erste wunderbar gewundene Auf- und Abstiege, der Teer hält und die Landschaft – Dörfer, Wälder, Ackerland – rückt näher an den Straßenlauf, der weicher und weicher wird.

Sieben Stunden für knapp einhundertachtzig Kilometer. Jeder Rückenwirbel schmerzt, ich stinke nach Straße, Sonne, Ruß und Teer, und wie ein Verdurstender in der Wüste sehne ich mich nur noch nach Wasser, nach dem erfrischenden, wellenschlagenden Endloskörper des Arabischen Meeres. Als ich in Gokarna ankomme, bin ich nicht braun, sondern lediglich unfassbar dreckig geworden. Abseits des Dorfes befinden sich einige herrliche Strände, am sogenannten Om Beach werfe ich meinen Rucksack in das erstbeste Zimmer und springe in die warme See, um mir den dicken Schmutz- und Schweißfilm von Haut und Seele zu waschen.

Gokarna selbst ist, bis auf seinen dreckigen Dorfstrand, eine
Art verzauberter Ort, der sich etwas von einem vergangenen Indien bewahrt hat. Denkt man sich Motorräder, Handys und In-
ternetcafés aus dem Straßenbild weg, so gelangt man zurück in
vergangene Jahrhunderte und kann die kahlgeschorenen Priester begleiten, die, Opfergaben schwenkend, in den Winkeln der
Tempel verschwinden.

Die Buchten um Gokarna sind wunderbare Reminiszenzen
an Strände, wie sie sich die ersten Hippies erträumt haben. Und
sie waren tatsächlich die Ersten, die diese unberührten Buchten
entlang der indischen Küste entdeckten und, vor allem in Goa,
ungewollt für einen langsam aufkommenden Besucherandrang
sorgten, der heute vielerorts das Gesicht des Massentourismus
angenommen hat. Gokarna ist jedoch noch weit davon entfernt,
massentauglich zu werden; nichtsdestotrotz bin ich zum ersten
Mal auf meiner Reise an einem touristischen Ort gelandet. Einheimische und ausländische Besucher sitzen in Badeshorts und
Bikini auf den Restaurantterrassen und lassen sich Bier und *chicken masala* kommen, während sie den Sonnenuntergang fotografieren und von den magischen Orten schwärmen, die man auf jeden Fall während der Reise besuchen sollte.

Kurzum: Es ist ein kleiner Vorgeschmack auf die Szenen, die
den Indienreisenden in Goa erwarten.

GOA

Palolem

1,5 Millionen Menschen leben in dem kleinen Bundesstaat Goa, der im Jahr weit mehr Besucher anzieht, als er Einwohner hat. Auch neben den alten Hippie-Enklaven, die heute größtenteils touristische Hochburgen sind, erscheint Goa in vielerlei Hinsicht nicht wirklich indisch zu sein. Überall gibt es Massen von Liquor Shops, sogar in den Supermärkten und Stores gibt es überall Bier und Whiskey zu kaufen, die aufgrund von Steuererlassen unglaublich viel billiger sind als in den benachbarten Bundesstaaten. Es werden überwiegend Fleisch- und Fischgerichte angeboten, auf den Straßen befinden sich jede Menge wacklige Touristen auf wackligen Rollern; die Männer tragen Shorts und T-Shirt, die Frauen Blumenkleider. Man spricht Konkani und Englisch, jeder versteht ein bisschen Hindi und das Marathi des benachbarten Staates Maharashta. Einige Ältere sind sogar noch des Portugiesischen mächtig. Weiß getünchte Kirchen prägen als Kolonialerbe die Dorfzentren, riesige Reklametafeln zieren die Landschaft und die Hunde kleben lieber im Schatten, als sich auf der Straße totfahren zu lassen.

Es fehlen die Hektik, der Dreck, die derbe Romantik und die niemals gesättigte Urenergie Indiens; Goa scheint sich von all diesen Unaufhaltsamkeiten harmonisiert zu haben und bringt allerorts den Charakter einer wonnigen Insel hervor. Die Bewohner scheinen so sehr von Tumult und Anstrengung entfernt zu sein, man möchte ihnen und ihrem Strandgut eine eigene Nationalität zusprechen.

Ich komme just an dem Tag in Palolem an, an dem zwei Tageszeitungen auf ihrer Titelseite von der Einreise der ersten Touristen berichten: 395 Russen landen mit einer Chartermaschine am hiesigen Flughafen. Neben einigen Beschwerden wegen aufgebrochener Schlösser an den Gepäckstücken scheint die Reise jedoch so prächtig verlaufen zu sein, dass nun die lächelnden Gesichter in bunte Blumenketten eingekränzt werden. »Welcome to my India!«

Palolem ist genau so, wie ich es in der Nebensaison erwartet habe. Das Dorf beginnt gerade erst, sich aus seinem Dornröschenschlaf zu schälen und den Besucherandrang zu organisieren, der im Winter über die Beschaulichkeit hereinbricht. Es herrschen weder betrunkene Touristen noch die unzähligen Dealer, die Kokain, Acid oder Bootstouren verkaufen, über den Strand, sondern allgegenwärtige Baumaßnahmen. Eine Armee von Arbeitern baut all das neu auf, was vor dem letzten Monsun, der das Ende der Saison verkündet, abgerissen wurde. Der niemals abebbende Klopf- und Stichgesang der Zimmerleute liegt so lange in der Luft, bis die Arbeiter zum Sonnenuntergang ihre Waffen niederlegen, sich an den Strand setzen und gemeinsam mit den wenigen Touristen aufs Meer hinausschauen.

Auch in meinem Guesthouse, welches eine halbe Minute Gehweg vom Strand entfernt liegt, herrscht reger Hammer- und Stichsägenbetrieb; ich beziehe eine von nur zwei Hütten, die schon wieder bewohnbar sind.

Sawa, der Eigentümer des Friendly Eco Village, verrät mir sofort, dass er nicht zum Spaß einmal im Jahr sein gesamtes Anwesen erneuert.

»Die Regierung zwingt mich, meine eigene Regierung!«, erbost er sich. »Sieh, es gibt jetzt eine Menge großer Hotels, teurer Hotels, und sie wollen mehr und mehr Kundschaft. Sie bestechen die Regierung, und die macht ein Gesetz und erlaubt keine Hütten mehr in einer Entfernung von zweihundert Metern zum Strand, sie wollen nur noch den teuren Tourismus in den Fünfsternehotels, und so Leute wie du, die in der Natur wohnen wollen, in Ruhe, die werden vertrieben.«

Durch seinen letzten Satz begreife ich auch, warum er sein Guesthouse als Eco Village bezeichnet. Es hat mit Umweltschutz oder gar Nachhaltigkeit nichts zu tun, sondern bedeutet nur, dass mein Bad unter freiem Himmel steht, ich mich mit dem Wasser aus einer Regentonne dusche und jede Menge Insekten in der Hütte hausen.

»Sie kommen mit einem Band«, fährt er fort, »und messen die Entfernung zum Strand bis auf den Zentimeter. Ich befinde mich innerhalb der zweihundert Meter, deswegen bekomme ich immer nur eine Lizenz für ein halbes Jahr, und für die Lizenz muss ich die Regierung bestechen. Das reicht für die Saison. Ende Mai muss alles abgerissen werden, dann kommen die Regierungsvertreter und filmen, ja wirklich, sie filmen mit einer Kamera, ob hier noch was steht. Dann muss ich es wieder aufbauen und eine neue Lizenz beantragen, wieder Bakschisch zahlen. Wasser, Elektrizität, der Garten – alles neu. Aber die teuren Hotels, die stehen fest und dürfen bleiben.«

Er lädt mich ein, Mitte Dezember noch mal zu kommen. »Dann stehen hier vierzig Hütten, alles ist schön, die Wege sind mit Sand bestreut und es gibt Internet und ein Restaurant. Pacca, alles perfekt.«

Ich frage ihn nach seinen Arbeitern, ob er jedes Jahr dieselben Männer einstelle.

»Ja. Ich habe etwa zwei Dutzend Arbeiter aus Karnataka. Dort arbeiten sie auf den Reisfeldern, und im Herbst kommen sie zu mir. Es sind Männer, die alles können: Landwirtschaft, Hausbau, Schreinerei, Viehzucht. Und so verdienen sie überall ihr Geld.«

Gebratener Fisch, Bier, Beedi. Wenn man dann am Abend ins ruhige Meer hinausschwimmt und zurückschaut, ducken sich die Skelette der Hütten perfekt unter der endlosen Palmenreihe. Links erhebt sich ein Hügel über der Bucht, eine Insel ist ihr dort malerisch vorgelagert; rechts Klippen und Felsen, die sich ebenfalls palmenbestanden ins Meer dehnen. Schöner kann ein Ort kaum sein, der Sonnenuntergang zaubert ein einmaliges Szenario. Der Strand, und mit ihm die ganze Welt, wird von einem dunkelroten Wolkenband eingerahmt; zwischen diesen beiden Zauberteilen befindet sich der Schwimmer im nun rot schattierten Meer wie eine Perle in der Muschel. Hat das Tourismusbüro ihn bezahlt? Ein einsamer Fischer schwebt mit seinem Kahn durch das Panorama, um das Bild perfekt werden zu lassen.

In Indien ist es unmöglich, eine verlässliche Auskunft zu bekommen, wenn es um Öffnungszeiten, Termine oder Fahrpläne geht, kurzum: wenn irgendetwas mit dem absurden, bestenfalls philosophischen Prinzip zu tun hat, welches wir Zeit nennen.

Dass der Inder stets in der Gegenwart lebt, ist ein weiterer großer Irrtum über das Land. Denn bei dem vermeintlichen Leben im Jetzt handelt es sich in Wirklichkeit um Ewigkeit. Immerwährendes Andauern, das sich nicht über einen endlosen Zeitraum definiert, sondern gerade durch das Fehlen jeglicher Zeit. Ewigkeit vergeht nicht.

Und Ewigkeit kennt keine Ankunftszeiten.

Insgesamt haben Anja und ich acht Personen gefragt und acht verschiedene Antworten erhalten. Ihr Zug aus Bombay kommt also irgendwann zwischen eins und halb vier in der Nacht in Margao an, vierzig Kilometer nördlich von Palolem.

Um Mitternacht fahre ich los und habe das seltene Vergnügen, die Straße für mich alleine zu haben. Marlene wirft das einzig
spürbare Geräusch in die Welt. Die Nacht ist derart klar, dass ich
auf offenem Gelände mein Licht ausschalten kann und unter dem
hoch stehenden Mond wie der erste und letzte Mensch durch die
blaue Nacht gleite.

Kurz vor Margao haben einige Polizisten die Straße abge-
sperrt. Aber es wäre Wahnsinn, jetzt anzuhalten. Ich habe weder Papiere bei mir, noch trage ich einen Helm. Im besten Fall
würden sie mir alles Geld abluchsen, was ich bei mir habe, oder
mich mit auf die Wache nehmen. Den Blick zeitgleich stur und
schwachsinnig geradeaus gerichtet, schiebe ich mich an dem Kel-
le schwingenden Polizisten vorbei und beeile mich, den Bahnhof
zu finden. Einige Jugendliche liefern sich mit über den Straßenboden schabenden Seitenständern ein funkensprühendes Rennen auf der Hauptstraße, ansonsten ist Margao leer – bis auf den
Bahnhof, der niemals leer ist.

Im Gesamtkörper Mutter Indiens ist der Bahnhof jener Ort,
der allen Indern ständige und liebste Herberge ist. Hier wird geschlafen, gekocht, zusammengesessen, hier wird sich gewaschen
und entleert, hier werden Geschäfte abgewickelt und Besucher
empfangen, Liebschaften geschlossen und große Dramen bewäl-
tigt, Freunde verabschiedet und Familien willkommen geheißen.

Die Rogues Gallery zeigt Schwarz-Weiß-Fotos von Männern, die sich wohl in den Bahnhofsprämissen daneben benom-
men haben, an den kleinen Buden gibt es Chai, Kaffee, *veg puffs*
und *samosa*.

Ein Uhr nachts. Der gesamte Bahnsteig ist mit Menschen gefüllt. Hunderte Familien schlafen auf dem Boden, auf dem sie
ihre Decken, Pappkartons und Plastiksäcke ausgebreitet haben:
Hab-und-Gut-Hügel, unter denen die Silhouetten klappriger Leiber kauern. Kleinkinder kuscheln sich nasenverrotzt an ihre Mütter, die mit offenem Mund das Gewicht ihrer Träume bespre-

chen. Und wenn nicht gerade Jasmin aus einem Frauenhaar oder
der Geruch von *sambhal* von einem der Essensstände, wenn nicht
gerade der dunkle Atem des Schlafes herbeiweht, dann liegt der
Bahnhof unter einer dichten Wolke von Pissgeruch, dem nirgends zu entkommen ist.

Ein Bettler humpelt heran, hebt seinen *dhoti* hoch und zeigt
auf eine üble Wunde auf seinem Oberschenkel, »Sieh«, brüllt er
mich an, »sieh, was sie mit mir gemacht haben, was die Polizei mit
mir gemacht hat, *hai Ram!*«

Züge kommen und gehen, obwohl es mitten in der Nacht ist.
Ich frage zwei weitere Personen nach der Ankunft des Zuges aus
Bombay, einmal am Informationsschalter und einmal im Büro des
Stationsvorstehers: Das macht dann zehn verschiedene Antworten auf eine einzige Frage. Aber um 3.10 Uhr rollt der Zug ein, und
ich mache Anja, nachdem wir uns mit einem Chai für die Rück-
fahrt gestärkt haben, mit Marlene bekannt und merke, den Bahnhof verlassend, dass ich ihn und das Indien, welches er repräsentiert, sofort vermisse. Und so nehme ich mir vor, mit Marlene
bald den Zug Richtung Bombay zu nehmen.

Kurz vor der Stelle, wo die Polizei die Nachtreisenden kontrolliert, warte ich auf einen Truck, hänge mich dicht hinter ihn
und schieße in letzter Sekunde aus seinem Schatten, um die Polizisten zu überraschen. Es funktioniert. Man ist *lathi* schwingend
empört und natürlich gleichzeitig zu faul, um mir hinterherzufah-
ren. Die Straße gehört uns, und obwohl Anja einige Male auf dem
Rücksitz einzuschlafen droht, kommen wir heil in Palolem an.

Arambol

Palolem, Goa: das Beruhigende. Aufregend wird es nur, wenn Anja oder ich während des Mittagsschlafs von dem schmalen Kanapee zu fallen drohen. Brüllende Mittagssonne, Vogelgezwitscher, Geckos jagen über die Wände; wir duschen unter Sonne und freiem Himmel, und das Meer ist zu jeder Stunde einmalig sanft.

Nach ein paar Tagen in Palolem trennen sich unsere Wege. Ich will noch in den Norden Goas, bevor ich nach Bombay reise, Anja zieht es zum Wandern in die Berge und Naturparks Keralas.

Goa. Für diese Straßen wurden Motorräder erfunden. Ich meine, das Glück Marlenes zu spüren, nach dem Grauen Karnatakas nunmehr über den Highway 17 zu schweben. Das Verkehrsministerium gibt sich auf jeden Fall alle Mühe, seine Besucher nicht mit indischen Straßenverhältnissen abzuschrecken. Da Goa

nur einhundertzehn Kilometer Küstenlänge misst, lasse ich mir
für meine Tagesreise nach Arambol viel Zeit. Soviel Zeit, dass ich
Zeuge eines weiteren großen indischen Weltverständnisses werde, dem Umgang beziehungsweise Nichtumgang mit Müll. An einem Chai-Shop kauft ein Kunde eine Tüte Chips, leert diese in
einigen zügigen Von-der-Hand-in-den-Mund-Griffen und ent-
sorgt die leere Plastikverpackung landesüblich am Hang eines
halb vollen Bachlaufs, der neben dem Shop vorbeiführt und schon
hoffnungslos mit allerlei Unrat zugeschüttet ist. Ich bin an solche Bilder so sehr gewöhnt wie an die Arbeit meiner Lungenflü-
gel, aber in diesem Moment überkommt mich das längst abgeleg-
te Bedürfnis, auf die allgemeine Verschmutzung hinzuweisen.

»Excuse me, Baba«, frage ich, »warum schmeißt du den Plastikmüll in den Bach?«

Zuerst ernte ich nur einen erstaunten Blick. Er zeigt auf all den
bereits vorhandenen Müll und zuckt die Achseln.

»We put there«, sagt er und zuckt erneut die Achseln.

Um bei einem Inder sicher zu sein, Gehör zu finden, bespricht
man am besten philosophisch-religiöse Thesen oder reitet ordentlich auf seinem Nationalstolz herum. Ich gebe mir also alle
Mühe, mich dementsprechend zu echauffieren.

»Ja, aber wieso? Goa ist so schön, und die Einwohner verschmutzen ihr Land und machen es hässlich. Es ist ihnen alles
egal. Es stinkt, das Wasser wird vergiftet, die Erde wird schlecht.
Es ist eine Schande für Indien.«

Der Inhaber des Chai-Shops schreitet mit seinem etwas besseren Englisch ein und erklärt, dass es keine Verschmutzung sei.
Wenn das Wasser des Baches anschwelle, nehme es den Müll einfach mit.

»Aber wohin?!«, frage ich.

Er recht sich aus einigen krächzenden Lauten ein Wort zusammen, welches ich nicht verstehe und von dem »Umweltsün-
der« wiederholt wird. Ich brauche es auch nicht zu verstehen,

denn es ist klar, was sie meinen. Der unverständliche Name ist
das nächstgelegene Dorf, durch das der Bach zieht.

Und weg ist der Müll.

Und Ende der Geschichte.

Kolonialarchitektur, an der die Zeit ihre dunklen Farben spielen
lässt. Die Aufschriften auf den Autos zeugen von der portugiesi-
schen Vergangenheit und der noch aktuellen Anwesenheit des
Christentums: »God's Gift«, »Mother Mary bless our way« oder
»Our lady Rosary« steht auf den Fahrzeugen, und neben einigen
Tempeln und Moscheen dominieren Kirchen das Landschaftsbild.

Auch an der südlichsten Ecke Arambols, an der ich mich nie-
derlasse, stehen kleine, weiß gekachelte Schaukästen und Schreine, die überall in Goa zu finden sind, hier aber nicht von den
Hindugöttern Ganesha, Lakshmi oder Durga bewohnt werden,
sondern von Jesus, der heiligen Jungfrau Maria oder einem Pater
von jeweilig lokaler Bedeutung. Die Art der Verehrung wird jedoch beibehalten. Abends gehen vor den Schreinen die Öllichter
und Kerzen an, Menschen murmeln Gebete, der jeweilige Avatar
ist mit dicken Blumenketten geschmückt.

Arambol ist das kleinere, trendigere Palolem. Es sind mehr
Langzeitreisende als Urlauber, die sich hier tummeln; alles ist etwas gelassener, es gibt mehr Yoga-Workshops und weniger Alkohol. Hier wie dort befinden sich allerdings die üblichen Ver-
dächtigen in großer Zahl: laute Techno-Israelis, betrunkene
Engländer, deutsche Rastazopf-Pärchen in ihren Trekkingsan-
dalen, indische Boys in der ständig erigierten Hoffnung auf eine
weiße Frau, komplett eingepackte Mundschutz-Japaner und natürlich die Russen, die seit einigen Jahren in Massen nach Goa
strömen und daran zu erkennen sind, dass sie entweder erschreckend sonnenverbrannt oder sibirisch-weiß sind.

Etwas abseits der Hauptwege beziehe ich den zweiten Stock
eines frisch renovierten Hauses, in dem außer mir niemand

wohnt. Ich kann den Preis noch drücken, indem ich verspreche, mindestens eine Woche zu bleiben; ich hätte auch mehr bezahlt für den freundlichen, rosa Raum, dessen langer Balkon herrlich über der Nachbarschaft liegt. Von hier aus lässt sich alles beobachten: die extrem ängstlichen Wildschweine, deren Leben anscheinend daraus besteht, ständig auf der Flucht vor sich selbst zu sein. Auf den Dächern der umliegenden Häuser kümmern sich die Frauen um die Getreideernte, Spreu von Weizen trennend. In den Gassen spielen die Teenager, allesamt in Fußballtrikots europäischer Klubs gekleidet, liebevoll mit ihren kleinen Geschwistern und schieben sie auf ihren Fahrrädern durch die ungepflasterten Straßen, während in der Mittagshitze ein dürrer Kerl auf seinem Rad unentwegt seine Klingel bearbeitet, um seine Gaylord-Eiscreme an die spielenden Kinder zu verkaufen.

Die Häuser allesamt kunterbunt, bonbonfarben und mit stolzen Namen wie Villa Pedro oder David Roaldin Villa. Sie alle leuchten in Rosa, Hellblau und Grüngelb zwischen den Palmen hervor, sodass rein äußerlich dafür gesorgt ist, dass es auch aus den Menschen leuchten und scheinen kann.

Während des Mittagessens gerate ich in ein Gespräch mit zwei Pärchen, alle Mitte dreißig, die aus Pune gekommen sind, um ein paar Tage Urlaub am Strand zu machen. Rakesh beginnt, von Pune zu erzählen. Von dem guten Leben, das die Inder dort heutzutage führen, vom anhaltenden Boom der indischen Wirtschaft und den neuen Freiheiten, welche die Vormachtstellung des Geldes mit sich bringt.

»India will be the next superpower«, sagt er. »Wir werden sogar größer sein als die USA, mit denen es bergab geht, und irgendwann auch China überholen.«

Sätze solcher Art begegnen dem Indienreisenden immer öfter. Stets geht es um das immense indische Potenzial und den Stolz, der mit dem bereits gewonnenen Fortschritt einhergeht. Aber zu behaupten, Indien werde der nächste globale Big Player, ist ungefähr so, als erwarte man in naher Zukunft den olympischen Medaillenspiegel anzuführen, nur weil man bei den letzten Spielen zum ersten Mal insgesamt sechs Medaillen gewonnen hat.

Höflich erwidere ich, dass Indien zunächst einmal zusehen müsse, seine Bewohner mit dem Nötigsten zu versorgen, was ein Mensch an Würde und Hab und Gut zum Leben und Überleben benötige: ein Gesundheitssystem, Arbeit, sauberes Trinkwasser, ausreichend Nahrung, ein Dach über dem Kopf, Strom, ein Klo. Ich weise bescheiden darauf hin, dass ich während meiner Reise noch keinen Tag ohne Stromausfall erlebt hätte. Wie solle man die Macht der Erde an sich reißen, frage ich Rakesh, wenn man im Jahr 2012 nicht mal dafür sorgen könne, dass es verlässlichen Strom gebe, und fast die Hälfte der Einwohner unter der Armutsgrenze lebe?

»In Tamil Nadu,«, präzisiere ich, »wo ich gerade herkomme, gibt es vierzehn Stunden am Tag keinen Strom. Und das nicht nur als Ausnahme, sondern als Status quo. Ich habe eine Demonstration von Power Beggars erlebt, Leuten, die gestreikt und ihre Firmen und Geschäfte geschlossen haben, weil es keinen Strom gibt. Sie saßen nicht mit leeren Reisschalen auf der Straßen, sondern mit ungeladenen UPS-Systemen.[5] Freunde von mir, die eigentlich aus Gujarat kommen, sind vor ein paar Monaten in ihren Heimatstaat zurückgekehrt, weil sie ihr Restaurant nicht mehr betreiben konnten. Kein Kühlschrank funktioniert mehr, alles verrottet, die Geräte gehen unter den ständigen Stromschwankungen kaputt, und man kann den Kunden noch nicht mal einen Saft zubereiten.«

»Acha, aber das sind lokale Probleme. Das bekommt man in den Griff, wenn die Menschen beginnen, eine ordentliche Regie-

---

5   UPS Unlimited Power Supply. Jeder, der es sich leisten kann, besitzt mittlerweile eines der Systeme, die Energie speichern und so für Strom sorgen, auch wenn er nicht da ist. Aber teilweise gibt es noch nicht mal genügend Strom, um sie zu laden.

rung zu wählen. Und ja: Ich glaube, dass es den Armen bald besser gehen wird, denn auch sie werden an dem Erfolg teilhaben. Sie werden besser trainiert und besser ausgebildet. Und da liegt das große Potenzial, verstehst du? All die vielen Millionen, die ...«
»Honey«, unterbricht ihn seine Freundin, »er hat nicht unrecht. Wir sind immer noch ein Entwicklungsland, vergiss das nicht. Unsere Politiker sind korrupte Gangster, die nur ihre eigenen Machtinteressen im Sinn haben. Unsere Bürokratie und unser Chaos sind so schlimm, dass sich immer noch viele ausländische Investoren nicht nach Indien trauen. Und Armut und Rückständigkeit gerade in den Dörfern sind so groß, es dauert Jahrhunderte, um das aufzuholen, zumal diese Menschen sich ja gar nicht verändern wollen. Ignorance is bliss, honey!«
Ich werfe meine Geschichte vom Vormittag in die Runde. Die Einsicht, man werde den Müll los, indem man ihn den Bach hinunterschicke. Ich frage Rakesh, wie er das Problem lösen wolle: »Über eine Milliarde Menschen konsumieren mehr und mehr Güter, mehr und mehr Plastik und Müll entstehen, und es gibt kein Abfallsystem, kein Recycling, keine Mülltonnen, und nur eine gebildete Mittelschicht besitzt ein völlig machtloses ökologisches Bewusstsein. Überall, wo Menschen wohnen, ist die Landschaft verschmutzt, die Flüsse sind siechende, verseuchte Giftströme, und es ist absolut keine Lösung in Sicht, im Gegenteil: Die Verschmutzung wird in den kommenden Jahren massiv zunehmen, das Trinkwasser ist jetzt schon verseucht, und ...«
»... und gleichzeitig werden wir Möglichkeiten finden, die Probleme zu beseitigen.« Rakesh beugt sich vor, rückt etwas näher an seine Freundin heran. »Oder haben wir etwa keinen Wasserfilter zu Hause, der alle Schadstoffe aus dem Leitungswasser entfernt?! Indien steht an zweiter Stelle, was die Ausbildung von Wissenschaftlern und Ingenieuren betrifft, und zwar weltweit! Unsere Technologien verbessern sich täglich, in den neuen Vorstädten und Stadtteilen liegt kein Müll herum. Unsere Autos werden

umweltschonender, sogar einige Rikschas fahren heutzutage mit Gas und nicht mehr mit Benzin. Für jedes Problem gibt es eine Lösung. Viele NGOs und Firmen, die jetzt schon die Probleme kennen, arbeiten an einer Verbesserung. Sogar beim nächsten Kumbh-Mela-Fest sind keine Plastiktüten mehr erlaubt.«

»Weißt du, warum wir so viel einfach in die Natur werfen?«, wendet sich Rakeshs Freundin an mich, »weil wir es immer schon so gemacht haben, nur früher gab es kein Plastik. Alles war aus Ton oder natürlichen Materialien, Verpackungen aus Blättern, die nicht schädlich für die Umwelt waren. Wir brauchten keine Müllentsorgung, und deshalb haben wir sie heute immer noch nicht. We don't change our behaviour, but the world is changing around us. Und die meisten haben einfach keine Bildung, sie wissen einfach nicht, dass es schädigend für die Umwelt ist. They don't know!«

Rakesh greift nun über den Tisch nach der Hand seiner Freundin.

»But come on, darling, die Bildung ist voll auf dem Vormarsch. Zur Zeit der Unabhängigkeit hatten wir eine Analphabetenrate von fast neunzig Prozent, heute sind es knapp zwanzig oder so. Natürlich geht nicht alles von heute auf morgen, aber die Veränderung geschieht, wenn auch langsam. In allen Bundesstaaten herrscht heutzutage Schulpflicht, und Indien hat mit die intelligentesten Köpfe (mooost brrrrilliant minds) der Welt.«

»Honey, aber was für Schulen sind das. Ich schicke mein Kind auf keine öffentliche Schule, das verspreche ich dir. Die bekommen dort fünfzehn dicke Bücher und müssen diese auswendig lernen, Wort für Wort. Hast du mal einen ihrer Rucksäcke gehoben, die wiegen 'ne Tonne und sind genauso groß wie die Kinder selbst! Oder warst du mal beim Unterricht dabei? Es wird keinerlei Intelligenz oder Kreativität gefördert, nur das Nachsagen und Nachlesen, das ist alles. Und als Frau sage ich dir, dass das Benehmen der meisten Männer, nicht deins, honey, mit dem eines tollwütigen Hundes vergleichbar ist. Es tut mir immer leid, Dennis, das über my own people zu sagen. Aber es herrschen barbarische Zustände. Es ist widerlich, sich als moderne Frau alleine auf den Straßen zu bewegen. Honey, du hast selbst gesagt, wie angenehm es für dich als mein Mann war, mit mir durch London zu spazieren, als wir bei Priyanka waren.«

»Quatsch, das sind doch lokale Probleme, oder hast du etwa Angst um dich, wenn wir in Pune oder Bombay sind?«

»Nicht in den Bezirken, in denen ich mich auskenne. Aber sonst, ja.«

»Ich auch«, meldet sich Ankita zum ersten Mal zu Wort. Auch Sumit, ihr Freund, erhebt plötzlich seine Stimme.

»Verdammt, Leute, ich bin nicht nach Goa gekommen, um über diese Dinge zu reden. I wanna party and get pissed!« Er schnippt nach dem Ober und bestellt eine zweite Runde Bier für uns alle.

»Du bist eingeladen«, sagt er zu mir. »Auf das alte und neue Indien, auf all die Riesenscheiße und alles Gute. Wenn ich abschließend noch was sagen darf, dann dies: Wir sind die schlimmsten und auch die besten Menschen der Welt, glaube mir. And I like it. Also Prost!«

Ich bin zu früh aufgestanden und zu lange gefahren, um lange mit ihnen trinken zu können. Mit einigen weiteren Bieren ziehen wir an den Strand, wo ich irgendwann einnicke und pünktlich zur Abenddämmerung wieder aufwache. Alleine. Das einzige, was Rakesh und Co. mir hinterlassen haben, sind zwei noch ungeöffnete Flaschen Bier.

Als ich nach Hause komme, sitzt ein dürrer, alter Mann am Fuß meiner Treppe und fragt, ob ich Zigaretten habe. Ich hole Beedis aus dem Zimmer und setze mich zu ihm. Wir rauchen. Erst jetzt sehe ich seine blutunterlaufenen Augen und merke, dass er eine Fahne hat. Ich hole meine Flasche Rum und schenke uns ein.

Langsam nuckelt er an seiner Beedi und sagt, er habe bereits geschlafen. Dann aber habe er sich verträumt. Es sei nicht sein

Traum gewesen, sondern der eines anderen. Ob mir so was schon mal passiert sei?

Ich verneine, versuche aber eine Erklärung:

»Man sagt ja, *brahman* träume nur das Universum. Und so stößt nichts an eine eigentliche Wirklichkeit, denn nur *brahman* ist real, nicht aber *maya,* die illusorische Welt der Sinne. Die durch unverstandene Bewegungen zustande gekommene Welt, all die verschiedenen Wahrnehmungsmodi des Menschen und Objektivierungen von Materie, Vitalismus und Geist sind dann nur die Schatten- oder Schlafbilder dessen, was unsagbar ist und von der eigentlichen Lichtwelt seine dunklen Figuren entsendet – Traumtänzer und Traumtänzerinnen. Jeder träumt sein eigenes Leben für sich allein, und in seinen eigenen Farben und Bildern. Alles Seiende erzählt sich eine Geschichte, eine Traumlandschaft von *brahman* über die Götter, die Menschen und Tiere.«

»Tiere!? Ich weiß nichts davon, ich bin Christ, Katholik. Ich kenne nur die von Gott gemachte Schöpfung.«

»Na denn. Könnte Gott das Universum träumen? Ist seine Schöpfung ein Traum?«

Joseph starrt auf seine Beedi und scharrt mit den Füßen im Sand.

»Ich weiß nicht, wer weiß. Frag den Pfarrer. Aber wer weiß das schon.«

Zurück in meinem Zimmer nehme ich die Bhagavad Gita zur Hand, in deren achtzehntem und letztem Gesang die *samkhya*-Philosophie angestimmt wird. Hier wird der bewusste und in jedem Wesen vorhandene Geist als *purusha* bezeichnet, als das wahre Selbst hinter unserer gewohnten Ich-Wahrnehmung. Diesem steht *prakriti* gegenüber, was man kurz und bündig mit Natur und deren Auswirkungen beschreiben kann, welche als schöpferische Kraft das Wirken des Selbst gleichzeitig voraussetzt und beinhaltet. Dies sind also die beiden Grundpfeiler der *samkhya*-Lehre: das Aktive und das Passive, das Bewusste und Unbewusste. Beide bilden den Handlungs- und

Wahrnehmungskosmos des Menschen. Und dieser kann sich nicht sicher sein, ob er selbst seine Gedanken, Emotionen und Körperregungen initialisiert oder ob sie ihm a priori geschehen.

»Die Taten kommen all zu Stand durch Eigenschaften der Natur;
Wen Selbstbewusstsein töricht macht, der denkt: Ich bin der Täter, ich!«

Denn:

»Ein Standort (Körper) und ein Handelnder (individuelle Seele)
und Organe verschiedener Art,
Mancherlei besondres Streben, das Schicksal als das fünfte noch.

Welches Werk mit Körper, Rede und Gedanken der Mensch beginnt,
Sei es nun richtig, sei´s verkehrt, die fünf Prinzipien sind dabei.

Wer darum also sich allein für den Täter der Taten hält,
Infolge seiner Unbildung, der sieht nicht recht und ist ein Tor.

Wissen, Tat sowie auch Täter sind dreifach nach der Qualität;
Die Qualitätenlehre zeigt´s; nun höre, wie sich das verhält: ...«

Die nun folgende Qualitätenlehre bezieht sich auf die drei Qualitäten der *prakriti,* die sogenannten *guna:* Sie sind die gegebenen Eigenschaften der Welt, welche auch die Handlungen des Menschen bestimmen. Die drei *guna* sind:

– *sattva:* Wahrheit, Licht, Klarheit.
– *rajas:* Leidenschaft, Bewegung, Rausch
– *tamas:* Dunkelheit, Finsternis, Unwissen.
Da die *samkhya*-Philosophie von einer Involution spricht, aus der die Evolution aufsteigt, bilden diese drei *guna* zugleich verschiedene Seins- und Entwicklungsstufen auf dem Weg von der Dun-

kelheit ins Licht, vom Unbewussten zur Bewusstheit, von der Materie zum erleuchteten Bewusstsein.

» Wenn in des Leibes Pforten all des Wissens helles Licht erscheint,
Dann wisse wohl, dann wuchs in ihm die Qualität der Güte groß.

Habsucht, Streben, Unternehmen von Taten, Unruh und Begier,
Diese entstehn, o Bharata, wenn Leidenschaft erwachsen ist.

Ein finstres Wesen, Nichtstreben, Nachlässigkeit, Betörung auch,
Diese entstehn, o Kuru-Sohn, wenn Finsternis erwachsen ist.«

Die Frage Arjunas an Krishna lautet demnach, wie ein Mensch über die drei *guna* hinauswachsen kann. Denn selbst, wenn man im Bewusstsein der Güte und des Lichtes verweilt, bleibt man ja noch immer in »die Qualitäten der Natur« eingebunden:

» An welchen Zeichen wird, o Herr,
(solch) ein siegreicher Mensch erkannt?
Wie ist sein Wandel? Wie gelangt er über die drei hinaus?«

Und Krishna antwortet mit all der Kraft und Poesie der Gita:

» Wenn er das Licht, das Streben auch und die Betörung, Pandu-Sohn,
Nicht haßt, wenn sie geworden sind, nicht wünscht,
wenn sie geschwunden sind;

Wenn von den Qualitäten er, gleichmütig ganz, nicht wird bewegt,
›Die Qualitäten wirken!‹ denkt und stille steht, sich gar nicht rührt;

Gleich achtend Glück und Ungemach, gleich achtend Erdkloß,
Stein und Gold,
Was lieb und unlieb, – festen Sinns, gleich achtend Tadel wie auch Lob;

In Ehren wie in Schanden gleich, zu Freunden und zu Feinden gleich;
Aufgebend all und jeden Plan, der ward der Qualitäten Herr.«

Das 17. Jahrhunderts begann für die Portugiesen mit den Wehen des tropischen Klimas. Erst fielen Malaria und Cholera über die Bevölkerung her, dann Typhus. Ihre damalige Hauptstadt, Velha Goa (Old Goa), musste aufgegeben werden. Nur einige Kilometer flussaufwärts bauten sie eine neue Stadt, Panjim, die ab 1843 offiziell Hauptstadt des kleines Staates wurde – und es heute immer noch ist.

Fährt man die alte Strecke direkt am Ufer des Flusses Mandovi von Panjim nach Old Goa, entdeckt man einige Prachthäuser der alten portugiesischen Architektur. Kleine Villen mit dekorativen Säulenvorbauten, die teils renoviert, größtenteils aber von der Natur wieder vereinnahmt worden sind. Moosbewachsen und sträucherumgarnt geben die leeren Gebäude mit ihren kleinen Fenstern ein Bild tropischer Gelassenheit ab. Noch lässt sich erahnen, wie die einstigen Kolonialherrscher zur Cocktailstunde in ihre neoklassischen Häuser einluden, die Vorgärten bevölkerten, dem neuesten Klatsch nachgingen und die Insektenwelt verfluchten, die immer wieder für Krankheiten und Epidemien sorgte.

Fast hätten es die Portugiesen geschafft, in ihrer vierhundertfünfzig Jahre währenden Kolonialzeit das Land zu mediterranisieren. Viele Bilder und Straßenwege sind der europäischen Ästhetik entlehnt, viel apollinischer Westen in die Flüchtigkeit des Osten gebaut worden. Der kleine Anstieg zu einer Kirche erinnert mich an ein toskanisches Dorf, allein der Himmel ist um einiges diesiger: Etwas von dem Dunst, der allzeit über Indien liegt, bleibt sogar noch in Goa erhalten.

Während ich an einem Sonntag durch das wie verlassen wirkende Panjim laufe, habe ich also das Gefühl, wieder auf Reisen durch den Süden Europas zu sein. Ich muss schon eine Tageszeitung, die Times of India, zur Hand nehmen, um mich an das ei-

gentliche Indien zu erinnern, das sich mir sofort in seiner stärks-
ten Position präsentiert, dem Paradox:

Ich lese einen langen Artikel des Mikrobiologen Joe D'Souza,
der an der Goa University unterrichtet und genau jenen Tenor
anstimmt, den man vor allem von der älteren Generation kennt:
»Sadly traditional ways are losing out in modern-day Goa.« Leider
geht im modernen Goa die traditionelle Lebensweise verloren.

In der Folge spricht er von dem Verlust nachhaltiger Prinzipi-
en und des alten Ackerbauwissens, welches die frühere Landwirtschaft Goas prägte. Dass viele Bauern heute, dem schnellen Geld
folgend, ihre Felder verkaufen, auf denen dann Gebäudekomplexe
oder Müllhalden errichtet werden. Tourismus und der boomende
Erzabbau führen ihr schmutziges Wasser den Feldern zu und haben bereits den Boden derart verseucht, dass er kaum noch Nähr-
stoffe enthält. Weniger Wasser und schlechtere Ernten führen zu
mittellosen Bauern, die nun ebenfalls ihre Felder verkaufen und
Jobs in den Minen annehmen müssen, um ihren Lebensunterhalt
zu verdienen. D'Souza stellt die Rechnung auf, dass für jeden Job,
der in einer Mine auf der Kippe steht (seit sieben Wochen schon
steht die Arbeit in den Minen still, um Vorkommnisse um illegale
Minenaktivitäten zu untersuchen!), bereits 100 in Landwirtschaft
und Fischerei verloren gegangen sind. Seit 1961 ist die Ackerbauf-
läche mitsamt der Qualität der Erzeugnisse stetig gesunken.

Fakten, Studien, und klare Konsequenzen aus inkonsequen-
tem Handeln. Und direkt neben dem alarmierenden Bericht des
Wissenschaftlers befindet sich ein Artikel (keine Notiz, ein Artikel!) über das Dorf Uguem, in dem mal wieder paranormale Aktivitäten die Bewohner in Aufruhr halten. Ein Riesenmischmasch
an Naturgöttern und Geistern hat wiederholt Menschen entführt. Nur kurz: Ein Dorfbewohner verschwindet, woraufhin ein
geheimnisvoller Fremder auftaucht und sagt, der Mann käme zurück, wenn dem Gott des Flusses mit einer Blumenkette gehuldigt werde. Aber nachdem dies geschehen ist, nimmt einer der

unzähligen Flussgötter Besitz von der Frau des Verschwundenen. Durch sie verkündet er nun, dass es ein Fehler war, neben der Blumenkette auch eine Kokosnuss darzubringen, und dass der Verschwundene erst wiederkäme, wenn man und so weiter und so fort. (In der Folge wird noch so oft Körper, Geist und Anweisung gewechselt, dass ich den Überblick verliere.)

Das tägliche Indien auf Seite zwei: Ein scharfsinniger, wissenschaftlicher Appell für mehr Eigenverantwortung und Nachhaltigkeit neben einer Geistermär, in der die Welt von Hunderten Was-auch-immer-Geschöpfen bewohnt wird und die Menschen Opfer unsichtbarer Fabelwesen sind. Vielleicht gibt es kein schöneres Beispiel für das Dilemma, in dem dieses zwischen Aberglaube und Aufklärung hin und her pendelnde Land steckt.

Als ich die Zeitung weglege, stelle ich mir eine Unterhaltung zwischen Rakesh und seiner Freundin vor, deren Wortlaut wahrscheinlich dieser wäre:

Rakesh: »Darling, ein Mikrobiologe! Das Wissen ist da, jetzt müssen wir es nur noch umsetzen und es bis in die Köpfe der Menschen bringen. Die übrige Welt macht es ja nicht besser. Dass es bislang nicht funktioniert, liegt an lokalen Problemen, aber schau dir mal den Smog in China und die kaputte Finanzwirtschaft des Westens an, das ist ja alles noch viel schlimmer.«

Sina: »Yes, honey, vielleicht sollte man einen Dämonenaustreiber auf seinem Hexenbesen durchs ganze Land schicken, um den achthundert Millionen Rückständigen den Aberglauben und zweihundert Millionen hungernden Kindern den Hunger und alle sonstigen lokalen Probleme wegzuzaubern. Vielleicht wäre Indien ja das erste Land, welches einen solchen Hexenbesen erfinden würde. Bei all den Ingenieuren!«

Und schließlich Sati aus dem Off:

»Arre, was für ein Blödsinn. Lasst uns trinken!«

In Panjim fällt es mir erneut auf: Der Goaner scheint sich selbst ein Dilemma, ein Fragezeichen zu sein. Seit meiner Ankunft ist mir aufgefallen, dass die hübschen und stets freundlichen ›Insulaner‹ auf ihre ganz besondere Art gelangweilt wirken. Es bedrückt sie, im Honigkuchenland zu wohnen, und anders als ihre Paradiesgenossen unten in Kerala fühlen sie sich oftmals schwer. Als trügen sie hart an der Last, imperfekte Wesen in einer perfekten Welt zu sein. Die Zeitungen strotzen voller Selbstanklage und Selbstmitleid, und trotz des Wohlstands, der im Vergleich zum Rest Indiens beachtlich ist, scheint es ihnen verwehrt zu sein, ihn mit ihrer ganzen Seele auszukosten.

Wunderbar zu beobachten aber sind die alten Männer, die nur so tun, als seien sie erwachsen und gealtert. In Wahrheit huscht in der warmen Trägheit, in der sie ihr Leben fristen, noch immer etwas Kindliches über ihr Gesicht, und Schalk bewässert ihre Augen. Der Kreislauf des hiesigen Lebens: Jungs werden zu Männern und Männer wieder zu kleinen Jungen, die aus dem vermeintlichen Ernst des Lebens stets ein Spielchen machen wollen.

Zurück in Arambol flanieren die Touristinnen in ihren Bikinis durch die Geschäfte; die Russen kleiden sich in jene Klamotten, die der coole Indienabenteurer in den Neunzigern getragen hat; am Strand werden Trommeln und *bhajan* geschwungen, während einige Meter weiter gerade die Ashtanga-Yogaklasse beginnt. Trommeln, Yoga und Singen wird vorwiegend von Touristen zelebriert, während die Aramboolianer abseits der Massen ihrer indischen Hingabe folgen. Nach dem morgendlichen Besuch der Kirche legen sie Blumen an den Heiligenschreinen ab, bekreuzigen sich, singen. Und die Jugendlichen schieben ihre kleinen Geschwister auf den Stützfahrrädern durch die Massen fliehender Wildschweine.

Zudem ist heute das Eid-ul-Zuha-Fest der Muslime. Den ganzen Tag summt der Gesang des Muezzins über Goa, der den unbeirrbaren Glauben Abrahams und das Ende der Pilgerfahrt nach Mekka besingt. Überall dazwischen, für die Gemütsbalance der Menschen sorgend, das weiche Fest der Landschaft: Palmenreigen, der breite Wege durch den warmen Sand erschließt und schließlich Platz macht für das Ozeanblau, auf dessen Rücken sich die Sonne in tausend tanzende Lichtspiele vervielfacht.

Als ich abends vom Strand zurückkomme, erwartet mich Joseph erneut auf den unteren Treppenstufen. Ich hole unsere Beedis und den Rum.

Er ist leicht erregt, obwohl er sich heute nicht verträumt hat. »You win«, gestikuliert er immer wieder, »you win!« Es dauert einige Zeit, bis ich begreife, dass er von dem Formel-1-Grand-Prix spricht, der heute zum zweiten Mal in Indien stattgefunden hat. Ein internationales Prestigeevent, welches in einem Land, das sich einzig für Cricket interessiert, nur bei Medien und Sponsoren einen Hype auslöst. Sebastian Vettel aber hat anscheinend gewonnen. »Germany win«, ruft Joseph immer wieder und klopft mir anerkennend auf die Schulter, »Germany win in India!«

Bei all den Kirchen und christlichen Verkehrsteilnehmern (»I drive with Jesus« steht auf dem Heck eines rasenden Todesbusses) kommt man leicht zu dem Schluss, in Goa herrsche das Christentum vor, was allerdings nicht stimmt. Bildeten sie unter den Portugiesen noch eine Mehrheit, so sind es heute ›nur‹ noch siebenundzwanzig Prozent (in Gesamtindien 2,3 Prozent), die Mehrheit stellen die Hindus. Da Goa durch den Sieg der indischen Armee über die letzten portugiesischen Truppen seit 1961 offiziell zu Indien gehört, nahmen viele christliche Goaner den Weg nach Portugal, während kontinuierlich Zuwanderer aus den übrigen Bundesstaaten nach Goa kamen und infolgedessen die demografische Landschaft veränderten.

Kirchen sind in Indien etwas Eigenartiges. In den meisten Bundesstaaten sehen sie aus wie plumper Kitsch. Pinkfarben stehen sie fremd in der Landschaft und wirken einzig wie Nachahmer echter Kirchen. In Goa allerdings stehen die neoromanischen Gotteshäuser in dem Ruf, mitunter die schönsten des Fernen Ostens zu sein. Obgleich sie gewiss anmutiger sind und

vereinzelt eine besondere Magie verströmen, sind die meisten
Kirchen entweder vernachlässigt und mit dem dunklen Samt des
Verfalls überzogen, oder ihre riesige Vorderfront mutet wie eine
Kulisse an, hinter der sich dann meistens nur niedrig-schmucklo-
se Räumlichkeiten verstecken.

Arambols 1780 erbaute Kirche ist eine der schönsten, die ich
auf meiner Reise bislang gesehen habe, da sie nicht steil und gie-
belartig aufgezogen wurde, sondern harmonisch von der Mitte zu
ihren Rändern hinabfließt. Ihr Vorplatz ist weitläufig, grün, und
in den Mosaikbänken stehen in blauen Steinchen die Worte »Joy«
(Freude) und »Happiness« (Glück) geschrieben; gerade, als ich
mich nach reiflicher Überlegung auf »Joy« setzen will, kommt der
Pfarrer die breiten Treppen hinauf. Er sieht mich, grüßt, und entschuldigt sich bereits mit seinen ersten Worten.

»Schön, Sie hier zu sehen, aber ich muss leider weg. Kommen
Sie doch am Nachmittag vorbei, dann habe ich Zeit, und wir können ein bisschen plaudern?«

Ein Romantiker? Als ich am Nachmittag in seinem Büro erschei-
ne, verabschiedet er gerade einen seiner Mitarbeiter mit den
Worten: »Moving in the sun is a good poem.« Es ist wie ein Gedicht, sich in der Sonne zu bewegen.

Pater Pio ist die Milde und Gutmütigkeit, mit der er durch seinen Tag geht, vom Herzen in sein Gesicht hinaufgestiegen. Als
Nachfolger all der portugiesischen Heiligen, von denen er mir die
größten anhand eines illustrierten Buches zeigt, ist seine Haut heller und sind seine Gesichtszüge europäischer geworden. Faltenfrei-
es Gesicht, ein brav-graumelierter Bart um Mund und Kinn; klare
Wangen, die zu jener Art freundlicher und offener Augen hinauf-
fließen, die es gewohnt sind, geduldig der Probleme, Freuden und
Bitten der Menschen beizuwohnen.

Wir bewegen uns durch saubere, helle Flure bis zu einer Art
Aufenthaltsraum, wo schon Kekse, Bonbons, Kuchen und Tee

bereitliegen. Der Pater baut das Essen derart präzise und rasch um mich herum auf, dass meine Arme in einem Halbkreis Süßigkeiten gefangen sind. Ich greife ordentlich zu. In Indien ist es immer noch der beste Dank eines Gastes, viel und laut zu essen.

Wir plaudern eine halbe Stunde vor uns hin. Als wir auf die Cashewbäume zu sprechen kommen, welche die Portugiesen aus Brasilien mitgebracht und hier an Küste und Hügeln gepflanzt haben, um der Erderosion vorzubeugen, gießt er mir eine Spezialität Goas in ein kleines Glas: Cashewschnaps, *teni* genannt. Ich muss alleine trinken, und wahrlich, der Schnaps besitzt einen wunderbar buttrig-nussigen Geschmack, der noch einige Zeit dick um den Gaumen steht.

Er erzählt erst von sich, als ich ihn dazu auffordere. »Keine große Geschichte«, sagt er bescheiden. In eine christliche Familie geboren, war er wie viele gleichaltrige Jungen Messdiener und blieb danach den Aktivitäten der Kirche treu, da er mit dreizehn Jahren einen »Mysterious call« hatte. Und heute ist er Priester.

»So einfach ist das, und jetzt sitze ich hier. Es ist eine wunderbare Aufgabe, denn im Christentum tritt man in einen Dienst, anstatt bedient zu werden. Jesus predigte Menschlichkeit und Güte, das Geben. Es geht nicht um die eigene spirituelle Suche, sondern um die spirituelle Suche aller Menschen. Dieser Punkt hat mich immer sehr gereizt.«

Ich frage, wie er in einem Land, in dem vor allen der Hinduismus und der Islam ansässig seien, diesen beiden Religionen gegenüberstehe.

»Ich denke, Toleranz ist entscheidend. Jeder, der durch Güte, Frieden und Menschlichkeit zu Gott kommt, der geht den rechten Weg, von dem uns Jesus berichtet hat.«

Seine letzten beiden Sätze erinnern mich an eine Stelle aus der Bhagavad Gita, in der Krishna, die Inkarnation des höchsten Gottes, sagt:

»Und welche Gottheit einer auch im Glauben zu verehren strebt, –
Ich sehe seinen Glauben an und weis' ihm zu den rechten Platz.

Wenn er in festem Glauben strebt nach seines Gottes Huld und Gnad',
Dann wird zuteil ihm, was er wünscht,
denn gern wend' ich ihm Gutes zu.«

Ob er die Bhagavad Gita kenne, frage ich ihn abschließend. »Natürlich. Ein bisschen jedenfalls. Wir Inder wachsen mit dem Wissen aller Religionen auf, wir saugen sie auf wie Muttermilch. Aber ich orientiere mich an der Bibel, an Gottes Offenbarung für die Menschen und an dem Leben Jesu, des Erlösers.«

Unsere Unterhaltung erinnert mich an einen Mann in Margao. In der Gepäckstelle des Bahnhofs hing ein Poster, das Jesus, Krishna, eine Moschee und den Buddha zeigte, und dieser Mann holte sich durch vierfache Handberührung vom Poster zur Stirn den vierfachen Segen.

Über welche Brücken die Inder zu Gott kommen, scheint egal.

Hauptsache, sie folgen aufrichtig ihrem Weg.

Als ich mich nach dem letzten Schluck *teni* verabschiedet habe und vor der Kirche stehe, fällt mir noch eine Frage ein. Ich kehre noch einmal um.

»Pater«, frage ich, »könnte es sein, dass Gott das Universum nur träumt?«

Skeptisch schaut er mich eine Sekunde lang an.

»Nein. Ich denke, die Welt ist sehr real. Womöglich etwas zu real für den Menschen.«

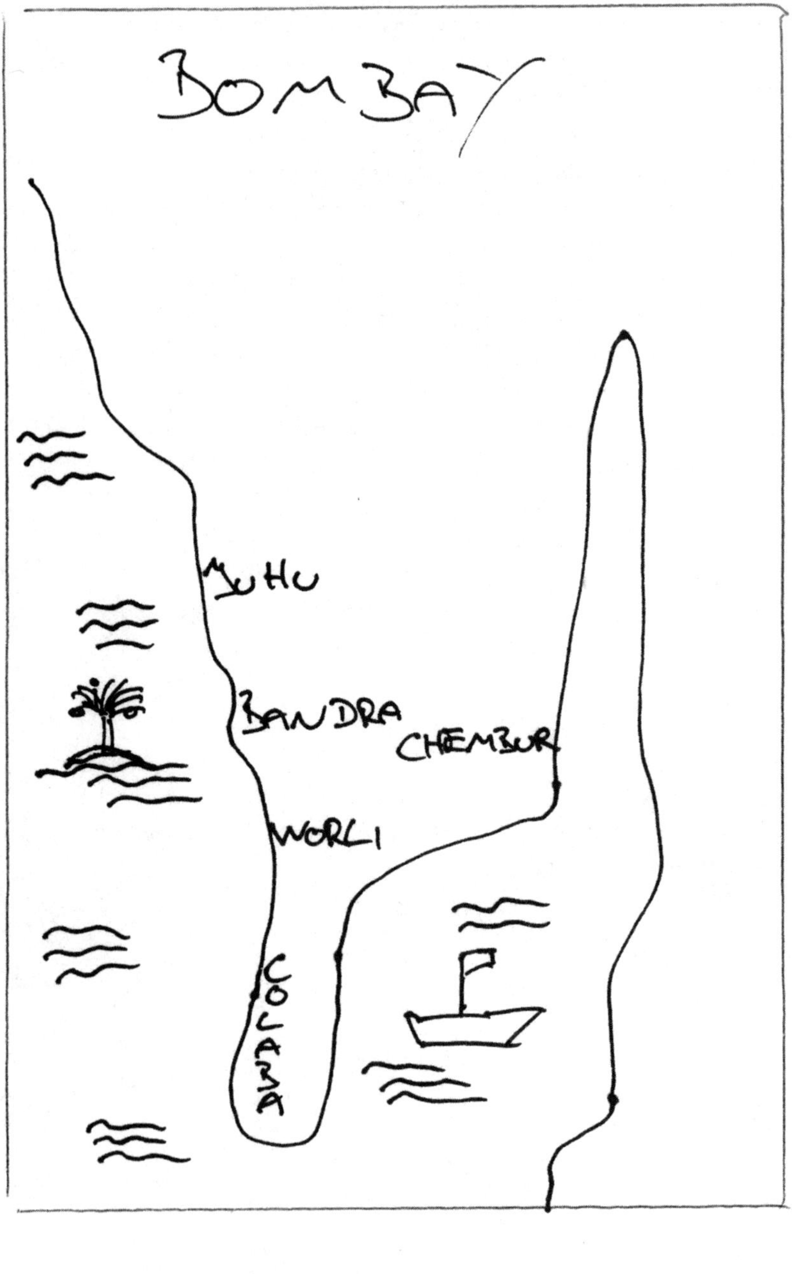
BOMBAY
JUHU
BANDRA
CHEMBUR
WORLI
COLABA

Teil 2

BOMBAY (MUMBAI)

JENSEITS VON GUT UND BÖSE

MAHARASHTRA

Bombay
(Mumbai)

*Es gibt zwei Arten unter der Hölle, in der wir tagtäglich
wohnen, nicht zu leiden. Die eine fällt vielen recht leicht:
die Hölle akzeptieren und so sehr Teil davon werden, dass man
sie nicht mehr erkennt. Die andere ist gewagt und erfordert
dauernde Vorsicht und Aufmerksamkeit: suchen und
zu erkennen wissen, wer und was inmitten der Hölle nicht
Hölle ist, und ihm Bestand und Raum geben.*

MARCO POLO

The rains will bet thick upon us.

RABINDRANATH TAGORE

»In meinem Land gibt es nur Wunder und Extreme.« Dieser Satz
stürzt dem Inder häufiger von der Lippe, während er gleichzeitig
mit der Geste des in den Himmel gereckten Zeigefingers aufge-
fangen wird. Und er ist berechtigt.

Eine dieser Unfassbarkeiten ist die Existenz der Eisenbahn in-
klusive der Tatsache, dass der gesamte Betrieb nicht schon von
Anfang an unter den einheimischen Bedingungen – namentlich
Chaos, Korruption und Inkompetenz – zusammengebrochen ist.

1853 fuhr die erste Dampfeisenbahn zwischen dem heutigen Mumbai und Thane, satte achtundzwanzig Kilometer weit. Da das von den Engländern kolonialisierte und regierte Land weder über Schwerindustrie noch Lokomotivbau oder Kohleförderung verfügte, wurde mit Hilfe des Londoner Kapitalmarkts investiert, und alle Materialien, die man für Schienen und Netzbau benötigte, wurden mit mammutlogistischem Aufwand von England nach Indien geschifft. Unzählige Schiffe brachten Tausende Tonnen Stahl und in England vorgefertigte Eisenbahnen über die Weltmeere, während zehn Millionen indische Arbeitskräfte vor Ort am ersten Streckennetz arbeiteten, welches heute beeindruckende Zahlen vorzuweisen hat: Neuntausend Passagierzüge und mehr als zehntausend Güterzüge steuern täglich über ein Streckennetz von dreiundsechzigtausend Kilometern mehr als achttausend Bahnhöfe an. Knapp zwanzig Millionen Menschen reisen täglich mit dem Zug. Im Jahr sind das mehr Fahrgäste, als sich Menschen auf der Welt zählen lassen.

Obwohl der Eisenbahnbau zur Folge hatte, dass zum ersten Mal die indischen Staaten miteinander verbunden wurden und das Reisen innerhalb des Landes einen schier unvorstellbaren Quantensprung vollzog, war es natürlich keine karitative Aktion, die dem Wohl der einheimischen Bevölkerung dienen sollte. Es ging, wie immer, ums Geschäft. Und der eigentliche Sinn der Eisenbahn war die Maximierung und Intensivierung des Warentransports sowie die bessere Bewegung des Militärs, welches die Aufgabe innehatte, den Güterfluss zu schützen.

Heute ist die größte Qualität des Zuges, dass er allen gehört. Es gibt keinen anderen Ort, an dem die zahlreichen Gesichter des Landes so zusammenkommen wie in den Abteilen der blauen Waggons, die wie eine nie abreißende Lebensader das gesamte Land versorgen und vereinen. Arme und Reiche, Ladhaki und Tamilen, Hindus und Muslime, Hellhäutige und Schwarze, Hoch- und Niedrigkastige, Alte und Junge, Männer und Frauen, Funktionäre und Bauern. Alle üblichen Grenzen und Hierarchien, die der Inder kreuz und quer durch seine Gesellschaft zieht, sind hier aufgehoben: Im Inneren des Zuges bleiben alle Reisenden letztendlich als Inder zurück, um miteinander die großen Gesten ihres Mutterlandes zu teilen. Ihr Essen, ihre Träume und Erzählungen. Vor allem aber: ihren Gesang.

Ich schaue zu, wie die beiden Angestellten der Gepäckabteilung Marlene in den Gepäckwaggon hieven, und setze mich danach zu einer jungen Australierin, die ich am Bahnsteig kennengelernt habe. Ein geistig behinderter Bettler steht bald draußen an unserem Fenster, glotzt grinsend herein und sitzt uns einige Sekunden später gegenüber, ein schräges, aber unaufdringliches Lächeln über das zerlumpte Gesicht gespannt. Er ist unfassbar dreckig, und seine kurze Hose ist in der Mitte komplett aufgerissen, sodass seine Genitalien, an denen er permanent herumspielt, frei heraushängen.

Wir ignorieren ihn, was zuerst funktioniert; doch dann beginnt er durch den Waggon zu laufen und, höchstwahrscheinlich allein durch seine Erscheinung, Ärger zu machen. Von einem Mob aufgebrachter Männer werden er und seine schutzlosen Hoden unter wüsten Verwünschungen an den Ausgang geprügelt. Ich kann sie gerade noch davon abhalten, ihn bei voller Fahrt aus der Tür zu werfen. Am nächsten Bahnhof ist er so schnell und zielstrebig verschwunden, wie er aufgekreuzt war.

Nun beginnt das Fest.

Der halbe Waggon entschuldigt sich bei uns für die Szene und den Anblick, obwohl es uns prima geht. Wir werden mit Tee, Backwaren und Snacks überhäuft. Sanjay, eben noch aggressiver Mobführer, sitzt im Schneidersitz neben uns und wird von seiner Mutter getätschelt und mit Essen umgarnt.

»He exposed his penis to the woman, and he insulted me«, erklärt er mit zarter Stimme, »das ist nicht akzeptabel.« Auf meinen

Hinweis, er sei geistig nicht ganz richtig gewesen, antwortet er abermals: »This is not acceptable.«

Die anderen, nun gutmütig Strahlenden, stimmen ihm zu und tun alles in ihrer Macht Stehende, dass wir uns in ihrem Indien, dem Zug, wieder wohlfühlen. Später, in meinem eigenen Waggon angekommen, setze ich mich in die offene Tür. Dieser Ort ist einer der größten Eingänge in dieses Land. Es gibt keine Erinnerungen an Indien ohne dieses Bild, ohne diese Ausschau, die nach einem Besuch des Landes für immer im Gedächtnis verwahrt wird: Stundenlang in den Türen stehen und mit dem Wind im Haar und dem Schienenrattern in den Gliedern der vorbeirauschenden Landschaft beiwohnen, um ihr gleichzeitig nah und fern zu sein.

Oft kommt man in dieser Weite jener Idee nahe, die Indien sein könnte.

Die Sonne stürzt hinter die Erde. Das Land zwischen Margao und Arambol, das ich gerade noch mit Marlene durchfuhr, rauscht nun abermals an mir vorbei. Die letzten Sonnenstrahlen werfen eine harmonische Dämmerung über die Reisfelder, und überall recken sich die Kokospalmen zum Lebewohl in die rosa Luft. Ich verabschiede mich von dieser prächtigen, so fruchtbaren Landschaft, indem ich bis zur vollkommenen Dunkelheit in der Tür ausharre. Ich weiß: Bei Tagesanbruch werde ich dies üppig-grüne Bild gegen das Betonpanaroma einer der größten Städte der Welt getauscht haben.

Bis der Schlaf kommt, ist man nie allein. Die indische Eisenbahn ist neben der chinesischen Volksarmee mit 1,4 Millionen Beschäftigten der größte Arbeitgeber der Welt und versorgt ebenso viele Pensionäre. Aber nicht nur die Angestellten leben von der Bahn, sondern auch Hunderttausende Hawkers, Verkäufer, welche die Waggons ablaufen und mit allem Tohuwabohu, was sie aufbringen können, ihre Ware an den Mann und die Frau zwingen wollen. Über Chai, Kaffee und Essensrationen hinaus bekommt man im Minutentakt alles angeboten, was man sich nur vorstellen kann: Kämme, Saft, Magazine, Seife und Zahnbürsten, Aufkleber, Schmuck, Plastikkitsch, gierige Blicke, Schraubenzieher. Ein zahnloser Mann kommt vorbei und verkauft Geldbeutel, die Pappfotos indischer Schauspielerinnen für das normale Klientel und Bilder nackter Westlerinnen für den gewiefteren Käufer enthalten. Die Bettler und Bodenwischer, Eunuchen und Panflötenspieler fließen vorbei, alles untermalt von der unverwechselbaren Anpreisung des Chai, deren Sänger ihren heißen Aluminiumkanister mit dem immer gleichen, am Gaumenende rollenden Sonor durch die Züge schmettern.

»Chai, Chai, Chai!«

»Arre!«

Wir kaufen *veg cutlets* und *brrrrrread omelettes* auf labbrigem Toast. An der nächsten Station steigt ein Mann ein, der wie der Prototyp des modernen, anglisierten Inders aussieht und mir umgehend, als er mich mit einem großen »Aaahhhhh« in unserem Abteil begrüßt, seine Karte in die Hand drückt und den ersten von unzähligen Bechern Chai spendiert.

»Kumaran Kannan«, steht in goldenen Lettern auf seiner Karte. »Evangeliser of Human Spirit, Performance Enhancement Coach, Shopkeeper, Reputation Consultant, IT-CEO, Inventor, loving Husband«.

Und auf der Rückseite: »Wellness is your birthright.«

Hemd, Khakihose, Herrensocken, polierte Schuhe. Er ist hellwach, mit leuchtenden Augen und intensivem Lächeln, einem akkuraten Schnauzer über den Lippen und perfekt pomadiertem Haar, welches er alle paar Minuten mit seinen beiden Handflächen überprüft. Aller Optimismus des Landes scheint sich in der Gestalt Kumarans personifiziert zu haben. Ich lehne mich gemütlich zurück und lausche seinen Erzählungen, die von der großen Kultur, der großen Seele und vor allem der großen Zukunft des Landes handeln. Ich kenne diese Ansagen nur zu gut, aber Kumaran ist kein Schwätzer, der dem Ausländer eine überzogene Idee seines Landes verkaufen will. Sein ganzes Herzblut steckt in seinen Ideen und Überzeugungen, die vor allen Dingen darauf zielen, alle Inder in Wohlstand und Glück zu vereinen. Ohne dass er es sagen muss, weiß ich, dass er bis an sein Lebensende seine altruistischen Ideale gegen jeglichen Widerstand verteidigen und durchsetzen wird – jeder Mann, der von einer wahrhaftigen Idee berauscht ist, ist in der Lage, Unmögliches zu tun.

In einer Stelle der Bhagavad Gita heißt es:

> »*Was irgend nur der Beste tut, das tun die andern Menschen auch,*
> *Was er als Richtschnur stellet hin, demselben folgt die Menschheit nach.*«

»Ich bin das beste Beispiel«, sagt er. »Ich komme aus einem kleinen Dorf und habe heute mit jedem Unternehmen, das ich gegründet habe, Erfolg gehabt. Because I wanted success! Und ich habe immer weiter geträumt und gearbeitet. Alles ist möglich hier, alles. Sabh kuch! Weil ich an mich geglaubt habe und an die Kraft Gottes. Heute glaube ich an die Kraft Indiens. Denn was ich kann, ist auch, Inshallah, für alle anderen möglich.«

Messianisch ballt er seine rechte Hand zu einer Faust.

»Jeder hat Kraft, Inshallah, jeder. Solange er nur glaubt.«

Bald knipsen wir die Lichter aus, und ich klettere hinauf auf meine Schlafpritsche. Unter mir schnarchen bereits die vier Männer in ihre Schnauzer, während ich immer noch – eingeklemmt zwischen den zwei Eisenstangen, die mich vor dem Runterfallen schützen, den drei Deckenventilatoren und der Wand des Abteils – in das Herz der indischen Nacht hinausstarre, die schon längst in sich selbst verschwunden ist. Mein unglaublich kleiner Schlafplatz bietet mehr Raum, als man denkt; während ich die Augen schließe und an ein Wort denken möchte, das (in Andenken an N. B.) weniger aufdringlich ist als das Glück, wiegen mich das monotone Schienenrattern und das Schunkeln des Waggons bequem in den Schlaf.

Schnell wird dem Reisenden klar, dass man sich in der großartigen Idee der Erdanvertrauten befindet: dem ansehnlichen Irgendwo. Diese indischen Zugfahrten, die kleinen Fixpunkte der
Wahrnehmung zwischen Wachen und Schlafen, mit dem immer gleichen Schnarchen und dem infiniten Raum-Rattern der
Schienen – sie haben ihre eigene Geografie fernab jeder Landkarte, in der Gebiete, Flüsse und Dörfer gekennzeichnet sind. In der
Nacht erheben sie sich über das Land, das sie durchqueren.

Und schweben.

Am nächsten Morgen reißt mich das erste Trällern des
Chai-*wallah* aus dem Schlaf. Es ist kurz vor sechs. Zurück in der
Türe sehe ich, dass der Vollmond ebenfalls in Bombay angekommen ist; gelblich steht er über den Hochhäusern und Wolkenkrat-
zern, die den Horizont besetzen. Während wir durch die Vororte
in die Stadt fahren, erwachen auch deren Einwohner und erheben
sich zur Ouvertüre des Sonnenanstiegs von ihren Feldern, Bür-
gersteigen, von den Ufern der Gleise, aus ihren angeschimmelten
Wohnblocks und treten ihrem ersten Tag entgegen, der, wie alle
ersten Tage ihres Lebens, unter der Sternenbahn der Hoffnung
die zerstörerische Stadt wohlwollend begrüßt.

Zwanzig Millionen Menschen.

Zwanzig Millionen Träume.

Zwanzig Millionen Möglichkeiten zu leben und zu sterben.

Kumaran begleitet mich natürlich durch die Strecken und Proto-
kolle, die notwendig sind, um Marlene aus dem Gepäckwaggon zu
befreien. Einmal Papiere herzeigen auf der einen Seite des Bahnhofs. Warten. Dann auf der anderen Seite einen Stempel abholen,
wieder zurück. Warten. Und mit einem weiteren Stempel noch
mal zurück, um den eigentlichen Segen beziehungsweise Marlene zu erhalten.

Kumaran geht seinen von ihm selbst besonnten Weg. Meine Aufgabe ist es nun, die Wo-auch-immer-Wohnung meines

Freundes Udai in einer der größten Städte der Welt zu finden.
Auch diese Reise beginnt mit den ersten Metern, und fast zwei
Stunden später habe ich über fünfundzwanzig Kilometer zurück-
gelegt und so ziemlich genau 138 Personen nach dem Weg gefragt.
Die Auskünfte waren allesamt gut (»go straightly directly«); Bombay, in der jeder tagtäglich um sein Überleben kämpft, scheint ein
verlässliches Pflaster zu sein.

Halb neun. Udai öffnet verschlafen die Tür und heißt mich in
seinem Apartment willkommen. Das Gästezimmer ist reiner Luxus. Schrank. Doppelbett. Ventilator. Balkon.

Und aus der Dusche warmes Wasser. Die Sonne und das Grün
Goas, die weite indische Nacht, der klebrige Pritschengeruch und
der Morgendunst Bombays verabschieden sich mit den Seifenbla-
sen der Mysore Sandel Soap in die Kanalisation; ich bin bereit,
dem siegessicheren Moloch meine Aufwartung zu machen.

Schon auf dem Weg vom CST-Bahnhof bis nach Bandra kam mir
Bombay wie eine endlose Stadt vor, die sich, fatalistisch und un-
aufhaltsam, ihrer eigenen Energie überantwortet hat. Die Zahlen
geben nur eine kleine Ahnung ihrer eigentlichen Gewalt und Größe. Zwanzig Millionen Menschen leben in und an der Stadt, mehr
als die Hälfte von ihnen in Slums. Ohne Wasseranschluss, ohne
sanitäre Anlagen, ohne Kanalisation. Überforderte Infrastruktur,
unerträgliche Sommerhitze. Und während des Monsuns verstopft
der zusammenfließende Müll die Abwasserkanäle: Der Regen vereinigt sich mit dem Abwasser, um die Stadt zu überschwemmen.

Laut einer Hochrechnung der UN wird Bombay im Jahr 2025
mit 25,8 Millionen Einwohnern die drittgrößte Stadt der Welt
sein. Jeden Tag ziehen zwischen fünftausend und zehntausend
Menschen in der Hoffnung auf ein besseres Leben nach Bombay; ein Panoptikum derer, die bereits die Stadt besiedeln. Bettler und Mittellose, die vom Land kommen und entweder Dürre,
Krieg oder Armut zu entkommen versuchen. Billige Hilfsarbei-

ter, die in nur wenigen Jahren auf dem Bau oder in der Industrie
ihre Gesundheit ruinieren werden. Kinder, die von zu Hause weg-
laufen und das Nirgendwo Indiens mit den Überlebenstaktiken
an den Bahnhöfen tauschen. Händler und Kaufleute, die sich an
den Geldmärkten versuchen, Schauspielaspiranten, Schriftsteller, Musiker, welche Bombay zu einem Mekka zeitgenössischer
Künste umfunktionieren, und eine indische Elite, die der Stadt
ihren Glamour und märchenhaften Reichtum beschert.

Ein Drittel der Einkommenssteuer aus ganz Indien wird in
Bombay eingenommen, und auf den Straßen scheinen sich genauso viele Mercedes-Benz wie Krüppel zu befinden. Die Insassen der Luxuskarossen existieren luft- und geräuschisoliert neben
den halben, verstümmelten Menschen, die sich auf ihren rollenden Plattformen durch das Ungetüm singen, welches sie ihr Zuhause nennen – und umgekehrt.

Um das Motorradfahren in Bombay spannender zu machen, hat
man alle Kanaldeckel entweder als Loch in die Straße gesenkt
oder um gute fünfundzwanzig Zentimeter aufgetürmt. Im zusammengebrochenen Verkehr jedoch tut es fast nichts mehr zur Sache, dass ich diesen Hindernissen ebenfalls ausweichen muss. Alles steht und schießt sich schwarzen Ruß zu, hupt, plärrt, und
steht und steht und steht. Der Verkehr ist dem Gutdünken von
Ampeln unterworfen (die es in Indien nur in Städten gibt). Es
geht mit den zähneknirschend Wartenden nur stoßweise voran.

Nach einer ersten Spritztour durch die Rushhour beschließe
ich, lieber den Zug ins Zentrum der Stadt zu nehmen. Ich schlage mich zu Fuß zum Bahnhof durch und gleite innerhalb dieser
zwanzig Minuten bereits durch das Portfolio der Stadt, in der jeder freie Winkel von Leben und Überleben eingenommen ist.

Paan wallah, dürre Figuren, sitzen den ganzen Tag im Schneidersitz auf ihrem winzigen Holzstand, und alles was sie für ihre
Arbeit brauchen – den Wassereimer mit den Wickelblättern,

Dutzende Dosen voller Betelnuss, Leim und Gewürz – befindet sich in Griffweite, um die Bewegungen schnell und effizient werden zu lassen. Es kocht, brodelt, duftet hundertartig aus den unzähligen Restaurants und Essensstuben; Straßen- und Bürgersteige nehmen die Last von immer mehr Menschen auf; eine Lumpenfrau presst ihren Säugling an mich, dessen gesamte linke Gesichtshälfte eine einzige, infizierte Wunde ist; die *hijra,* Transvestiten, stürmen durch die Reigen der festsitzenden Fahrzeuge und verlangen lautstark und klatschend *paisa* (Geld), *paisa,* und klatsch!, mehr *paisa;* Hand in Hand schieben sich zwei Liebende durch den Verkehr, die ihre eigene Insel im Meer der Tausendschar bilden; Frauen mit teuren Sonnenbrillen und hochhackigen Schuhen flanieren telefonierend die aufgebrochenen Bürgersteige entlang, während ihnen die Männer aus den Geschäften tagelängenträumend hinterhergucken; der Verkehr schiebt sich um einen Mann, der halbtot auf der Straße liegt und den Kopf wie in Zeitlupe von einer Seite auf die andere rollt, »Maaa«, stöhnt er aus trockener Kehle, »maa, maa«. Gegenüber werden Juweliergeschäfte von Sicherheitspersonal bewacht, das seine uralten Gewehre wie Kinder in seinen Armen wiegt; Kaffeebars, in denen ein Espresso mehr kostet, als die meisten Bewohner an einem Tag verdienen, hängen ihre Kaffeebohnenfahnen an die chinesischen Laternen, welche die Einwohner in Erwartung des Diwali-Festes über die Straßen spannen. Diwali, Indiens größtes Fest. Keine andere Stadt verdient es so sehr, den Sieg des Guten über das Böse, die ewige Herrschaft des Lichtes über Missmut und Finsternis zu feiern.

Während die Straßen hoffnungslos überfüllt sind und sich nichts bewegt, sind die innerstädtischen Züge hoffnungslos überfüllt, bewegen sich aber. Der allgegenwärtige Kampf um jeden Zentimeter Stadt beginnt für sechs Millionen Menschen, die täglich diese Züge frequentieren, bei Einfahrt eines vollgestopften Zuges, mit welchem man eher das Wort Transport im wirtschaftlichsten Sinne des Wortes assoziiert: Möglichst viele Dinge, in diesem Fall Menschen, werden in möglichst kurzer Zeit von A nach B bewegt. Keine Türen, keine Haltezeiten. Der Zug rollt nicht, sondern schießt in den Bahnhof. Innerhalb der höchstens fünfzehn Sekunden, die er am Bahnsteig zum Stehen kommt, strömen Hunderte Leute aus und in die Waggons. Schnell bilden sich drei Kategorien von Reisenden: Die einen schaffen es in den Waggon, die anderen klammern sich an den Waggon, während Kategorie Nummer drei auf dem Bahnsteig zurückbleiben muss (»waiting is a gift of time«), um mit dem nächsten Zug mehr Glück oder noch mehr Zeit zu haben.

Wunder und Extreme. Die Züge transportieren täglich alle Einwohner Berlins und Paris' zusammen. Zur Hauptverkehrszeit, welche keinen geringeren Superlativterminus als »super dense crush load« innehat, sind zweitausend menschenüberfrachtete Züge unterwegs, die das Fünffache dessen transportieren, für was sie eigentlich konzipiert wurden, nämlich zwölf Menschen pro Quadratmeter. Die Stadt hat sich so nah an die Gleise herangebaut und umgekehrt, dass im Jahr mehr als viertausend Menschen durch Züge getötet werden. Auch hier scheinen diese Unfälle keine Fehler des Systems zu sein, sondern Kollateralschäden der einzigen Art und Weise, wie das Vorwärtskommen zu bewältigen ist. Wer eine solche Stadt zulässt, kann einfach nichts anderes erwarten. Die Inder wissen das. Und ergeben sich ihrem Schicksal.

Ich schaffe es in einen der Züge, in denen man Körper an Körper steht. Neben mir schläft ein Mann, stehend und ohne sich festzuhalten; die zu einer einzigen Masse verschmolzenen Passagiere halten ihn ungewollt über Wasser.

Schwitzend geht es in den Süden. Als ich an der Station Churchgate aussteige, bekomme ich noch die Anmerkung eines Mitreisenden mit auf den Weg.

»Da drin«, sagt er und zeigt auf den Waggon, den wir gerade
verlassen haben, »sind wir wie Tiere. Aber hier draußen dürfen wir
wieder Menschen sein.«

Vor den Bahnsteigen sitzen die Schuhputzer, lachende Gesellen,
die fröhlich mit dem Holzscheit ihrer Bürste auf ihrem Holzsche-
mel herumklopfen, um die beschuhte Kundschaft anzulocken.
Der gesamte Bahnhof ist mit Menschen gefüllt, drei Polizisten
halten Wache, indem sie, den Kopf auf die Hände und die Hände auf den Lauf ihrer Gewehre gebettet, ein Schläfchen halten,
und die Hunde jagen sich zwischen den schnellen Schritten der
Reisenden, zu deren Geldbörsen sich die Krüppel und Bettler im
Wehgesang emporzurecken versuchen.

Außerhalb des Bahnhofs ist es, als habe man den Sound der
Stadt abgestellt. Breite Straßen, kaum Verkehr und auf einmal:
keine Massen von Menschen mehr. Im Epizentrum des ehemaligen Britisch-Indien hat man durch einen sehr unindischen Archi-
tekturansatz Platz und Größe geschaffen. Ich laufe wild (und auf
einmal etwas einsam) durch die endlos langen Straßen, entlang der
majestätischen Parks und jener Gebäude, für welche die Architektur der Stadt berühmt ist (die einzige Stadt des Erdballs, die mehr
Bauten im Art-déco-Stil ihr eigen nennt, ist Miami.): den High
Court, die Victoria Station und das symbolträchtige Gate of India, welches als Anlegestelle auf das Arabische Meer hinausführt.
1924 erbaut, sollte es einerseits an einen Besuch König Georges
erinnern, andererseits als Anlegestelle für aus England eintreffen-
de Passagierschiffe dienen. Die Geschichte wollte es anders. Das
Gate of India wurde kein Wahrzeichen des großbritischen Im-
periums, sondern einer der Schauplätze für die Geburt des indischen Staates. Im Frühjahr 1948 salutierten die letzten britischen
Truppen vor dem Torbogen, bestiegen die »Empress of Austra-
lia«, fuhren aufs Meer hinaus und entließen die Inder in die Unabhängigkeit.

Ich benötige über zwei Stunden, um durch die abendliche
Rushhour zurück nach Hause zu gelangen. Als ich gerade den
Dreck der Stadt von meinem Körper und meinen *chappal* gewaschen und mich erneut wie ein Mensch zu fühlen begonnen habe,
stürzt Udai hellwach zur Tür herein.

»Ein Glück ist dieser Tag vorbei«, sagt er. »Aber ich bin noch
wach. Lass' uns herumfahren. I'll give you a tour of Bombay.«

Udai kommt ursprünglich aus Delhi und wohnte einige Jahre in
Bangalore, bevor er sich in das Abenteuer einer Weltreise auf-
machte und seine suchende Seele ihn letztlich, wieder in Indien
angekommen, nach Bollywood trieb.

Es ist sicherlich eine Geschichte des privilegierten Indien.
Nachdem er das Studium der Physik abgeschlossen hatte, melde-
te er zwei Patente an und arbeitete drei Jahre für Microsoft in
Bangalore, wo ich ihn vor etlichen Jahren kennenlernte. Dann
zog es ihn aus seinem gut bezahlten und angesehenen Job hinaus
in die Welt. Er wanderte ein Jahr lang um den Planeten: China,
Mongolei, Russland, Europa und Südamerika. Als er mit dem Geschmack der Welt zurückkehrte, war ihm der Appetit auf Microsoft vergangen. Achtundzwanzigjährig überlegte er, was er mit
seinem Leben anstellen sollte. Er beschloss, seinem Traum zu folgen – und Filme zu drehen.

In vielen buddhistischen Klöstern war es früher üblich, dass
sich ein Schüler, der bei einem berühmten Meister lernen wollte, beweisen musste. Am Tor des Klosters wurde er jeden Tag abgewiesen, um Disziplin und Willen zu testen. Er schlief vor den
Toren, fror, bat um Einlass, wurde abgewiesen, hungerte, wurde abgewiesen. So konnte das einige Wochen gehen, bis sich der
Meister irgendwann erbarmte und den eisernen Willen mit der
Aufnahme ins Kloster belohnte.

Udai musste trotz seines Zen-Bewusstseins weder Wochen
noch Monate warten. Er zog von Bangalore nach Bandra, eines

der hipsten und angesagtesten Viertel Bombays, und lauerte jeden Morgen seinem Lieblingsregisseur vor dessen Wohnung auf.

Nach ein paar Tagen schaffte er es, ein Stück in dessen Auto mitgenommen zu werden. Etwas eingeschüchtert saß er zwischen drei Männern, die den Fremden auf seine Tauglichkeit prüften. Er bestand. Erst mal. Udai wurde eingestellt, wenn auch zunächst nicht auf den Positionen, die er sich erhofft hatte. Anfangs schickte er Werbung auf Facebook umher und durfte (in einem, laut seiner Aussage, unglaublich albernen Anzug) als Portier Gäste begrüßen, wenn es Partys und Filmpremieren zu feiern gab. Aber er arbeitete gut und ausdauernd und machte bald auf seine Talente aufmerksam: einen messerscharfen Verstand und ein natürliches Gefühl für cineastische Qualität. Heute arbeitet er als Regieassistent Seite an Seite mit dem Mann, dessentwegen er nach Bombay gekommen ist.

Diese Stadt, so sollte ich die nächsten Wochen lernen, ist wie gemacht für diese Art Träume.

Wir verlassen Bandra und fahren aufs Meer hinaus.

Vor drei Jahren wurde der Bau einer Seeverbindung zwischen den Stadtteilen Bandra und Worli beendet. Der Sea Link, eine gebührenpflichtige Autobahn über die Bucht Bombays. Für weniger als einen Euro kaufen wir uns eine Rennstrecke, eine Abkürzung in den Süden und eine atemberaubende Aussicht.

Udai steuert seinen Maruti über die leere vierspurige Straße, während ich den surrealen Blick aus dem Fenster genieße. Endlos ragen die beleuchteten Hochhausreihen aus dem schwarzen Meer und orchestrieren das in die Nacht gezauberte Schauspiel, welches der Mensch aufführen muss, um sein eigenes Schicksal, um Größe und Größenwahn herauszufordern. Nimmerschlafend, übersättigt und machiavellisch führt die Stadt nirgendwo hin, kommt nirgendwo an. Sie reiht sich Tag an Tag, Stein an Stein, Herzblut an Herzblut – und mimt zwischen Himmel und Erde den pulsbaren Traum alles Menschenmöglichen. Ich frage mich, welche Art Sehnsucht verantwortlich sein könnte. Es ist schwer zu begreifen, dass man freiwillig solch ein Monstrum an urbanem Lebensraum geschaffen hat, dass die Verhältnisse durch den Geist gewollt und von Menschenhand gestaltet worden sind.

»Hier«, sagt Udai, »siehst du den Teil hier links, das kleine Dorf?«

Er zeigt auf eine Landzunge, die sich etwas von der eigentlichen Stadt absetzt und bis auf den letzten Meter mit Hütten bebaut ist.

»Das ist Worli, ein Fischerdorf, das früher mal eine Insel war. Ursprünglich gab es hier nur kleine Fischerdörfer auf einigen Inseln, das war alles. Dann kamen die Portugiesen aus dem Süden und fanden heraus, dass die Gegend einen natürlichen Hafen besaß, der sehr gut schiffbar ist. Daher kommt auch der Name der Stadt, denn sie nannten den Ort Bom Baía, was Gute Bucht bedeutet. Daraus wurde dann das anglisierte Bombay.«

Udai reibt sich die Nase und kämmt sich mit den Händen durch seine kurzen Locken. Anscheinend kommt er in Fahrt.

»Bevor man die Stadt bauen konnte, brauchte man erst einmal Land. Wie gesagt, es gab einige kleine Inseln und Sumpfland drum herum, Mangrovenwälder und all das, aber man hat durch zähe Landgewinnungsprojekte den Sumpf ausgetrocknet und die Inseln Stück für Stück miteinander verbunden.«

Udais Geist und Zunge laufen nun dermaßen auf Hochtouren, als halte ihn einzig das schiere Vorhandensein einer zu verlautbarenden Sprache davon ab, frei und flüssig zu sprechen.

»Schiffe kamen aus allen Nationen, die Textilbranche boomte, und so war Bombay von Beginn an kosmopolitisch. Jeder versuchte hier sein Glück, und die Stadt, die sich um Handel und Wirtschaft herum aufzubauen begann, gehörte jedem. Europäische Künstler und Reisende ließen sich hier nieder, viele Händler aus ganz Indien, vor allem Gujaratis und Tamilen. Bombay ist

wie New York eine Einwandererstadt, die allen gehört und noch
sehr jung ist, vor allem in Vergleich mit anderen indischen Städten. Wegen ihrer Toleranz und den vielen verschiedenen Sprachen und Gesichtern war Bombay auch schon immer anders als
Maharashta, der Bundestaat, und mehr und mehr behaupten die
Maharashtis, dies sei ihre Stadt, was aber nicht stimmt, denn sie
sind hier genauso fremd und zu Hause wie alle anderen. Es gab
auch mal die Bestrebung, Bombay unabhängig zu machen; ich
weiß aber nicht genau, was daraus geworden ist. Es hätte eigentlich Sinn gemacht, denn schließlich sind alle indischen Staaten
nach ihren Besonderheiten eingeteilt, nach alten Fürstentümern
oder Sprachgrenzen.«

Wir lassen das Meer hinter uns und erreichen die Stadt. Udai
zeigt mir seine Lieblingsgebäude und erklärt mir ihre Geschichte, zeigt mir innerstädtische Slums und einige der teuersten Gebäude der Welt auf den teuersten Grundstücken der Welt. »Deshalb mag ich Bombay«, erklärt er, »es ist ehrlich, weißt du! In den
anderen Städten versucht man, die Armut aus der Stadt zu schaffen, damit man sie nicht sehen muss. Hier leben Arm und Reich
oft Seite an Seite, es herrscht viel weniger Snobismus. Und es ist
die sicherste Stadt für Frauen, selbst nachts hat man hier nichts
zu befürchten. Die Gewalttätigkeiten, die man aus Delhi und von
anderswo kennt, gibt es hier nicht.«

Wir kehren in einen Pub ein, trinken einige Heineken und
fahren für den Mitternachtssnack zurück zur Bucht, den Marine Drive, die bekannteste Freizeitmeile Indiens. Bachelors: Hier
parkt man sein Auto an der Straßenseite, damit ein Kellner vor-
beikommt und die Bestellung aufnimmt. Die Portion Eis (etwa
green chili ice cream) oder das Sandwich wird dann zum Wagen gebracht. Neben uns hält ein Pärchen, das hier seinen ganz privaten
Kinoabend zelebriert. In zurückgeklappten Sitzen schauen die
beiden einen Film auf ihrem Laptop, während der Kellner immer
mehr Milchshakes und Schokoladeneis heranschafft.

Aber wie überall in der Stadt herrscht hier unten am Meer vor
allen Dingen Bombays unumgängliches Hauptmerkmal, das auch
noch nach Jahren als einzigartige Erinnerung in den Geschmacks-
sinnen kleben wird. Aus den Ausdünstungen der Menschen und
dem feuchtschwülen Klima, den gärend-giftigen Abfällen und der
schweren Brise der See, aus dem sich ewig austreibenden Durcheinander von Gebet und Staub, Zuversicht und Pisse und den
Weltenkosmos umspannenden Träumen von zwanzig Millionen
frenetischen Menschen formt sich ein verlässlicher Gestank, der
wie ein Leichentuch über die Straßen gespannt ist und jederzeit
als einzigartiger Indikator fungiert: Ja, es herrscht Leben, und ja,
niemand weiß, wie lange noch.

Zu Hause angekommen, falle ich nach einer erneuten Dusche
als glückliche Halbbleiche in mein weiches, sauberes Bett. Ich bin
erst seit zwanzig Stunden in der Stadt und fühle mich, als hätte ich
alle Himmel und Höllen der Welt hinter mir. Vergeblich versuche ich an den Süden, an Goa, Gokarna oder Kerala zu denken, an
Farben, Gemächlichkeit, an die kindlich miteinander spielenden
Zustände von Strand, gutmütiger Sonne und Grün, ja, dem End-
losgrün beschaulicher Harmonie. Vergeblich. Es will sich kein
Bild ergeben. Bombay, Mater Urbium, Mutter aller Städte: Die
mächtige Göttin hat bereits über jegliche Erinnerung gesiegt.

Elf Stunden Schlaf, schwarz, traumlos. Nachdem es einige Stunden gedauert hat, richtig wach zu werden, fahre ich am Nachmittag nach Worli, jener ehemaligen Insel, von der aus Bombay seinen unaufenthalsamen Lauf genommen hat. Heute kann man den
umgekehrten Weg gehen und aus den Betonschluchten Megalo-
polis' langsam durch das Dorf zum stinkend-versifften Meer hin-
untersteigen.

Worli, verschachtelte Häuser und Hütten, die durch eine
nicht zu unterschätzende Zauberhand immer genügend Raum
für Familien jeglicher Größe hergeben, kleine Verzierungen aus

Topfgrün und blauer Wand, Shiva-Tempel, Kuhmist. Kinder spielen Cricket in den Straßen, kein Haus ist verschlossen, kein Lächeln unerwidert, kein Händedruck zu viel. Das alles vor dem futuristischen Sea Link, der wie eine Fata Morgana aus dem diesigen Meer steigt. Ich frage mich wie viele Menschen aus Worli jemals die fünfundfünfzig Rupien aufgebracht haben, um ihr Zuhause von dort oben aus in Augenschein zu nehmen.

Ich setze mich zu einem jungen Chai-*wallah,* der einige schattige Bänke im Angebot hat, und werde von Manil begrüßt, einem kugelrunden, gut gelaunten Mann Mitte dreißig, so etwas wie das Maskottchen des Chai-Shops. Er kennt jeden, der da ist, jeden, der vorbeigeht, und er gibt für die eintreffenden Neukunden Bestellungen auf, noch ehe sie auf der Bank Platz genommen haben.

Es dauert nicht lange, bis er mir die Anwesenden vorstellt.

»Hier, der da,« sagt er und zeigt auf den jungen, etwas verschlafen wirkenden Mann neben mir, »der ist das neue Indien. Wenn er arbeiten soll, säuft er, und wenn er nicht arbeitet, schläft er.«

Alle klatschen lachend in die Hände, nur der Betroffene wiegelt verlegen ab.

»Und der hier, der Alte, das ist noch ein Fischer der alten Sorte, schau dir seine Arme an, stark wie ein Wal. Diese Männer haben noch Kraft und richtige Arbeit erlebt.«

Alle nicken anerkennend. Nur der Betroffene wiegelt verlegen ab.

»Und unser Chai-*wallah* hier, der ist mit elf Jahren nach Bombay gekommen, nachdem er von zu Hause weggelaufen ist. Er kommt eigentlich aus Uttar Pradesh und gehörte dort einer sehr niedrigen Kaste an.«

»Was genau bedeutet es, dass er der Kaste angehörte. Ist er nicht mehr Mitglied seiner Kaste?«

»Ha, dort schon, in Uttar Pradesh, aber nicht hier in Bombay.«

»Wieso nicht hier?«

»Hier sind andere Kasten, und vielen Leuten ist es egal, welcher Kaste man angehört. Wir sind alle aus Bombay, jetzt, und er auch. Bombay-Kaste! Hach, ein gutes Wort, Bombay-Kaste, das kannst du auch in dein Buch schreiben, bitte, schreib' es auf.«

Wie geheißen, notiere ich »Bombay Caste: everyone!« in mein Notizbuch, was nicht genügt. Ich muss es ihm zeigen, einkreisen, und sogar noch unterstreichen. Zufrieden wackelt er mit dem Kopf, sagt »Very nice writing« und schenkt mir noch eine Notizbuchepisode, bevor er uns die nächste Runde Chai kommen lässt.

»Du bist aus Deutschland, ich habe großen Respekt vor Deutschland. Weißt du, wieso? Ich arbeite in einem Government Office, und wir hatten mal einen Deutschen bei uns auf der Arbeit, für zwei Monate. Ehrlich, er hat die Aufgaben, die wir in zwei Wochen machen, an einem einzigen Tag erledigt. Ich war erstaunt. Big mind, Germany, very big mind. Was für ein Mann!«

In Indien gibt es laut einer internen Zählung 4635 Kasten beziehungsweise Unterkasten (*jati,* hierunter finden sich auch ethnische Gruppen), die sich alle den großen vier Kasten *(varna)* zuordnen lassen: Priester/intellektuelle Elite, Krieger/Fürsten, Kaufleute/Landwirte, Diener/Handwerker. Zudem gibt es die Kastenlosen, die ein Viertel aller Inder ausmachen, in den meisten Fällen aber doch einer niedrigen Kaste angehören und die als unrein geltenden Aufgaben erledigen, also Latrinen putzen, Müll beseitigen oder mit Leder arbeiten. Diese hierarchische Aufteilung der Bevölkerung existiert natürlich nicht nur in Indien. Auch Europa hat seine prämoderne und prädemokratische Vergangenheit, seine Stände und festen Gesellschaftsstrukturen. Der große Unterschied jedoch ist, dass das indische Kastensystem nicht nur eine gesellschaftlich-soziale, sondern auch eine religiös-spirituelle Grundlage hat. Dies und die Tatsache, dass die größten Teile Indiens noch vormodern und präindustriell sind, ist wahrscheinlich der Grund, dass sich diese Struktur hier bedeutend länger gehalten hat – und noch immer Sein und Identifikation der meisten Inder bestimmt.

Krishna erläutert in der Bhagavad Gita den spirituellen Sinn der Kasten, die daraufhin ihre Integration in das religiöse und soziale System der Menschen fanden.

» Was Priester, Adlige und Volk, auch was die Cúdras tun, mein Freund,
Die Taten alle sind verteilt nach Qualitäten ihrer Art.

Ruhe, Selbstbeherrschung, Buße, Reinheit, Geduld und Redlichkeit,
Rechtes Wissen und Gläubigkeit ist Priesters Pflicht, nach seiner Art.

Heldenmut, Kraft und Festigkeit, Geschick im Kampf, Furchtlosigkeit,
Spenden und rechtes Herrentum ist Adels Pflicht, nach seiner Art.

Viehzucht, Ackerbau und Handel ist Volkes Pflicht, nach seiner Art,
im Dienen bloß besteht die Pflicht für den Cúdra, nach seiner Art.«

Nach dieser Einteilung der Kasten über die individuellen Qualitäten und die Notwendigkeiten eines kollektiven Zusammenlebens, folgt erneut die große Lehre der Gita, die im Zusammenhang mit dem persönlichen Dharma und dem Karma der Arbeit (und der rechten Tat) stehen, durch die jeder Mensch, egal welcher Kaste er angehört, zu Gott gelangen kann:

» Wer Freude hat an seiner Pflicht, der Mann erlangt Vollkommenheit;
Wie man, seines Tuns sich freuend, Vollendung findet, höre das!

DEN, von dem die Wesen stammen, von dem das All geschaffen ist,
DEN durch seine Taten ehrend, erlangt Vollendung hier der Mensch.

Wie sie auch ist, die eigne Pflicht ist besser stets als fremde Pflicht;
Bleibt man treu dem eignen Wesen, dann bleibt man frei von aller Schuld.«

Das Kastensystem ist und bleibt eine heikle Angelegenheit. Es ist Sündenbock für Armut und Ungerechtigkeit und zugleich bis in Mark und Glied mit dem Glauben und dem Alltag der Menschen verbunden, Heirat, Arbeit und Wohnort bestimmend. Es wird entweder als rassistisch[6] oder göttlich angesehen, als Vergangenheit oder Zukunft, als perfides Machtinstrument oder weise Ordnung. Es vermittelt den Menschen Sicherheit, Zugehörigkeitsgefühl und vor allem eine Identität, die keine andere Institution in Indien bieten kann; gleichzeitig beraubt das Kastensystem sie ihrer wirtschaftlichen und finanziellen Möglichkeiten, von ihrer Würde ganz zu schweigen. Und um die Verwirrung komplett zu machen, wird es von der Politik gleichzeitig bekämpft und gefördert.

Gandhi nannte die Kastenlosen *harijan,* Kinder Gottes. Er malte sich ein Indien aus, das sich vom rückständigen Dogma des Kastendenkens, welches die Menschen mehr trennt als vereint, befreien wird. Die Regierungen des unabhängigen Indien brachten seitdem Gesetze auf den Weg, die das Kastenwesen aus der Gesellschaft eliminieren sollten. Gesetze zur ›positiven Diskriminierung‹ haben durch ihre Quotenregelung zweierlei Aufgabe. Zum einen Vorteile in Bildung und Beschäftigung, zum anderen politisches Gehör und Verantwortung zu schaffen.

In diesem Sinne werden zum Beispiel eine bestimmte Anzahl der Parlamentssitze für die unteren Kasten und ethnischen Gruppen reserviert, um für Chancengleichheit und Gerechtig-

---

6   *Varna,* das Wort für Kaste, bedeutet wörtlich: Farbe. Moravia nannte
    das Kastensystem einmal eine »naive, durchsichtige und erbarmungs-
    lose Rationalisierung einer Zwangsvorstellung«, namentlich derer, dass
    die hellhäutige Bevölkerung reiner sei als die dunkelhäutige, die Arier
    reiner als die Ureinwohner. »Unreinheit im körperlichen und geistigen
    Sinne als Maßstab für rassistische Diskriminierung.«

keit zu sorgen. Diese Regelung bewirkt aber, dass sich die Menschen wieder vermehrt über ihre Kaste identifizieren. Überall treffen sich Mitglieder bestimmter Kasten und besprechen ihre Lage, ziehen mit Bannern durch die Städte und pochen auf ihre legislativen Rechte, *ihre* Kastenrechte. Wenn man nur einen Job bekommt, falls man dieser oder jener (niedrigen) Kaste angehört, warum sollte man sich dann vom Kastendenken verabschieden? Es werde kein Kastenwesen abgeschafft, hörte ich einmal einen oppositionellen Politiker sagen, indem man es derart politisiere.

Von den Indern der älteren Generation hört man oft, das Klassenbewusstsein habe nach der Unabhängigkeit tatsächlich abgenommen und sei nun, dank der Quotenregelung, wieder auf dem Vormarsch. Nicht durch Qualifikation, Eignung und Begabung wird ein verantwortungsvoller Posten in der Verwaltung der Gesellschaft erkämpft, sondern wiederum einzig und allein durch das Stigma der Geburt. Eine neue Ungerechtigkeit wird geschaffen, wenn gut ausgebildete Männer und Frauen schlecht ausgebildeten Männern und Frauen weichen müssen, nur weil Letztere niedrigen Kasten angehören.

Letzten Endes war das Kastenwesen ein Prinzip der Götter für die Menschen, bevor es auf Erden zu einem Prinzip der Menschen für die Menschen degradiert wurde. Auch diesen Punkt greift die Gita auf. Zivilisatorisch seien die Gesellschaftsstände für das Unter- und Miteinander erforderlich, da sie eine so unterschiedliche Gesellschaft wie die indische stabilisierten. In der eigentlichen spirituellen Praxis jedoch werden sie hinfällig, wenn der Einzelne durch die Erkenntnis des transindividuellen Bewusstseins alle Gegensätze und Illusionen aufgelöst hat:

»Ein Priester, welcher weis' und fromm, ein Elephant und eine Kuh,
Ein Hund, ein Hundeesser selbst – dem Weisen sind sie alle gleich.«

Ob er Befürworter oder Gegner des Kastensystems sei, frage ich Manil.

Er hält seine Handinnenflächen zum Himmel, rückt seinen schweren Leib auf dem Hocker zurecht und nimmt eine prophetische Haltung ein.

»Ich sage«, psalmodiert er nun, als seien seine Worte die Verse eines Apostels, »das Kastenwesen war gut. Für die Zeit damals. Heute ist es besser ohne das Kastensystem, wir brauchen es nicht mehr. Times have changed.«

Ich frage ihn nach der Bhagavad Gita. Natürlich sei das, was die machtorientierte Menschheit auf Erden mit dem Kastensystem angestellt habe, eine Katastrophe – mit all ihren grausamen Konsequenzen. Aber ob nicht die tieferliegende Bedeutung verloren gehe, der Weg zur höchsten Erkenntnis, der laut der Gita immer über die Meisterung des eigenen Schicksals führen müsse.

»Ich sage«, antwortet er mir, »wenn die Menschen glücklich in der Kaste sind, gut. Wenn sie ohne Kaste glücklich sind, auch gut. Aber mit oder ohne Kaste, sie müssen Gott dienen. Das ist das Wichtigste.«

Was für ein Satz, denke ich. Eines Apostels würdig.

Und er hätte aus der Gita sein können, in der Krishna ebenfalls sagt:

»Wer nicht andächtig ist, dem geht Erkenntnis und Vertiefung ab;
Es fehlt der Seelenfriede ihm, – wie kann ein solcher glücklich sein?«

Manils Augen begleiten voller Stolz meinen Stift, der seinen Satz in mein Notizbuch notiert. Dann zeigt er wieder auf den alten Fischermann, der noch immer neben uns sitzt und aufmerksam zuhört, obwohl er wahrscheinlich kein Englisch versteht.

»Hier, schau dir seine Arme an, seine Unterarme, in seinem Alter. Noch voller Kraft. Sein ganzes Leben war er Fischer, hat jeden Tag schwere Arbeit geleistet, nun sitzt er hier mit uns, trinkt

Chai und wartet auf Gott. Das ist sein Leben. Dagegen kann er nichts machen. Arre, what can you do! Er sitzt hier und wartet auf den Tod, nachdem er sein ganzes Leben lang gedient hat, allen. Gott, seiner Familie und seiner Stadt.«

Der alte Fischer lächelt mich an und nickt.

Als ich wenig später meine Rechnung begleichen will, greifen beide gleichzeitig nach meiner Hand, um sie zu stoppen.

»Du bist jetzt auch Bombay-Kaste, mein Freund, mein guter Freund. Es ist unsere Aufgabe, dich bei uns willkommen zu heißen.«

Inder sind niemals allein.

Udais Wohnung ist ein Sammelbecken für etliche Freunde und Bekannte, die aus allen Teilen Indiens in die Stadt schwärmen. Nachdem sich ein Freund aus dem Himalaya für einige Tage mit seiner Freundin einquartiert hatte, ist nun Aditya zu Gast, ein Schriftsteller aus Delhi, dessen Theaterstück gerade in Bombay aufgeführt wird.

Wir sitzen im Wohnzimmer, bestreiten den frühen Samstagabend mit Filmen und lassen uns Essen und Bier nach Hause kommen. Ein Vorteil des schnellen, jederzeitigen Bombays: Zu jeder Uhrzeit werden den Kunden Chop Suey, Pizza, Alkohol, Kondome, Medikamente, Zigaretten oder gebügelte Hemden an die Haustür geliefert.

Am späten Abend sitzen wir auf dem Balkon, lauschen der vorbeirollenden Stadt und kommen auf die spezielle Rolle zu sprechen, die Indien auf seinem Weg in den Wohlstand einnimmt.

»Indien wird niemals denselben Kapitalismus erleben wie der Westen«, sagt Udai. »Ich hatte während meiner Weltreise immer das Gefühl, in Europa und Amerika ist der Kapitalismus integrativer Teil der Kultur, während wir Inder noch immer versuchen, unsere eigene Kultur mit der neuen Lebensweise zu verbinden ... und diese einzugliedern, verstehst du? Aber es verändert sich alles von Generation zu Generation. Unseren Eltern ging es um Familie und Frieden und ein gutes, sicheres Leben. Ich hingegen bin mit großem Konkurrenzkampf aufgewachsen; es ging nur darum, wer besser war, den neuesten Computer hatte und nach dem College die beste Anstellung fand. Meine Schwester, die zehn Jahre jünger ist als ich, hat schon wieder andere Bedürfnisse. Sie will machen, was sie liebt. Und nicht erst wie ich, nachdem ich eine Karriere eingeschlagen habe, sondern von Anfang an. Und da sie Musik liebt, studiert sie klassische Gitarre und lernt indische Volksweisen, die in Vergessenheit zu geraten drohen.«

Er nimmt einen ordentlichen Schluck von seinem Bier, während Aditya fortfährt:

»Früher haben die Akademiker ihre Jobs gemacht und waren Angestellte, fertig. Das war ihr Leben. Heute gehen viele ihren eigenen Weg. Sie scheffeln einige Jahre das Geld der großen Firmen, um dann etwas Eigenes zu beginnen.«

»Ja«, sagt Udai, »so habe ich das ja auch gemacht, aber nicht, weil mir meine Arbeit keinen Spaß gemacht hätte. Ich finde die Wissenschaft großartig. Aber ich wollte eben auch noch was anderes tun.« Ich hole die Bhagavad Gita aus meinem Zimmer und übersetze ins Englische.

»Drum, ohne dran zu hängen je, führ aus die Tat, die deine Pflicht!
Wer handelt ohne Hang zur Welt, der Mensch erreicht das höchste Ziel.«

»Ohne Hang zur Welt«, wiederhole ich, »das ist es wohl. Der Westen kennt keinen Wie-auch-immer-Hang, der nicht zu Ergebnissen in der diesseitigen Welt führt. Alles Handeln ist nur in der Welt. Man kennt nur die persönliche Arbeit, nicht die spirituell eingebundene, Dharma. Nicht nur unsere Staatsführung, sondern all unsere individuellen Taten sind säkular. Was eben auch enorme Vorteile mit sich bringt.«

Aditya schüttelt den Kopf. »Ach, Dharma ist ein vielseitig interpretierbares Wort, ich selbst empfinde es als sehr persönlich, egal, was man auch tut. Es ist eher ein philosophisches Prinzip, das in Indien seit viertausend Jahren existiert. Und es dreht sich um das eigene Verhältnis zu Gott und dadurch auch immer zur Welt. Egal, ob diese oder eine andere.«

Udai, der kurz fort war, um seine Gitarre zu holen, rülpst und sagt: »Verdammtes Kingfisher. Ich habe das Bier in Europa geliebt, nein, ich präzisiere: Ich habe es verehrt! Aber wir Inder können kein Bier. Absolut nicht. Die Briten haben uns zu Whiskeytrinkern erzogen, was vielleicht nicht unbedingt das schlechteste Erbe ist..., aber egal, was wollte ich sagen ..., ach ja, die Maslowsche Bedürfnispyramide, kennt ihr sie?«

Ich bejahe. Aditya nickt.

»Nun, sie ist ja auf alle Gesellschaften übertragbar. Unten stehen die absoluten Grundbedürfnisse eines Menschen, also Unterkunft, Wärme, Essen und Trinken. Wenn man das bekommen hat, naja, folgen Sicherheitsbedürfnisse und der Wunsch, auch in Zukunft für sein Essen und Überleben sorgen zu können, gefolgt von all den sozialen Eigenschaften, die dann möglich werden: Kommunikation, Austausch und Beziehungen, wiederum gefolgt von ...«.

»Ich glaube«, unterbricht Aditya, »wenn wir sagen, wir kennen deine tolle Pyramide, brauchst du sie nicht ...«.

»... GEFOLGT von individuellen Bedürfnissen. Unseren persönlichen Zielen, dem Wunsch nach Anerkennung, den Ego-Trieben. Und ganz oben, wenn man alles untere bereits besitzt, dann erst ist der Mensch frei genug für wirkliche Transzendenz und Selbstverwirklichung. Dann erst kann er den Blick aufs Ganze richten beziehungsweise von sich weg. Und Indien hat den Vorteil, dass man, wenn man am oberen Ende der Pyramide angelangt ist, bereits eine lebendige Spiritualität besitzt und sie nicht erst finden muss. Alle reden von der großen Zukunft des Landes, aber ich stehe dem sehr skeptisch gegenüber, vielleicht, weil ich Skeptiker bin, wer weiß. Trotz allem haben wir da einen großen Vorteil, der uns vom Rest der Welt unterscheidet.«

Sein Telefon klingelt. Das Einzige, was er am Hörer sagt, ist
»Tikhe«, okay.

»Gentlemen, einige Freunde von mir sind in einer Bar um die
Ecke. Let's move.«

Die Bar befindet sich wirklich um die Ecke, sodass wir das tun,
was kein Mensch in dieser Stadt auf sich nimmt, der nicht absolut
mittellos ist. Wir gehen zu Fuß.

In einem guten deutschen Restaurant präsentiert der Kellner die Weinflasche, um dem illustren Gast Gelegenheit zu geben, das Etikett zu studieren. In exakt der gleichen Art bekommt
man in indischen Großstadtclubs die Bierflasche hingehalten
– um fühlen zu können, ob sie auch gut genug gekühlt ist. Es ist
eine Bar, wie sie für das hippe Bandra typisch ist. In dem vollständig klimatisierten Raum gibt es eine große Auswahl an importier-
ten Bieren, Rum und Whiskey, über die Fernsehbildschirme flimmert englischer Fußball, die Frauen tragen Röcke und befinden
sich mit den Männern auf Augenhöhe.

Udais Freund und Mitbewohner aus dem College hört auf den
Namen Amitabh und arbeitet für die Unternehmensberater von
McKinsey. Er und seine Frau Lakshmi haben einige seiner Kollegen und nun auch uns eingeladen, seine Beförderung zu feiern. Ich
werde heute und auch in den nächsten Tagen nicht genau erfahren, ob dies ein Scherz ist: Laut der Aussagen aller Anwesenden besteht die Beförderung darin, dass Amitabh von nun an einen anderen Aufzug benutzen darf, nämlich den der höheren Angestellten.

Bald werden keine Einzelbestellungen mehr aufgenommen,
sondern von den Kellnern nur noch Eiskübel herangeschafft,
die mit Peroni und Früh (!) gefüllt sind. Es hilft nichts zu erklären, dass Kölsch kein richtiges Bier sei: Meine Freunde feiern die
deutsche Braukunst in immer ausgelassenerer Stimmung.

»Schau sie dir an«, sagt Udai, »das ist das India Shining! Alles
gute Kids, nicht arrogant und selfmade. Haben die begehrtes-

ten Jobs des Landes, verdienen alle sehr gutes Geld und sind doch
kein bisschen abgehoben. Sie haben alle sehr viel für ihren Erfolg
gearbeitet.«

Unter den Kollegen befinden sich auch zwei Frauen. Anita ist
Anfang dreißig, Madhurya zarte zweiundzwanzig Jahre alt. Beide arbeiten mit unterschiedlichen Ambitionen auf der gleichen
Position. Anita hat schon einige McKinsey-Jahre hinter sich und
denkt darüber nach, bald etwas weniger zu arbeiten, da sie seit
Jahren zu sehr in ihrem Beruf eingespannt ist, der sie sechs Tage
die Woche von morgens bis abends beschäftigt. Sie will mehr Zeit
für ihren Ehemann und ihre Familie, mehr Lebensqualität und
weniger Geld, während es Madhurya noch nichts ausmacht, ihre
volle Energie der Firma zu widmen und dafür einen ordentlichen
Gehaltsscheck mit nach Hause zu nehmen.

Wir trinken. Und obwohl der allgemeine Geräuschpegel hoch
ist und wir wahrscheinlich die besten Kunden der Bar sind, werden wir gebeten, unseren Lärmpegel nicht vollständig ausufern zu
lassen.

Amitabh sagt: »No problem, no problem«, nimmt den Kellner in den Arm und bezahlt später eine horrende Rechnung; die
Gruppe setzt sich abermals zu Fuß in Bewegung, um den weiteren
Abend bei uns zu Hause zu verbringen. Die Vorratsschränke werden geplündert und alle auffindbaren Packungen der »Maggi 2 Minutes Noodles« zusammengekocht. Asif will sich unbedingt noch
ein Ei dazu braten, da es ihn an seine Universitätszeit erinnert.

»Lernenlernenlernen!« rattert er. »Und in der Nacht Maggi
Noodles mit einem Spiegelei. Die Hälfte meines Körpers bestand
einmal aus dieser Nahrung.«

Im Wohnzimmer wird gemeinschaftlich aus einem Topf gegessen, getrunken und musiziert. »Maggie Noodles« für alle, ein
Ei drüber, zusammensitzen, singen, sich erinnern. Udai, leiden-
schaftlicher Sänger und Gitarrenspieler, stimmt stundenlang Lieder an, in die alle anderen einsteigen.

India Shining. Eigentlich ein Werbeslogan der BJP-Partei, der überall für das neue, blitzblanke, reiche und klimatisierte Indien verwendet wird. Dieser Abend macht jedoch deutlich, dass Indien nur leuchtet, wenn es seine Wurzeln und jenes amorphe Geisteseigentum nicht verleugnet, welches immer und überall »unsere Kultur« genannt wird. Der Wohlstand hat diese Männer und Frauen nicht von der Musik, der Literatur und den Göttersagen entfernt, im Gegenteil. Ich habe das Gefühl, als müssten sie die Ausübung eines gewissen Indischseins beibehalten, um dieses Leben zu meistern.

Sieben Uhr. Marlene und ich fahren durch den noch frischen Morgen nach Norden, immer in Begleitung der Strandpromenade, wo Hunde ausgeführt werden und sich Jogger unter die älteren Pärchen mischen, die ihren Tag mit einem Spaziergang durch die noch atembare Luft beginnen. Im morgendlichen Nebel ist alles noch verlangsamt und unangestrengt; ich mag diese frühen Morgen- und späten Abendstunden Bombays, da sie die einzigen Tageszeiten sind, in denen es Spaß macht, Motorrad zu fahren, und es sich so anfühlt, als gefiele sich die Stadt.

Nachdem ich einen am Meer gelegenen Ganesha-Schrein besucht habe, den man über ein unglaublich verdrecktes Stück Mangrovenwald erreicht, lasse ich das Meer hinter mir und nehme eine der größeren Straßen, die in das nördlich gelegenere Juhu führen. Als ich nach einer Ampel abbiege, erwartet mich eine Polizeikontrolle, der ich nicht mehr ausweichen kann. Es ist seltsam, aber man gewöhnt sich an das vermeintliche Paradox: Der erste Gedanke, der dem Gehirn beim Anblick eines indischen Polizisten kommt, ist Gefahr, gefolgt von Flucht – auch wenn man völlig unschuldig ist.

»Wo ist der Helm? Warum keinen Helm? Strafbar! Führerschein, Versicherung, Papiere!«

Keine indische, sondern eine universelle Geste. Die Finger der offenen Hand werden wiederholt Richtung Körper geschnappt: Her damit!

»Baba«, erkläre ich, »Führerschein, Papiere und Helm, sorry, habe ich alles zu Hause. Ich wollte nur eine kleine Tour machen, nur fünf Minuten, ich habe nichts mitgenommen. Vergessen. Das nächste Mal nehme ich alles mit, versprochen.«

Ich war schon zu oft in solchen Situationen, um nicht zu wissen, wie unser Schauspiel enden wird.

»Nein, nein. Das ist strafbar. Polizeistation. Dreitausend Rupien! Morgen kommst du mit dem Führerschein, mit Papieren auf Station. Dann bekommst du das Motorrad zurück.«

Da Marlene nicht auf meinen Namen angemeldet ist, vom Vorhandensein eines Führerscheins ganz zu schweigen, steht die Übergabe Marlenes an die Polizei außer Frage. Einmal weg, werde ich sie nicht mehr wiedersehen.

»Baba, das geht nicht, ich brauche das Motorrad, ich muss noch einen Freund besuchen. Ich werde die Strafe sofort bezahlen, acha?«

»Nicht möglich. Station!«

Ich zücke meinen Geldbeutel.

»Wie viel?«

Nichts hilft besser, als die Augen eines Polizisten mit Bargeld zu blenden. Er darf die Summe nicht nur hören: Er muss sie sehen, am Besten auch noch riechen! Unschuldig ziehe ich fünfhundert Rupien aus meinem Geldbeutel. Sein Gehirn beginnt zu rattern. Unsicher leckt er sich über die Lippen und sagt, etwas leiser werdend: »Das kostet zweitausend!«

»Ich habe keine zweitausend, ich habe siebenhundert.«

Auch die Bestechung hat Anstandsregeln. Man drückt dem Polizisten das Geld nicht offen in die Hand, sondern sucht einen dezenteren Weg. In diesem Fall kommt der Vorschlag von ihm.

»Put it here«, sagt er und zeigt auf den Polizeijeep, denn siebenhundert Rupien sind besser als der profitlose Ärger mit dem Papierkram, den ich bescheren würde.

»Acha. Dhanyavad, Baba.«

Nachdem ich mich also höflich für seine Dienste bedankt habe, werfe ich die Geldscheine durch das offene Fenster auf den Beifahrersitz und werde, als ich mich schon verabschiedet habe, noch einmal von ihm zurückgehalten.

»What is your good name, please?«

»Dennis. Very happy to meet you.«

Butterweich drückt er mir die Hand.

»Okay. Mister Danish. Nice to meet you too. My name is Rahul. Drive safety, acha? And welcome to our beloved Mumbai.«

Bakschisch, Bestechung, ist derart in den Alltag integriert, dass es aus der Wahrnehmung der Inder nicht wegzudenken ist. Und wie so oft gilt: Es ist kein Fehler des Systems, sondern es ist das System. Man muss jeden, aber auch jeden Beamten bestechen, um überhaupt irgendein Papier zu bekommen, sei es die Geburtsurkunde für sein Kind, ein Visum oder jede überhaupt nur denkbare Erlaubnis. Fahrkartenverkäufer in Bussen müssen Bakschisch bezahlen, um in besseren Bussen arbeiten zu können. Ein Politiker muss Bakschisch bezahlen, um einen höheren Posten zu besetzen. Ausländische Firmen müssen Bakschisch zahlen, um ihre Geschäfte in Indien betreiben zu können. Kriminelle müssen Bakschisch bezahlen, um freigesprochen zu werden. Und Polizisten müssen unglaublich viel Geld bezahlen, um überhaupt ihren sehr profitablen Beruf ausüben zu können. Danach zahlen sie ihre Schulden ab, indem sie das Recht in ihre eigene Hand nehmen.

Hierarchie. Wo immer man aufsteigen will, immer ist Geld im Spiel. Jeder weiß das, und jeder akzeptiert es, weil es in Indien nie anders war. Der so oft beschriene Kampf gegen die Korruption ist ein derart absurdes Vorhaben, dass man kaum weiß, wo und wie man damit beginnen soll. Man müsste durch irgendein

Sesam-öffne-dich den kompletten Menschen umpolen und das Erbe des Subkontinents auf den Kopf stellen. Das indische System ist seit jeher auf unantastbare Machtverhältnisse aufgebaut und hat stets jenen geholfen, die es sich haben leisten können. Die Armen und Mittellosen müssen sich damit abfinden, dass ihnen weder Judikative noch Exekutive zur Seite stehen. Sie haben lernen müssen, sich um sich selbst zu kümmern.

Ich nehme den Zug in den Stadtteil Chembur, um meinen alten Freund Vinay zu besuchen. Auf meinem Weg geht es an Dharavi vorbei, dem mit neunhunderttausend Einwohnern größten Slum Asiens. Einst am Rande der Stadt gelegen, bildet er heute das geografische Zentrum Bombays. Die Stadt ist so schnell und so weit um den Slum herumgewachsen, dass man ihn nun als deren Zellkern bezeichnen könnte.

Das ehemalige Niemandsland, auf dem die Slumbewohner ihre Blechhütten bauten, ist mittlerweile unglaublich wertvoll. Bombay hat mitunter die höchsten Grundstückspreise der Welt, und mitten in der kostbaren Stadt befindet sich also eine ›unmenschliche‹ Barackensiedlung, die trotz aller Umsiedlungspläne weiterhin existiert und wohl noch so lange Teil der Stadt bleiben wird, wie Bombay besteht. Die meisten Einwohner wohnen und arbeiten ihr gesamtes Leben in Dharavi, zahlen Miete, gehen zur Schule und ihren Berufen nach. Vierhunderttausend Menschen verdienen hier ihren Lebensunterhalt und denken überhaupt nicht daran, ihre Heimat zu verlassen, nur weil einige Investoren viel Geld mit neuen Wohnkomplexen und Shopping Malls verdienen wollen.

Von Wadala nach Chembur: spielende Kinder an den Bahngleisen, spielende Kinder im Brack der offenen Abwasserkanäle, spielende Kinder im Plastikmüll. Unter den Eisenbahnbrücken und den Flyovers schlafende und kochende Menschen. Die Umherziehenden machen sich über das her, was die Mülllaster auskippen, die Reisenden aus dem Fenster und die Haushalte hinter ihre Behausungen schmeißen. Aber wie überall in Indien gibt es kein Bild der Zerstörung ohne die Einmischung von Sinnlichkeit und Güte. Auf einer Schaukel schwebt ein lachender Junge über das Meer aus Müll, Junge und Mädchen tänzeln Arm in Arm, und unter einer zerfetzten Plastikplane, die als Behausung einer ganzen Familie dient, massiert ein Vater singend seine beiden Kinder.

Hoffnung.

Das dritte indische, ewige Prinzip.

Die Inder halten sich ein immerwährendes Licht nahe am Herzen, welches alle Schicksalsschläge zu meistern vermag; selbst inmitten des größten Elends leuchtet stets ein Funken Zuversicht in ihre finstere Welt und lässt sie über ihre Situation hinauswachsen.

Hoffnung auf Karma, dass die guten Taten des Lebens zu einer besseren Wiedergeburt führen und dass jede noch so unbedeutend wirkende Tat Einfluss auf höhere Mächte hat. Die Hoffnung der Menschen wie Kumaran auf die eigene Stärke und die Größe Indiens. Hoffnung, dass sich Indien aus seiner Stagnation befreit und durch seinen wirtschaftlichen Aufstieg die humanitären Probleme beseitigen kann. Hoffnung am Morgen, dass die Götter sich für die überstandene Nacht dankbar zeigen. Die Hoffnung Udais auf eine Karriere im Filmgeschäft und die Hoffnung all der anderen Zugezogenen, dass sich in der Stadt der märchenhaften Möglichkeiten ihre Träume erfüllen.

Ganesha, der Elefantenköpfige, ist der Gott Bombays. Überall[7] trifft man auf ihn, in Büros, Geschäften, in Tempeln. Und da Ganesha der Gott ist, der für die Beseitigung von Hindernissen verantwortlich ist – »You do best, he does rest« – passt er bestens

---

7   Nirgendwo in Indien gibt es übrigens mehr Ganesha-Aufkleber als auf Motorrädern und Autos. Das Aus-dem-Weg-Schieben von Hindernissen ist im Straßenverkehr eben von besonderer Bedeutung.

zu dieser Stadt, die ihre Einwohner täglich dazu zwingt, über sich hinauswachsen zu müssen.

Vinay holt mich vom Bahnhof ab. Er ist noch immer so, wie ich ihn in Erinnerung habe. Sanftmütig, ruhig, mit schwarzen Ringen unter den schüchtern-liebevollen Augen, die schon in der ersten Sekunde sein Dilemma verraten, ein sensibles Lebewesen in einer furchtbar unsensiblen Umgebung zu sein. Es tut gut, ihn wiederzusehen. Er ist einer der liebenswürdigsten Menschen, die ich in diesem von liebenswürdigen Menschen überfüllten Land kenne.

»Only remember good things«, hat er sich in seine Küche geschrieben. Er schnappt sich eine Pfanne, um *utthapam* zu kochen, dicke gewürzte Pfannkuchen. Inder sind nie allein. Vinay hat einen Freund zu Besuch, der für ein paar Tage in der Stadt ist. Während Vinay also raucht und das Essen zubereitet, sitze ich mit Anil, der klassische indische Musik studiert, und einem großen Pott Kaffee im Wohnzimmer.

»Sag mal, warum kommen eigentlich so viele Ausländer nach Indien?«, fragt Anil, ohne sich um irgendeinen Small Talk zu kümmern. »Was suchen sie hier?«

»Nun, ich denke, sie kommen hierher, weil sie alles haben und ihnen doch etwas fehlt. Das ist natürlich nur auf die Sinnsucher bezogen. Es gibt ja auch diejenigen, die wegen des Geschäfts hierherkommen. Oder wegen der Huren. Ich habe mal einen dänischen Rastamann getroffen, der eigentlich hierherkam, um sich auf eine ›spirituelle Reise‹ zu begeben. Er landete in Delhi und blieb dort ein halbes Jahr hängen, weil er die Prostituierten entdeckte. Er war nicht unbedingt der schönste Mann, und er ist mit relativ wenig Geld in Indien ziemlich glücklich geworden. Aber im Ernst, ich denke, die meisten stecken in einem Leben, das sie nicht befriedigt. Und sie glauben, dass die Inder noch etwas von Gott verstehen.«

»Mh, das habe ich mir gedacht. Und ich finde es seltsam, denn ich finde nicht, dass Indien viel Spiritualität besitzt. Das Schlimme ist nicht, dass wir westlich werden, denn dann würde sich ja einiges verbessern, sondern dass wir den Westen nur kopieren! Schau dir das da draußen an, das ist alles nur Imitation! Die Kleidung, der Lebensstil, die TV-Sendungen, sogar unser einziger Sport, Cricket, kam durch die Engländer. Und unsere Kultur und die sogenannte Spiritualität halten wir für so selbstverständlich und für so angeboren, dass wir uns nicht darum kümmern. Ein indisches Baby kommt schon erleuchtet auf die Welt, zack, am besten schon im Lotussitz! Kein Grund also, ihm irgendwas beizubringen.«

»Mindless imitation« sind die Worte, die Anil immer aufs Neue wiederholt. Unbedachte Imitation der westlichen Lebensart.

»Es ist tragisch. Wir hatten weder eine eigene industrielle, noch eine landwirtschaftliche oder aufklärerische Revolution. Sogar die Veränderung des Kastenwesens basiert auf einem Gerechtigkeitssinn, den wir nicht besitzen und der von außen gekommen ist. All das haben wir übernommen, genau wie viele rein westliche Technologien und Gesetze, die wir nicht verstehen.«

»Helmpflicht! Führerscheine! Versicherungen!«, empöre ich mich.

»Zum Beispiel, ja. Weißt du, uns fehlt der Zugang zu diesen ganzen Dingen und Errungenschaften, weil wir sie nicht selber zustande gebracht haben. Wir haben sie jetzt, aber wir können nicht wirklich begreifen, wie sie funktionieren. Es ist ähnlich dem Versuch, einem feudalen Afghanistan eine Demokratie aufzuzwingen, ohne dass sie aus der organischen Entwicklung des Volkes entsteht. Wir bekommen alles, aber wir sind nicht zusammen mit dieser Modernität gewachsen. Wir fremdnutzen sie.«

»Aber wie willst du das Dilemma lösen, nun, da sich Indien auf den Weg gemacht hat?«

»Lösen! Vergiss es. Wir Inder lösen nie etwas. Wir setzen uns hin und warten ab. Das spricht uns von jeder Verantwortung frei.

Wenn die Ausländer eine Sache von uns lernen können, dann das.«
Vinay ist ein sehr langsamer, aber guter Koch. Nach dem
Abendessen döst Anil auf dem Sofa ein, und Vinay und ich beschließen, für unsere Abendgestaltung zurück nach Bandra zu
fahren. Er kenne ein Hotel, sagt er, das über ein sehr beeindru-
ckendes Dachterrassenrestaurant verfüge.

Wieder in die Züge, wieder durch die Massen und ihre Bilder.
Ein Bettler drängt sich zu den Sitzenden durch und hebt die hoh-
le Hand jenen entgegen, die von ihrer Arbeit kommen und sich
mit dem Kosmos ihrer iPads und Smartphones beschäftigen. Am
anderen Ende des Zuges bricht eine Rangelei aus, die sich schnell
wieder beruhigt.

In Wadala werden wir Zeuge, wie eine Mutter ihren Säugling schlägt und mit einer Beedi verbrennt. Die Wirtschaftlich-
keit des Leides: Das Kind soll qualvoll heulen, um mehr Geld zu
erbetteln. »Willkommen in meiner kranken Welt«, sagt Vinay,
während wir uns in den Zug nach Bandra quetschen. Ein Buch-
verkäufer schlägt sich durch die dichte Masse und verkauft neben
der Biografie von Steve Jobs und den aktuellen Bestsellerromanen
auch ein Buch des Yogis Baba Ramdev.

Der Klappentext des Buches lautet:

>*Man is unhappy and distanced from peace*
Because he has forgotten the very idea of well-being.
Amidst the pulls of a materialistic culture
Yoga ist the best vehicel to discover and realize one's Self,
pure consciousness and internal brightness.«

(»*Der Mensch ist unglücklich und ruhelos,*
weil er die wahre Bedeutung von Zufriedenheit vergessen hat.
Yoga ist das beste Mittel,
um inmitten eines materialistischen Zeitalters sein wahres Selbst,
reines Bewusstsein und innere Stärke zu finden.«)

Die Auto-Rikscha setzt uns kurz vor dem Hotel ab, da wir noch
Zigaretten und Streichhölzer brauchen. Wir befinden uns in einer seltsamen Stimmung, die von der Stadt auszugehen scheint
und sich auf alles überträgt, was sie zu greifen in der Lage ist. Der
Gestank aus Meer, Mensch, Abfall und Gärung steht heute nicht
ruhig in der Luft, sondern scheint immer etwas zu vibrieren; zudem sind die Menschen seltsam aufgerieben und nervös. Wir haben beide das Gefühl, dass sie heute einer ominösen, dunklen Seite die Oberhand über Ruhe und Akzeptanz gewähren.

Ich wünschte, wir hätten auf die Zigaretten verzichtet. Dann
wäre uns der folgende Anblick erspart geblieben. Es ist völlig normal, dass in Indien überall Menschen auf der Straße leben, schlafen und sterben, sogar wenn sie Arbeit haben und Geld verdienen.
Aber kurz vor dem Hotel kommen wir an einem Mann vorbei,
der uns stehen bleiben und verstummen lässt. Er ist bis auf eine
Art Lendenschurz nackt. Ein Bein fehlt ihm komplett, das andere ist ab dem Knie nach hinten verdreht und scheint bereits zehnmal in alle Richtungen gebrochen zu sein. Es fehlt ein halber Arm,
und es fehlt Fleisch. Jeder Knochen, jeder Knorpel ist unter der
kaum wahrnehmbaren Haut sichtbar, sein Gesicht spannt sich wie
Wachs um den Schädel. Der Mund ist zu einem stummen Schrei
geöffnet, seine wenigen Haarbüschel kleben voller Dreck und Blut,
und an seiner Schläfe sitzen Dutzende Fliegen und Insekten auf einer dunkel-eitrigen Wunde. Ausgetrocknete Lippen. Die Augen
halb offen. Es ist tot, denke ich. Dieses Etwas lebt nicht mehr.

Man gewöhnt sich in Indien an den Müll, die Verschmutzung
und das menschliche Elend, schaut nicht mehr genau hin, winkt
ab, ignoriert. Aber dieser Mann ist von einer anderen Qualität und
bringt all das Mitleid und Entsetzen hervor, das man oft genug
zugunsten der eigenen Gesundheit verdrängt. Wasser steigt uns
in die Augen, um die Gefühle zu dämpfen. Vinay bringt nur ein
dünnes »Leben und sterben« über die Lippen, und ich gehe näher
an das Wesen heran, welches auf solch groteske Weise entstellt

ist, dass es kein Mensch mehr zu sein scheint. Angesichts seines Zustands kann ich meinem eigenen günstigen Schicksal kaum glauben, meinen intakten Organen, der heilen Haut, der gewaschenen Kleidung. Ich konzentriere mich auf seine Bauchdecke und schaue, ob sich eine Atmung erkennen lässt. Und tatsächlich, wie Spuk steckt noch eine winzige Bewegung von Lebenskraft in diesem zerschundenen Körper.

Ohne viel Hoffnung rufen wir einen Krankenwagen. Sofort kommt es mir albern vor. Ich wünschte, wir hätten den Anstand, ihn an Ort und Stelle sterben zu lassen. Es kann sich nur noch um Minuten oder Stunden handeln, und der Krankenwagen, wenn er denn überhaupt kommt, wird ihn wahrscheinlich gar nicht erst mitnehmen. Und wenn, was dann? Stirbt er lediglich an einem anderen Ort? Entlässt man ihn später in ein besseres Dasein? Ich habe die Befürchtung dass der Anruf nicht ihm, dem bereits Verlorenen, diente, sondern allein unserem Gewissen.

Über den im Menschen wohnenden Geist heißt es in der Bhagavad Gita:

> *»Niemals wird er geboren, niemals stirbt er,*
> *Nicht ist geworden er, noch wird er werden,*
> *Der Ungeborne, Ewige, Alte – nimmer*
> *Wird er getötet, wenn den Leib man tötet.«*

Die Gita beinhaltet ebenfalls diese kraftvolle Szene, in der Arjuna, nachdem er von Krishna in die geheime Lehre der Welt und das Wirken der menschlichen Tat eingewiesen worden ist, zuerst einen poetischen Lobgesang auf seinen göttlichen Lehrer anstimmt:

> *»Das Unvergängliche, höchst Wissenswürd'ge,*
> *Der größte Schatz bist du des ganzen Weltalls,*
> *Du bist des ew'gen Rechtes ew'ger Hüter,*
> *Als ew'gen Urgeist hab' ich dich begriffen.*

Ohn' Anfang, Mitte, End', unendlich kraftvoll,
Mit Armen ohne End', mond-sonnen-äugig,
Mit einem Mund wie strahlend Opferfeuer
Seh' ich mit eigner Glut dies All dich wärmen.

Wie Schmetterlinge in ein flammend Feuer
In voller Hast zum Untergange eilen,
So eilen auch zum Untergang die Menschen
In voller Hast hinein in deine Rachen.«

Krishna, der Erhabene, fordert nun seinen Schüler zum Kampf.
Arjuna wird Feinde und Freunde niemals retten können, da ihr
Schicksal bereits besiegelt, ihr Tod bereits gestorben ist. Denn
schlussendlich, wer entscheidet über Leben und Tod? Der ver-
gängliche Mensch oder jene unvergängliche göttliche Kraft, die
beides zuallererst verursacht und bestimmt. Krishna:

»Ich bin die Zeit, die alle Welt vernichtet,
Erschienen, um die Menschheit fortzuraffen;
Auch ohne dich sind sie dem Tod verfallen,
Die Kämpfer all, die dort in Reihen stehen.

Darum erheb dich! Ruhm sollst du erwerben!
Den Feind besiegend, freu dich reicher Herrschaft!
Durch mich sind diese früher schon getötet,
Du sei nur Werkzeug, Kämpfer mit der Linken.

Die ich getötet, töte du! nicht zittre!
Kämpfe! du wirst im Streit die Gegner fällen.«

»Die ich getötet, töte du!« Das ist natürlich keine plumpe Aufforderung zur Gewalt oder Ungerechtigkeit, sondern die höhere Einsicht in die Wirkungsweise der Welt. Kommen und Gehen der

Lebensformen werden von den Göttern initiiert. Der Mensch hat nicht die Macht, Menschen zu retten oder nicht zu retten, sprich: in die eigentlichen Schicksale der Seelen einzugreifen. Er kann nur die kurzsichtigen Denkweisen und Gefühlswelten seines limitierten Ego-Bewusstseins überwinden und selbst die Erleuchtung erlangen, selbst das göttliche Bewusstsein in sich erfahren.

»Gleich achtend Glück und Ungemach, Gewinn, Verlust, Sieg oder Tod,
Bereite nun zum Kampfe dich! So wird kein Übel dir zu teil.«

Rangsharda Hotel. Wir nehmen den Fahrstuhl in den sechsten Stock. Die Dachterrasse ist riesig. Nur knapp ein Achtel der Fläche ist mit Stühlen und Tischen vollgestellt, der Blick über die Stadt ist gewaltig. Innerstädtische Autobahn, die Ahnung des stickigen Meeres und zu allen Seiten dicht gedrängte, in den Himmel gestaute Stadt. Jede Sicht überladen, jeder Blick verduckwinkelt, jeder freie Fleck ein Zuhause von Mensch oder Tier. Und trotzdem ist die Stadt weiterhin gierig und sucht sich unentwegt, überall, ständig. »This is Bombay energy«, wurde mir vor ein paar Tagen in einem der Züge erklärt, »wenn du stehen bleibst, wirst du überrollt.«

Wohin geht's, wenn's nirgends mehr hingeht? Wo enden der Terror, die Liebeslieder, der angestrengte Atem, die Leichen? Wohin treiben das Übermaß an Leben und all die Pisse, Lautstärke, die Gebete und die ganze täglich geschissene Scheiße von zwanzig Millionen Menschen, der Schweiß, Abwasser, die Asche? Bombay scheint sich nach seinem eigenen Zerfall zu sehnen, während es seismografisch das Insgesamt der menschlichen Erlebnisspanne aufzeichnet und durch jedes Aggregat, durch jeden nur einigermaßen erdenklichen Zustand geht wie eine geläuterte Verklärung, die nichts und niemand außer sich selbst zu fürchten hat. Liebe und Leid, Leben und Tod. Und wehe, man bleibt stehen.

Vinay scheint meine Gedanken zu lesen.

»Die ganze Stadt sollte eigentlich nicht sein«, sagt er, während wir in das Betonungeheuer starren. »All das war einmal Sumpf, dahinter Wald, kannst du dir das vorstellen? Ich weiß nicht, ob es gut ausgeht, wenn der Mensch eine ungünstige Umgebung für seine Zwecke umgestaltet. Etwas hat sich hier verselbstständigt, eine Kraft, die eigentlich nicht an diesen Ort gehört. Und es ist nicht mehr aufzuhalten.«

Der Blues schwirrt um seine traurigen Augen. Er hantiert an einer seiner Zigaretten, die das Einzige sind, was ihm hilft.

»Aber was kann man machen? Nichts! Man schaut dem Ganzen zu, sorgt irgendwie für sein eigenes Glück und hofft, dass die Katastrophe glimpflich ausgehen wird. Nein warte, eigentlich stimmt das nicht. Als mitfühlender Mensch sollte man die Katastrophe herbeisehnen, damit dies so schnell wie möglich ein Ende hat und ein neuer, besserer Zyklus beginnen kann. Wir Inder denken ja in Yuga, sogenannten Zeitaltern, die zyklisch sind. Das momentane Kali-Zeitalter ist das Zeitalter der Zerstörung.«

Er macht eine Pause, schnauft, zieht an seiner Zigarette.

»Und dann folgt ein neues Zeitalter auf einer höheren Evolutionsstufe, welches sich auch wieder irgendwann vernichten muss, um wiederum ein neues Zeitalter einzuleiten. Und so ad absurdum.«

Weil uns der Appetit vergangen ist, bestellen wir ausschließlich Whiskey und knabbern lustlos an den Erdnüssen herum, die uns der Kellner auf den Tisch knallt. Um unsere Gedanken von dem sterbenden Mann in der sterbenden Straße abzulenken, frage ich Vinay nach seinem neuen Film, der von zwei Menschen handelt, die sich während ihrer gemeinsamen Zugreisen ineinander verlieben. Wir reden über Filme und Bücher, über Poesie und unsere letzten Jahre, während sich in mir die ersten Anzeichen einer Krankheit breitmachen. Mir wird kalt, während der Whiskey mich doch eigentlich wärmen sollte; eine Stunde später, als wir das Restaurant verlassen, haben sich Kopfschmerz und Fieber in meinem Körper eingenistet.

Auf der Straße zeigt Vinay zu den wenigen Sternen hinauf, die in der dumpfen Nacht schaukeln.

»Ich weiß nicht mehr, welcher Dichter es gesagt hat, aber seine Worte waren: ›Ob die Sterne günstig stehen, wer weiß. Aber sie stehen.‹«

Hoffnung also, nun gut: immer die Hoffnung.

Ich erwache mit Durchfall, heftigen Bauchkrämpfen und Schüttelfrost. Die Haushälterin, die jeden Tag aufräumt, putzt und kocht, begleitet mich zu einer Ärztin, die ihre winzige Praxis drei Straßen weiter hat, und die nächste Woche gehe ich durch meine persönliche Hölle. Mein Zustand wird trotz der Antibiotika schlimmer, und Bluttest, Stuhl- und Ultraschalluntersuchung ergeben, dass sich, abgesehen von einer aggressiven Lebensmittelvergiftung, die ich mir wohl oder übel einverleibt habe, Flüssigkeit und eine Infektion in meiner Bauchhöhle befinden. Die Diagnose: Darmdurchbruch.

Dr. Karina will mich sofort ins Krankenhaus schicken. Als ich mich weigere, ruft sie zwei »eminente Kollegen« an, mit denen sie meine Testergebnisse bespricht. Ich habe beide am Telefon, beide bestehen auf einer sofortigen Einweisung, aber ich kann nicht. Bislang habe ich alle Krankenhausaufenthalte in Indien aus eigener Tasche bezahlt. Bänderrisse, Röntgenstunden, mehrere Anti-Tollwutinjektionen, Krücken, tropische Fieber: alles bezahlbar. Aber Bombay ist teuer, sehr teuer, und sogar die täglichen Besuche Dr. Karinas und die verschiedenen Untersuchungen, die in einem ›India Shining‹-Labor durchgeführt wurden, haben meine Finanzen schon sehr auf die Probe gestellt. Ein privates Krankenhaus, das sicherlich über sehr gute Ärzte und Versorgung verfügt, kommt also nicht in Frage. Und ich stelle mir vor, wie ich mit Darmdurchbruch, den ich im Internet nachschlage, in einem der öffentlichen Krankenhäuser liege und beschließe, lieber keinen zu haben – und in ein paar Tagen wieder gesund zu sein.

Hoffnung also, immer die Hoffnung. Zweimal am Tag schleppe ich mich für viererlei Antibiotikainjektionen zu Dr. Karina, der eine leise Panik anzumerken ist. Was, wenn es den sturen Ausländer unter meiner Aufsicht dahinrafft? Was, wenn es ihm nicht besser gehen wird?

Sechs Tage liege ich komplett flach und schwöre mir, mich endlich krankenzuversichern, wenn das hier alles gut gehen sollte.

Auch Udai hat sich im Studio, in dem er jeden Tag bei laufender Klimaanlage sitzt und seinen Film nachvertont, eine hartnäckige Erkältung zugezogen. Gemeinsam kämpfen wir die nächsten Tage gegen die Gebrechlichkeit unserer Körper. Ich ziehe mich fastend in mein Zimmer zurück und hätte am liebsten eine Kölner Dom große Statue des Gottes Ganesha, um sie mit meinen Heilungswünschen zu bombardieren. Schaden kann es jetzt nicht mehr.

Dr. Karina ist das Grinsen nicht aus dem Gesicht zu treiben, als ich schließlich auf ihrer dreckigen Pritsche sitze und drei Packungen der Parle-G-(Glukose-)Kekse nacheinander verdrücke. Nach fast einer Woche der erste Tag ohne Schmerzen, ohne Fieber. Der erste Tag ohne Angst und bei vollem Körperbewusstsein. Zum ersten Mal führen wir eine vernünftige Konversation, erzählen, nehmen uns Zeit, lernen uns kennen, scherzen. Zwei Tage später werde ich noch einmal ins Labor geschickt. Infektion und Flüssigkeit sind verschwunden. Es rührt mich, dass Dr. Karina Tränen der Erleichterung verdrückt, als ich ihr die Ergebnisse überreiche, und ich entschuldige mich für all den Ärger, den sie mit mir hatte.

Jeder genesene Kranke kennt das Gefühl, wenn Körper und Geist plötzlich die Gesundheit wiedererlangen. Eine neue Welt baut sich dem Auge, die Ohren hören wie zum ersten Mal die Klänge der Stadt, und Bombays Gestank überflutet die Sinneszellen wie eine Offenbarung. Magisches, immerverträumtes Bombay! Das Timing meines Darmes hätte kaum besser sein können. Seit Tagen schon zelebrieren die Inder ihr größtes Fest, und ich gelange gerade rechtzeitig zurück in das Enigma der Stadt, um den krönenden Abschluss der Festlichkeiten mitzuerleben.

Indien ist das Land der unzähligen Feste und Feiertage. Neben den vielen religiösen Festen der Hindus und Muslime, Christen und Buddhisten werden die Unabhängigkeit, die Gründung der Republik, Gandhis Geburtstag, Ernte- und Hunderte lokale Feste gefeiert. Die größten und berühmtesten sind Diwali und Holi, das Frühlings- und das Farbenfest (Holi existiert mittlerweile auch als Partyevent im Westen). Man bewirft sich mit buntem Pulver, *gulal,* und seift sich mit allerlei Farben ein. Es ist ein ausgelassenes und höchst spezielles Fest, denn an Holi werden die Schranken der Kasten und Geschlechter aufgehoben. Im dichten und lebhaften Farbmiteinander haben die sonst so prüden Inder nur diesen einen Tag im Jahr, um sich öffentlich auf spielerische Art nahezukommen.

Diwali, sicherlich das bedeutendste Fest, besitzt in Indien denselben Stellenwert wie Weihnachten im Westen. Es ist das Fest des Lichtes und zelebriert den Sieg des Guten über das Böse. Im Ramayana zieht der Gott Rama in die Schlacht mit Ravana, welcher Sita, die Gemahlin Ramas, nach Sri Lanka entführt hat. Nach zehn Tagen des Kampfes kehrt der siegreiche Held mit seiner Gattin zurück nach Indien. Zu ihrem Empfang werden von den Einwohnern Bharats Lichter angezündet, welche die ewige Flamme des Guten und der Wahrheit repräsentieren sollen. Zudem ist es das Fest der Lakshmi, der Göttin des Reichtums.

Die Stadt hat sich herausgeputzt. Und leuchtet. Schon seit Wochen sind die Geschäfte und Häuser mit Girlanden und

Lichterketten geschmückt, schon seit Tagen krachen Feuerwerkskörper in die Nacht, aber heute brennt jede Öllampe, jede
Kerze der Stadt. Vor den Haustüren beleuchten die Lichtkegel die *rangoli*, handgemalte Muster, die man im Süden *kollam*
nennt und die dem Haus Glück bringen sollen. Große chinesi-
sche Lampen hängen von den Stromleitungen, die Bäume strahlen im Glanz elektrischer Kerzen und überall werden *puja* für
Lakshmi abgehalten. Besonders die Inhaber der Geschäfte laden die Göttin ein, ihre neuen Geschäftsbücher zu segnen und
ihnen viel Erfolg für die Zukunft zu bescheren. Die Stadt ist mal
wieder von ihren beiden Energien berauscht: Leise Andacht der
gestaltenden Kräfte, während gleichzeitig der Lebensrausch in
Form von Tausenden Böllern und Feuerwerkskörper in den fei-
ernden Straßen dröhnt.

Udai und ich zünden in dem Hausschrein, der in jede indische
Wohnung integriert ist, drei Kerzen an und lassen unsere Wünsche auf die Göttin des Wohlstands los. Danach nehmen wir ein
Taxi zu Amitabhs und Lakshmis Wohnung, »den anderen zuge-
wanderten Obdachlosen«, wie Udai sagt.

Alle Einwohner Indiens verbringen Diwali bei ihren Fami-
lien, aber meine ist im hessischen Heimatörtchen Sinn, Udais
Familie in Delhi, und Lakshmi hat dieses Jahr keine Lust auf den
Familienterror.

»Vorletztes Jahr waren wir bei Amitabhs Familie, und meine
Eltern waren beleidigt, letztes Jahr waren wir bei meinen Eltern,
und seine Eltern haben gemurrt, also gehen wir dieses Jahr nirgendwo hin.« Sie trägt einen wunderbaren neuen Sari, während wir
Männer in *kurta* gekleidet sind und uns genüsslich durch die Single
Malts des Haushalts trinken. Fast kein Haus der indischen Mittel-
und Oberschicht, das nicht über eine beeindruckende Bar verfügt!

Im Hof haben sich schon die Bewohner der anderen Apart-
mentkomplexe versammelt und böllern friedlich mit ihren Kin-

dern. Amitabh und Udai erinnern sich verzückt an ihre Diwa-li-Kindheit in Delhi und erzählen sich die alten Geschichten jener Tage, schenken sich nach und beginnen wie immer zu singen, bevor sie in gemeinsamen Erinnerungen schwelgen: fünf Tage lang nur böllern, besuchen und besucht werden, jede Menge Essen und vor allem natürlich jede Menge Süßigkeiten. Und als man älter wurde die gemeinsamen Abende, das Zusammenkommen. Und nun? Sie schwören sich, nächstes Jahr ein absolut traditionelles Diwali zu veranstalten, »wo man nach vollzogener Böllerei Tücher und Kissen auf den Boden legt, daliegt, trinkt und Karten spielt.«

Lakshmi hat für uns einen Tisch bei Trishna im Süden der Stadt reserviert, laut Udai eines der besten Fischrestaurants Bombays. Und wahrlich: Als das Essen kommt, verschiedene Runden Bombay-Ente, Shrimps und gebratener Butterfisch, werden wir zwanzig Minuten lang leise und andächtig. Das Essen und die Chutneys sind hervorragend, besonders für meine Geschmacksnerven, die eine Woche lang nur an Joghurt und Bananen gewöhnt waren.

»Mehr braucht man im Leben nicht«, predigt Udai zum Abschluss unseres Gelages, »Essen und gute Gesellschaft. Das ist alles.«

Wir fahren zum Narima Point am Marine Drive und packen unsere Raketen und Böller aus. Die Promenade ist voller Menschen und schon mit Bergen an Feuerwerksverpackungen überzogen, im Meer schwimmt bereits der Müll in bunten kleinen Inseln, der Verkehr steht still, glitzernde Pferdekutschen ziehen trabend vorbei, die Luft ist schwanger mit Schwefel und Qualm. Inmitten all der Hupkonzerte, Böller und Raketen schafft es ein Baby tatsächlich, in seinem Kinderwagen zu schlafen und sein Shirt voll zu sabbern.

Wir zünden unsere Raketen und erleuchten die Nacht. Während die Glut des Himmels langsam auf die Stadt zurückregnet und uns alle in kindliche Freude versetzt, erkämpft sich das Gute

Bombays seinen Sieg. Es ist erstaunlich: In dieser Stadt, die eher dazu gemacht ist, Leben zu vernichten als es zu erhalten, obsiegt letztendlich das Licht über die Dunkelheit und die Hoffnung über das Schicksal. (Video 8)

Und Udai, wie immer, stimmt in einen Gesang ein.

Zwei Stunden wird geschossen und gezündet, zwei Stunden liegen wir auf dem Kai und berauschen uns an dem Feuerwerk, der Gesellschaft der Stadt und dem Whiskey. Udai und ich verabschieden uns schließlich von Amitabh und Lakshmi und nehmen ein Taxi nach Hause. Über den Sea Link geht es nach Bandra. Ich schaue ein letztes Mal auf Worli hinab und sende meinen Segen an Manil und den Trunkenbold, den jungen Chai-*wallah* und den Fischer, die irgendwo dort unten mit ihren Familien feiern.

Es ist mein letzter Tag in Bombay. Morgen werde ich mit Marlene den Zug in die Wüste nehmen. Ich sauge noch einmal die dicke Luft und das Panorama der Skyline ein, um mich von dieser großartigen Stadt zu verabschieden.

»Weißt du«, sage ich, »was mich an Indien am meisten fasziniert? Ich bewundere die Inder für ihre Leichtigkeit. Für ihr Angekommensein. Irgendwie fühlen sie sich immer aufgehoben.«

»Das kommt daher, dass sie nur im Kollektiv existieren. Die Einsamkeit des Individuums gibt es hier nicht, jeder ist gemeinschaftlich eingebunden, sei es in der Familie, der Religion, dem Beruf oder der Kaste. Sogar die Persönlichkeit ist immer mit einem höheren Prinzip verkettet, mit einem karmischem Wirken. Letztendlich ist das eigene, jetzige Leben von geringer Bedeutung.«

Udais letzter Satz ist durchaus positiv gemeint. Und womöglich berechtigt. Das gesamte Wirken des Kosmos wird auch ohne den Menschen auskommen. Aber solange es ihn gibt, trägt und erträgt er die Auswirkungen der Natur und gestaltet in sich diesen Kampf zwischen Gut und Böse, Leidenschaft und Dunkelheit. Und gerade die Einwohner Bombays wissen um ihre eigentliche Unendlichkeit: Das Leben endet, what to do?

Aber das Leben an sich dauert an.

Wir erreichen die Stadt, die hellen, breiten Straßen. Kurz vor Udais Wohnung thront ein riesiges Werbeplakat über einer Straßenkreuzung, und vielleicht ist der Aufbruch Indiens im Allgemeinen und das Wesen der Bombayaner im Besonderen nicht besser zusammengefasst als in der Werbung für einen indischen Whiskey, die von den Bollywoodstars Sha Rukh Khan und Saif Ali Khan verkörpert wird:

»It is your life. Make it large.«

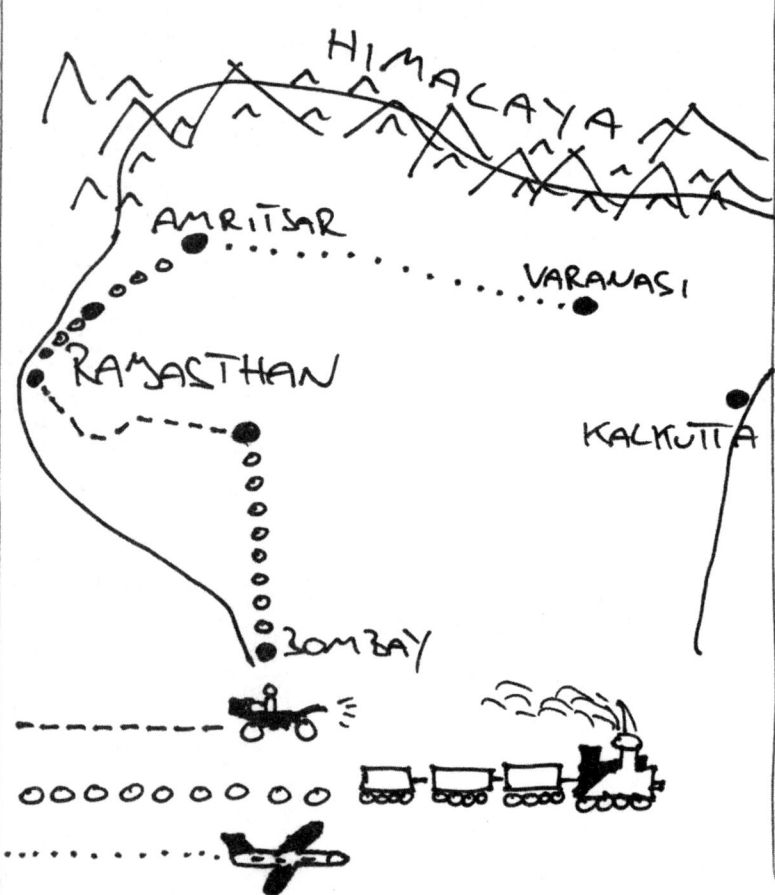

Teil 3

INDIENS NORDEN

SAND UND ERLEUCHTUNG

RAJASTHAN

Pushkar

Das Pferd der Zeit galoppiert rasant:
seht nur, wo es stehenbleibt.
Weder die Hand am Zügel noch
der Fuß im Steigbügel.

GHALIB

Bombay Central Station. Von hier aus fährt der klangvolle Mumbai–Jaipur Superfast Express in die Wüste. Aus zweierlei Gründen kommen Marlene und ich schon vier Stunden vor Abfahrt des Zuges in der Bahnhofshalle an. Erstens weiß ich, wie lange das bürokratische ›Einschiffen‹ Marlenes dauern kann (fast zwei Stunden in Margao), und zweitens habe ich noch keine gültige Fahrkarte.

Überall in Indien gibt es Menschen, die das Unmögliche möglich machen. Von erleuchteten Männern, die in transpersonellen Bewusstseinszuständen an den Geschehnissen der Welt herumschrauben, bis zu den *goonda,* den Gangstern, Kriminellen und Hinbiegern, die immer noch eine weltliche Lösung als Ass im Ärmel haben. Vor ein paar Tagen waren sie meine einzige Hoffnung. Langstreckenzüge sind stets schon Wochen und Monate im Vo-

raus ausgebucht, und gerade die Reisezeit um Diwali ist die be-
gehrteste des Jahres. Alles war schon seit Monaten restlos dicht,
und sogar die Gujarati Traders, die man mir als diejenigen Macher
empfohlen hatte, die mit Hilfe der richtigen Bezahlung das Unmögliche noch arrangieren könnten, erwiesen sich als nicht vollkommen allmächtig.

Für mein ordentliches Bakschisch bekam ich zwar einen Platz
auf der Warteliste, relativ weit vorne, aber Warteliste nichtsdestotrotz. Ich muss also im schlimmsten Fall, der gar nicht so schlimm
ist, schwarzfahren, mir irgendwo einen ›bequemen‹ Platz auf dem
Boden suchen und die private Tasche des Schaffners um fünfhundert Rupien bereichern, vielleicht ein bisschen mehr. Immerhin
gibt es überall in Indien den Weißer-Mann-Bonus, was bedeutet,
dass man im Lichte seines günstigen Ausländerschicksals immer
etwas mehr *paisa* zahlt als die einheimische Kundschaft.

Eigentlich wäre es einfach, aber der Prozess des Einpackens
und Verladens von Marlene dauert knapp zwei Stunden und in-
volviert circa fünfundzwanzig Personen, die teilweise nichts Besseres zu tun haben, als untereinander eine Viertelstunde hand-
greiflich zu streiten.

Während schließlich zwei Männer Marlene in Pappkartons
und alte Jutesäcke einwickeln und der Beamte, der bereits meine Fotokopien und Papiere zum Abstempeln bekommen hat, für
eine Stunde spurlos verschwunden ist, sitze ich bei den Seniors
der Gepäckabteilung und werde mit jenen *laddu* und *gulab jamun*
vollgestopft, die noch von Diwali übrig geblieben sind. Jeder hat
mindestens einen großen Karton voller Süßigkeiten vor sich auf
dem Schreibtisch stehen, um sie bei den Kollegen und mir loszu-
werden.

»Ruhig«, heißt es immer wieder, »setz dich, entspann dich,
nimm! Nimm mehr!« Fast eine Stunde entspanne ich mit den lieben Kollegen, die überhaupt nicht daran denken, irgendeiner Arbeit nachzugehen. Auch der Kerl von der Papierstelle macht kei-

ne Anstalten, sich in näherer Zukunft wieder zu materialisieren.
Angesichts der indischen Arbeitsmoral muss ich immer an ein
Haiku des japanischen Dichters Shiki denken:

> *»Dort steht die Hacke,*
> *Doch niemand ist zugegen*
> *In dieser Hitze«*

Als der Beamte plötzlich doch wieder auftaucht und an meiner
Fahrkarte herumfummelt, weigert er sich, die Mitnahme Marlenes abzusegnen, da ich noch keinen offiziellen Platz im Zug habe.
An seiner gelangweilten und vollkommen desinteressierten Miene kann ich ablesen, dass er es ernst meint.

»Warte auf eine Bestätigung«, sagt er und ignoriert mich, indem er abermals davonschleicht.

In der Tickethalle stehe ich zwanzig Minuten in einer der zwanzig Schlangen, bis ich an die Reihe komme. Wartelistenplatz 51.
»Hope, hope«, sagt der Mann hinter dem Plexiglas, und ich weiß
nicht, ob er von guter Hoffnung spricht oder davon, sie besser aufzugeben. Auf mein wiederholtes Nachfragen gibt er nur die genervte Antwort, ich solle die Nummer 139 anrufen, was ich für einen
großen Witz halte. Dort bekäme ich jederzeit Auskunft über meinen Wartelistenplatz und müsse ihn nicht länger belästigen.

Ich komme mir albern vor, als ich die Nummer wähle, die natürlich nicht existiert. Schade eigentlich, ich hätte gerne einem
Hindi sprechenden Computer meine Ticketnummer durchgesagt, es wäre eine fantastische Telekomerfahrung geworden: »Ihre
Buchungsnummer bitte? Ich habe sie nicht verstanden. Bitte wiederholen sie ihre Eingabe.«

Jetzt heißt es beten. Vor allem zu Ganesha, dem Talisman der
Stadt. Es ist an der Zeit, Bombay zu verlassen und wieder auf die
Straße zu kommen. einundfünfzig Fahrgäste haben noch neunzig
Minuten Zeit, ihr Ticket zu stornieren.

»Railway will not be responsible for any damage made to the par-
cels by rats«, steht auf einem Schild in der Gepäckabteilung. Als
Glück verheißendes Zeichen haben mir die Seniors, bei denen ich
schwatzend meine Wartezeit verbringe, schon ein Paket Süßigkeiten für die Fahrt eingepackt, obwohl ich eine Dreiviertelstunde vor Abfahrt erst auf Wartelistenplatz 34 vorgerückt bin.

Aber auch dies ist eine der Besonderheiten Indiens; jener ok-
kulte Wille, der unter den tausend Dingen und Vorhaben, die zuallererst nicht funktionieren, im Verborgenen arbeitet und den
bis an den Rand des Wahnsinns Getriebenen letztendlich zum
Sieg verhilft.

Man kauft einen Wecker, und alles an ihm geht in den ersten
Tagen kaputt, aber der Wecker selbst hält noch Jahre. Man kauft
ein Handy, und es wird nach seiner eigenen Laune funktionieren und zusammenbrechen, zehnmal dieselbe Nachricht verschi-
cken, Tasten lahmlegen, vergebene Rufnummern als nicht vergeben deklarieren, den Akku in kürzester Zeit vernichten und sich
doch immer einen Rest an Leben bewahren, um auf wundersame
Weise immer mal wieder Tasten freizugeben und nicht vergebene Nummern zu erreichen. In der gleichen Weise funktionieren
Mopeds, Busse, Displays, Uhren, Waschmaschinen, ja funktioniert das gesamte Land. Bürokratie! Es müssen ein Dutzend absurde, unmenschliche Amtsgänge für den simpelsten Stempel ab-
solviert werden, und jedes Mal wird man damit beauftragt, das
nächste Mal noch ein weiteres Papier oder Zeugnis mitzubringen.
Und ein neues. Und noch eins, noch eins. Und in dem Moment,
in dem die Hoffnung aufgegeben wurde: Schwupps, hängt das Papier blümchengerahmt im Hauseingang.

Auch mir ist die Macht gnädig. Nach all dem Hin und Her
im Bahnhof bekomme ich zehn Minuten vor Abfahrt meines Zuges meine Waggon- und Platznummer auf den Fahrschein ge-
kritzelt, der Gepäckbeamte ist nunmehr zuverlässig an Ort und
Stelle, macht keine weiteren Anstalten bezüglich meiner Do-

kumente und erledigt seine Arbeit wie im Flug, und selbst ohne
Bakschisch-Aufforderung schiebt ein junger Helfer Marlene den
ganzen Bahnsteig entlang, um sie mit drei Kollegen in den Gepäckwaggon zu heben.

Indien, die perfekt Unperfekte.

Der Zug rollt an, ich springe in mein Abteil und finde meine
Mitreisenden vor, die schon Süßigkeiten, *chapati* und Pickles aus-
gepackt haben.

Wer hat Hunger? (Video 9)

Klare Nacht, Sternhagelhimmel. Kein Mond hängt in der blau-
dunklen Weite. Die Sterne haben viel Platz für sich selbst und
genießen die Aufmerksamkeit, die ihnen die Einsamkeit der Wel-
tenraumbahnen gewährt. Kalte Luft strömt durch den Waggon,
einige Fenster lassen sich nicht vollständig schließen. Jeder liegt
unter Decken begraben und versucht, sich in seine eigene Wärme
zu betten, bis am frühen Morgen die eingemummten und dick-
beschalten Chai-*wallah* ihrer göttlichen Aufgabe nachkommen.
Der Hahn wird umgeklappt, das dampfende Braun schießt in die
Pappbecher, ich höre mich sagen: »Jetzt wird alles gut.«

Keine Betonschluchten, keine von Häuserfronten eingerahm-
te Sicht mehr, keine unendliche Verdichtung. Nacktheit: sand-
und buschbesetztes Savannenland unter einer hellen, langsam
aufsteigenden Wärme, rudimentäre Strohhütten, winzige Bau-
erndörfer, Ziegenherden und vereinzelte Bäume, die wie Ausru-
fezeichen in der eintönigen Landschaft stehen. Die erste Station
hört auf den schönen Namen Dadh Devi. Mit den Morgenstun-
den verschwinden auch die Schatten und geben mir den ersten
Geschmack der Zeitlosigkeit, die sich in den nächsten Wochen
als das Dogma dieses Landes erweisen wird.

Rajasthan, Land der Könige.

In meinem Abteil befinden sich zwei Familien mit jeweils drei
Kindern, deren Diät ausschließlich aus Süßigkeiten, Kartoffelchips

und öligen Weizenfladen besteht, und ein älterer Herr namens
Gopal, der nach der kurzen und kalten Nacht zehnmal gesünder
und frischer aussieht als ich, der ich nur halb so alt bin wie er. Von
einem Halt an einer kleinen Bahnstation kommt er mit einem
Paket frischer *bonda* zurück, die das Zeitungspapier, in das sie
gewickelt sind, von ihrem Fett volltriefen. Er ist auf dem Weg nach
Jaipur, sagt er, um an einem *vipassana*-Kurs teilzunehmen. *Vipassana* ist eine alte Form der Meditation, die keiner Religion oder besonderen spirituellen Schule angehört. Das Ziel ist vor allen Dingen, Achtsamkeit zu üben. Da Gopal ein erfahrener Meditierender
ist, kann er einen der längeren Kurse mitmachen. Fünfundvierzig
Tage wird er kein Wort reden, nicht lesen oder schreiben, nicht telefonieren etcetera. Er wird zweimal am Tag essen, insgesamt zwölf
Stunden am Tag meditieren und achtsam dem Kommen und Gehen der Bilder und Gedanken in seinem Geist beiwohnen, um sie
als vollkommen unpersönlich zu entlarven. *Anicca,* wie er mir erklärt, was in Pali Vergänglichkeit bedeutet.

Er erinnert mich an Natarajan, den Guesthouse-Besitzer in
Kannur. Ich frage ihn nach seiner Familie, und er erklärt mir, dass
er unverheiratet und kinderlos sei.

»In diesem Leben habe ich mich dem Dharma verschrieben,
meinem spirituellen Leben, wenn du so willst. Okay. Im nächsten
werde ich dann vielleicht eine Familie haben, wer weiß. Okay.«

Wir kommen mit nur zwei Stunden Verspätung in Jaipur an, und
ich beschließe, doch noch den Weg ins einhundertdreißig Kilometer entfernte Pushkar auf mich zu nehmen, obwohl es schon
zu spät ist. Ich werde wohl einige Zeit im Dunkeln fahren müssen.

Endlich wieder Leere, Landstraße, Horizontale, in diesem
Fall ein sechsspuriger Highway, der direkt vom gnadenlosen Ver-
kehrsdurcheinander Jaipurs bis nach Ajmer führt, eine Stadt, deren Name bereits nach Sand schmeckt. Von dort aus sind es noch
zwanzig Kilometer bis Pushkar.

Mein Herz schlägt höher, wieder auf der Straße zu sein, wieder den trockenen Wind an Haut und Leib zu spüren. Trockenheit ist das Stichwort: Die Tropen und die Feuchtigkeit, die im gesamten Süden und auch noch in Bombay zu spüren waren, sind dahin. In der Nacht habe ich schlafend die innerindische Grenze zwischen Nord und Süd überschritten, und je weiter ich nach Westen fahren werde, umso mehr wird sich die Savanne in Wüste verwandeln.

Ein Highway voller Kamelkarawanen, Sonne, bunt angemalter, mit etlichen flatternden Tüchern behangener Lkw und vollbesetzter Jeeps, die in Rajasthan ebenfalls die Funktion der Todesbusse ausfüllen. Frauen in bunt blitzenden Saris lassen sich von ihren in grellfarbene Turbane eingewickelten Männern über den Highway chauffieren – soll mal jemand versuchen, in Rajasthan allen Ernstes die Helmpflicht durchzusetzen!

An einem *dhaba* halte ich für Chai und eine Mahlzeit. Die Straßenrandrestaurants besitzen in Rajasthan ihren ureigenen Stil. Es gibt keine Tische und Stühle (und wenn es sie gibt, benutzt sie niemand), sondern es stehen einige gut gefederte Bettgestelle im dunklen Wüstenstaub, die jeweils ein breites Stück Holz in der Mitte durchläuft. Darauf wird das Essen abgestellt. Dicker, fast geräucherter *dhal* und zwei sandige *chapati*, die beweisen, dass alles Essen hier aus dem Korn der trockenen Erde stammt.

Ich erreiche Ajmer in der Abenddämmerung und Pushkar bei Dunkelheit. Obwohl ich das letzte und einzige Mal vor zehn Jahren hier war, erkenne ich doch sofort mein damaliges Guesthouse wieder, als ich zufällig daran vorbeifahre.

»No clean, Sir. But don't worry«, sagt der Besitzer, als er mich wieder in mein altes Zimmer schiebt und mir einen »Very special price« macht, da ich treue Seele nach all den Jahren in sein Guesthouse zurückgekehrt bin. Das Haus ist direkt an einem der zweiundfünfzig *Ghats* des heiligen Sees gelegen, der das Zentrum des winzigen Pushkar bildet, und von dem riesigen Dach meiner neuen Behausung spannt sich ein sagenhafter Blick über Dorf und See.

Neunundzwanzig Stunden sind vergangen, seit ich Udais Wohnung in Bombay verlassen habe. Ich lasse den Boiler zwanzig Minuten vorheizen und komme in den Genuss einer heißen Dusche, die sich anfühlt wie eine Neugeburt. Schon seit Ajmer hat sich ein wonneartiges Gefühl in mir breitgemacht, und kurz bevor ich in meinem neuen alten Bett in mein Traumbewusstsein emporsteige, wird mir auch klar weshalb. Seit den einzigartigen Tempelstätten Tamil Nadus spiegelt dieses sonnenverbrannte Land mit seinen winzigen verwunschenen Dörfern, dunkel-stolzen Menschen, seinen Pilgerscharen und Tausenden von Tempeln jene einzigartige Atmosphäre des alten Indien wider, welches den Wandel seiner Jahrtausende stets überdauert.

Die Tropen eintausenddreihundert Kilometer hinter mir gelassen, ritzt mir die Trockenheit des rajasthanischen Wüstenklimas feine Wunden in die Unterlippe. Zur Wiedergutmachung weckt mich Gesang. Das Brahman Ghat ist längst gefüllt mit Melodien und Gebeten, dem Schein der Öllampen, Glockenspiel, Räucherwerkwolken, hohen und tiefen Stimmen, die sich in ihrer morgenluftklaren Hingabe vereinigen. Sobald ich das Fenster öffne, strömt Wärme in mein Zimmer; die kalte Haut streckt sich gierig dem Licht entgegen. Durch das Fliegengitterfenster besitze ich einen wunderbaren Überblick über das gesamte Ghat. Es ist ein guter Start in den Tag, den Badenden und Betenden zuzuschauen, die ihren lobpreisenden Singsang zu meinem Fenster heraufschleudern.

Pushkar ist einer der Orte, den jeder gläubige Hindu in seinem Leben besuchen muss. Denn all die Pilgerfahrten zu den anderen großen Stätten des Hinduismus bringen keine Erlösung, wenn nicht auch ein Bad im hiesigen See vollzogen wurde – einer der Gründe, warum Pushkar auch »Tirth Raj« genannt wird,

König aller Pilgerstätten. Die Entstehung des Sees wird entweder mit Shiva oder Brahma assoziiert, beide Mythen können sich hören lassen. Einmal ist der See aus einer der Tränen entstanden, die Shiva nach dem Tod seiner Frau Sati über die Erde vergoss; an anderer Stelle heißt es, dass der See aus einer Lotusblüte Brahmas entstanden sei.

Schwer zu glauben, dass dieser so bedeutende Ort in fast zweitausendfünfhundert Jahren kaum gewachsen ist. Pushkar wird im Ramayana und dem Mahabharata erwähnt und existiert wohl schon – mitsamt seinem heiligen Wüstensee – seit dem vierten vorchristlichen Jahrhundert. Und doch zählt es heute nur bescheidene vierzehntausend Einwohner, was allerdings sehr zu dem entspannten Charakter beiträgt, der sich hier trotz des religiösen und marktschreierischen Trubels in den Gassen und Menschen eingenistet hat.

Ich bestelle Pfannkuchen und *lassi* in dem Restaurant, das zu meinem Guesthouse gehört, und erlebe die gleiche Szene wie vor zehn Jahren. Sobald der vielleicht zwölfjährige Junge, der kein Englisch spricht und die Position des Kellners innehat, meine Bestellung aufgenommen hat, sehe ich ihn auf der gegenüberliegenden Straßenseite in einen kleinen Shop flitzen, um die Zutaten meines Frühstücks zu kaufen.

Wie überall in Indien ist um das Heiligtum ein nicht minder heiliger Ring des Kommerzes gezogen worden; ausländische und einheimische Touristen bekommen hier alles, wirklich alles, was man überhaupt nur ansatzweise in diesem oder allen kommenden Leben nicht gebrauchen wird.

Die eigentlichen Bilder des dörflichen Indien findet man etwas abseits des Basars. In riesigen Fettpfannen wird das Essen aufgekocht, triefende *samosa* und *kalchori,* mit einem *dhal*-Brei gefüllte frittierte Teigtaschen, sowie die ultrasüßen *jalebi,* eine nordindische Spezialität, die zu vollen zehntausend Prozent aus Zucker besteht. Pushkar wimmelt von Kühen und riesigen Büffeln, die sich den Weg durch die schmalen Gassen freistoßen, und jede dieser schmalen Lebenslinien scheint durch mehrere hellfarbene Tempel und Schreine zu führen; vor ihren Gemüseauslagen hocken die alten, faltigen Frauen; Kinder springen zwischen den abblätternden Farben umher; und die Männer sitzen auf den Steinbänken vor den Geschäften, um zu schweigen und zu rauchen.

Pushkar ist auch der Ort der Sadhus, ich habe lange nicht mehr so viele auf einem Haufen gesehen. In jedem Blick befindet sich stets einer der heiligen Männer, denen sich das asketische Leben, die Wanderschaft und die Nähe zur Natur in Haut und Kleidung geschrieben haben. Sie mischen sich in den Trubel auf der Nordseite des Sees, um von den Pilgern Almosen zu bekommen und kleine Zaubertricks aufzuführen, die von den Kindern bestaunt werden. Ihre größte Einnahmequelle aber sind die Touristen. Manche Sadhus sind darauf spezialisiert, die richtige Pose einzunehmen und die dichteste *charaz*-Wolke aus ihren Nasenhöhlen zu drücken, den Mund zu einem »Om« verspitzt. Wer macht da nicht gerne ein Foto? Und für jeden Schnappschuss verlangt der Fotografierte natürlich eine Aufwandsentschädigung, die sich im Fall eines ausländischen Touristen gewaschen hat.

Ihr eigentliches Zuhause aber ist das weniger frequentierte Südufer des Sees, wo es noch keine Geschäfte gibt und alle Architektur eine Hingabe an Gott ist. Hier wohnen die *baba* an den ruhigen Ghat und meditieren auf den roten Tüchern, die ihr Zuhause markieren. Der Shiva-Dreizack steckt in der Erde, eine Armee von Heiligenfiguren ist um sie aufgestellt, Snacks und eine Plastikflasche Wasser. Es geschieht nicht viel. Feuer brennt. *Chillum* werden gestopft. Der Duft des heiligen Krauts zieht über den See, Tauben zerflattern die Wolken. Die Sadhus murmeln einige Silben hin und her, aber viel zu sagen gibt es nicht in diesem Panorama, welches ihnen Gelegenheit gibt, den Feinheiten der Welt nachzuspüren. Aschebeschmiert und rauchumwölkt, scheinen sie gleichzeitig mit der Erde und dem Weltgeist zu verschmelzen.

Ob es die Stimmen der Pilger oder Tonbänder aus den Geschäften und Tempeln sind: Vierundzwanzig Stunden lang liegt der Gesang der *puja* und Mantras über Pushkar und weicht das Dorf dermaßen auf, dass nichts fest und endgültig gestaltet zu sein scheint. Nach meinem Spaziergang merke ich, wie mein Körper noch damit beschäftigt ist, den fiebrigen Rausch Bombays aus meinem Nervensystem zu filtern. Die Ruhe und Gottergebenheit Pushkars wirkt in meinen Sinneszellen wie ein abstrakter Traum, in den ich zufällig geschliddert bin. Und wie Joseph aus Goa habe ich, trotzdem ich wach bin, das Gefühl, mich verträumt zu haben.

Später mache ich mich auf den Weg zu einer wahren Besonderheit, dem Brahma-Tempel. Gibt es im Land Hunderttausende Anbetungsstätten, die allen möglichen hinduistischen Göttern gewidmet sind, so gibt es auf der ganzen Welt nur eine Handvoll Tempel, in denen Brahma verehrt wird.

Auf dem Hinweg komme ich an einem anderen Tempel vorbei, der auf den Namen Shri Nrisingh getauft ist. Die Straße hallt von der Musik und den Gesängen wider, die aus den Fenstern des Heiligtums dröhnen. Von außen erinnert der Tempel eher an eine Moschee, denn man steigt eine steile Treppe in den ersten Stock hinauf, um sich in einem großen Saal wiederzufinden. Kein dunkles Gemach. Kein dichter, verwinkelter Raum.

In der glitzernden, mit Spiegelmosaiken ausgekleideten Halle sitzen Musiker und Sänger im Kreis, um ihre anbetungsvollen »Sai-Ram«-(Gelobt-sei-Ram-)Hymnen zu schmettern.

Es ist höllisch laut in der kleinen Halle. Diwali war kein Vergleich dazu. Die melodischen Gesänge werden schneller und schneller, rasen den Menschen ins Blut und in die klatschenden Hände. Sie springen auf und tanzen sich in Trance, Männer und Frauen recken die Hände in den Himmel und drehen sich mit geschlossenen Augen in einem Wirbel aus Ekstase und Lobpreisung, Derwischen gleich, während die sich selbst übersteigende Musik zu einem heftigen Trommel- und Stimmenfinale ansteigt.

Das Getöse hat seinen Höhepunkt, seinen Bacchus-Eifer erreicht, die Tänzer kommen zum Stillstand, eine Wiedergeburt setzt ein. Erneut findet sich der Rhythmus der Stimmen und Instrumente, um sich nach einem erneuten Höhenflug abermals in Taumel und Ekstase aufzulösen.

Keine zweihundert Meter weiter strömen Scharen von Menschen gleichzeitig in den Brahma-Tempel, der, trotz seiner immensen Bedeutung, relativ einfach und schlicht gehalten ist. Einige Bäume beschatten den Innenhof, aus dem der rote Tempel wächst, Hunderte Menschen drängen sich betend über den kühlen Marmorboden. Die Pilger umkreisen einmal den Tempel, um dann ins Innere zu gelangen, wo ihnen Brahma begegnet, der von seinem tierischen Begleiter bewacht wird. Einer Schildkröte. Könnte es einen besseren Gefährten für den Herren und Erschaffer des Universums geben als dieses äonenalte Tier, welches durch alle Kulturen hinweg Weisheit und Wissen repräsentiert?

Rajasthan, hellfarbener Himmel: Das dünne Blau bleibt lediglich der Versuch einer Farbbildung; mehr wird nicht zugelassen. Die Morgen beginnen kühl, aber ab elf Uhr hat jeden Tag die Sonne über die Kälte gesiegt. Ich beschließe, mit Marlene die Gegend zu erkunden, die aus dem wahren Indien, aus Staub und Dorf besteht.

Es ist absolut unmöglich, ohne Sonnenbrille zu fahren, was weniger an der Sonne liegt. Ein endloser Staub- und Sandfilm liegt über Landschaft und Straße, glitzert neblig, schmeckt nach Jahrhunderten und brennt scharf in den Augen.

Strauch- und Buschland, Sandland, Immerhellland. Stein-auf-Stein-Häuser, einfache Zelte, Bauern und Hirten, die ihre Ziegen, Büffel und Kamele zu dem wenigen Ess- und Trinkbaren führen; die Männer in den traditionellen weißen Gewändern und neonfarbenen Turbanen, die Frauen vollständig in jene gierige Farbgewalt gewickelt, welche die öde Landschaft entbehrt. Im Johannisbeerenrot, im Safrangelb und dem Purpurrausch ihres einfachen Herzens tragen sie ihre unzähligen Kinder durch den Nachmittag oder balancieren riesige Schüsseln und Töpfe auf ihren Köpfen. Blicke! Die Augen der Frauen, gerade die der vielen Zigeuner und Nomaden, bilden die Fortsätze der wuchtigen Farbaugenblicke, die bereits von ihren Saris geschaffen werden.

Das Leben gibt nicht viel, also nimmt man sich. Wer weiß, was für unverstandene Kräfte an den Elementen arbeiten, doch nun weiß ich, warum der Himmel über Rajasthan hell und weiß ist: Die Frauen haben es geschafft, das Blau des Himmels in das Universum ihrer Augen zu legen. Spektrum! Wenn das Licht im Herzen blau wäre. Wenn der Mond blau wäre. Dann ein Haselnussbraun, welches in die ewigen Landschaftsblicke gewachsen ist, gefolgt von einem Kaschmirgrün, das in ständiger Hoffnung auf Regen die in der Erde schlafenden Blumen kitzelt. Es ist unmöglich, diese Farben ganz zu fassen. Ihr Geheimnis zieht sich stets an den inneren Horizont der Augen zurück, sobald man ihnen zu nahe kommt. Es sind nur kurze Augenblicke, die von den Frauen durch einen direkten Blick erlaubt werden, aber sie reichen, um die poetischen Inhalte Rajasthans ins Rollen zu bringen.

Nach einer Stunde halte ich an einem Tea Shop und genehmige mir und dem alten Mann, der im Staub vor dem Kiosk in der Hocke sitzt und an einem Neem-Ast herumkaut, ein Glas Chai, welcher so milchig ist, dass ich zuerst meine, der Chai-*wallah* hätte vergessen, den Tee mit aufzukochen. Dieser stellt sich bald als ein extrem freundlicher Genosse heraus, der jedes Mal, wenn sich unsere Augen berühren, so intensiv über sein Gesicht lächelt, dass sich die Enden seines gezwirbelten Schnauzers fast in seine Augen schieben. Zuerst wundert sich der alte Mann über das Glas Tee, das ihm hingehalten wird. Erstaunt streckt er die Handflächen nach oben. Der Chai-*wallah* muss warmherzig auf ihn einreden, damit er beruhigt ist und die Spende annimmt.

Da sitzt er nun, das Glas in den schwachen Händen, symptomatisch für seine Umgebung: hohlwangig, die Haut wie Rindenblatt, die Glieder wie morsches Holz, beturbant, die Augen glasig, unbewegt und tief, tief – hier sitzt er den ganzen Tag vor dem Haus seines Sohnes und schaut und wartet und schaut und wartet, unterbrochen nur von spärlichen Mahlzeiten und dem Wechsel von Tag und Nacht, Hitze und Kälte. Das ist alles.

Ich beginne, mich an den Beat der Steppentage zu gewöhnen. Nichts bildet sich hier draußen ein, erwartet zu werden. Die Landschaft ist ein seltsam zeitloser Zustand; in den Dörfern hat man sich an das Tagein-Tagaus dermaßen gewöhnt, dass das Leben ständig aus der Zeit fällt und nur wirklich Veränderung mit sich bringt, wenn der Lebensatem, wenn das die Materie beseelende Prinzip den Körper verlässt und eingeht ins übergeordnete Ganze. Der Dichter Octavio Paz lebte sechs Jahre als Botschafter Mexikos in Indien, und ich ahne, dass ihn der Besuch dieser Dörfer und Wüstenmenschen zu seinem Gedicht »Dorf« inspiriert hat:

»Die Steine sind Zeit
   Der Wind
Jahrhunderte von Wind
     Die Bäume sind Zeit
Die Leute sind Stein
   Der Wind
Geht in sich und begräbt sich
In dem Tag aus Stein

Kein Wasser gibt's doch es glänzen die Augen«

Gerade als ich weiter will und Marlene anwerfe, hält neben mir ein Motorrad, das unter der Last von zwei überernährten Polizisten zusammenzubrechen droht.

»Hai Ram«, grüße ich, wie es in Pushkar üblich ist, und die beiden befehlen mir kurz und knapp, mitzukommen. Zwecklos, jetzt abzuhauen, also folge ich ihnen mit Marlene die Straße hinunter bis zu ihrer winzigen Polizeistation, die nur aus einem kleinen Häuschen und einem klapprigen Tisch besteht, der sich vor dem Eingang im Schatten eines riesigen Baumes befindet. Dort nehmen wir Platz, die erste Runde Chai wird gereicht. Schnell hat es im Dorf die Runde gemacht, dass ein weißer Mann unter dem Banyan angekommen ist, viel zu süßen Chai nippt und seiner Anhörung harrt. Umringt von circa dreißig Personen, die sonst ihren Tag mit Warten und Schauen zubringen würden, merke ich sehr schnell, dass ich hier nichts, aber auch wirklich nichts zu befürchten habe. Es gibt nur einen einzigen Grund, warum man mich hierher gebracht hat. Das vierte indische Prinzip, die vierte Beteuerung.

Neugierde.

Eines der Hauptmerkmale des Inders, dehnt sie sich in alle Lebensbereiche aus. Die Neugierde führt auf der einen Seite zur Wissbegierde und Innenschau der Yogis und *rishi,* deren transzendentale Welteroberungen ihresgleichen suchen; auf der anderen Seiten zur alltäglichen Wissenssehnsucht, gerade wenn es zu einem Kontakt mit einem Ausländer kommt. Was macht der da? Was hat er in der Hand? Wie fühlen sich seine blonden Armhaare an, was liest er, was schreibt er in sein Heftchen? Wie viele Sommersprossen lassen sich auf seiner Nase zählen, und warum zum Teufel ist er überhaupt hier? Die wenigsten Inder sind lange Zeit schüchtern. Ohne Unterlass (und mit einer großen Portion Liebenswürdigkeit) wird der Reisende, egal ob Mann oder Frau, durchgehend angestarrt und nach Namen, Heimatland, Business und Ehe gefragt. Zu jeder sich bietenden Gelegenheit wird eine Unterhaltung gesucht, selbst wenn man über keine gemeinsame Sprache verfügt.

Kindlichsein. Eines der Merkmale des Inders ist, dass er, wiederum angeleitet von einem der anderen großen Prinzipien, na-

mentlich dem der Notwendigkeit, so tut, als sei er erwachsen: Die
Welt verlangt es nun mal so. Dass aber er und sie noch immer
Kind geblieben sind, merkt man, sobald durch irgendeinen Um-
stand (laute Musik, Menschenauflauf, Baden im Meer, Ausländer
und so weiter) die äußere Erwachsenenfassade einbricht und das
Kind freigelegt wird, welches mit frischen, lernfreudigen Augen
in die Welt hinaushüpfen möchte, um mit ihr und jedermann das
Weltenspiel zu spielen.

Peu à peu kramen also die zwei Beamten, die sich untereinander nicht einigen können, wer der eigentliche Wortführer sein
soll, in meinem Geldbeutel herum.

»Was ist das?«

»Meine Karte von der Videothek am Ebertplatz.«

»Was ist das?«

»Ein Bild von dem Tempel in Thanjavur.«

»Und das? Wer ist das?«

»Meine Oma.«

Ein Foto von meiner sanft lächelnden Oma geht unter zustim-
mendem Gemurmel durch die gesamte Gruppe, gefolgt von jedem einzelnen Ding, dass sich sonst noch in meinem Geldbeutel
und meiner Tasche befindet.

»Was ist das?«

»Ein Buch.«

»Was für ein Buch?«

»Die Autobiografie eines Schriftstellers.«

»Was?«

»Eine ... ein Roman. Buch!«

»Why?«

»I like.«

Er macht eine kurze Pause und scheint über meine letzten
beiden Worte nachzudenken. Dann reicht er das Buch durch die
Runde und fragt weiter.

»Und was ist das?«

»Mein Notizbuch. Zum Drin-Rumschreiben.«

Meine fremden, hastig hingekrakelten Buchstaben erwecken ihrerseits bei ihrer Reise durch die Menge ein hieroglyphisches Interesse, welches nur von meinem uralten internationalen Führerschein – der seit acht Jahren abgelaufen ist und ein vergilbtes Foto von mir enthält, auf dem ich neunzehn Jahre alt bin – abgelöst wird.

»Führer-schein«, liest der Polizist laut und wedelt mit dem alten Papier in der Luft herum, »that's the Hitler's name!«

Ich versuche erst gar keine Erklärung.

»Yes«, sage ich, »very old license. Now Hitler dead. We don't like Hitler. He no good.«

»Ohh, Hitler very powerful man!«

»Hitler no good man.«

»But very powerful, big leader[8]. What is this please?«

»Ein Aufkleber von Lakshmi.«

»Oh, Lakshmi very powerful god!«

Als alles durchsucht, umhergereicht und wieder bei mir gelandet ist, pflegen wir noch eine halbe Stunde Konversation, bis ich mich irgendwann verabschiede, dreißig Hände drücke und mit Marlene wieder die Staubstraße Richtung Pushkar nehme.

---

8   Die Inder sind besessen von Hitler. Nicht, weil sie antisemitisch veranlagt sind oder das Morden gutheißen. Die meisten sind gar nicht oder sehr schlecht über Hitlers Machtergreifung in Europa und das wahre Ausmaß des Zweiten Weltkriegs informiert. Sie messen diesen Mann lediglich mit dem urindischen Maßstab der Macht: Er ist berühmt, war ein großer Führer und mächtiger Herrscher. Das reicht, um ihn zu einem *big leader* zu machen, dem man Respekt zollt. In dem Film »Hazaron Khwaishen Aisi« von Sudhir Mishra gibt es eine wunderbare Szene, in der ein linker Politiker in einem Dorf eine Rede hält und immer wieder davor warnt, dass sich manche Politiker wie Hitler aufführten. Einer der Dorfbewohner fragt seinen Nebenmann: »Sag mal, kennst du diesen Hitler?« »Hitler, nein. Aus meinem Dorf ist er jedenfalls nicht.«

Am nächsten Tag fahre ich die wenigen Kilometer rüber nach Ajmer; auf dem höchsten Punkt zwischen den beiden Ortschaften hat man einen guten Ausblick auf die Stadt, die der große Bruder Pushkars sein könnte. In ihrer Mitte liegt der große Stausee Ana Sagar, Mensch und Stadt haben sich über die Jahrhunderte um das Wasser versammelt. Kommt man in der eigentlichen Stadt an, die über eine halbe Millionen Einwohner hat, so merkt man schnell, wie sehr sie sich doch von dem gemütlichen Pushkar unterscheidet. Weder die Entspanntheit noch die liebliche Tempellandschaft des benachbarten Pilgerorts lassen sich hier finden: Eine dichte, unästhetische und pragmatische Architektur dient als Bühnenbild des Treibens einer gewöhnlichen Kleinstadt.

Aber ich kämpfe mich durch den Schmalgassenverkehr des islamischen Viertels, da auch Ajmer seine zauberhaften Orte und Heiligtümer besitzt, unter anderem eine der bedeutendsten islamischen Pilgerstätten des Landes. Den Dargah, den Schrein des persischen Sufis Khwaja Muin-ud-din Chishti.

Ich parke Marlene und finde als erstes einige Chai-Fahnen, die um eine kleine Straßenecke wehen. Ich bleibe. Der Besitzer des wenigen Guts, das auf einem Holzbrett zusammenimprovisiert ist, macht den besten Tee, den ich seit Langem getrunken habe. (Video 10)

Einige Häuser weiter der typische Anblick jedes muslimischen Viertels. Nackte, frisch geschlachtete Tiere baumeln an dicken Haken in den Gassen, lauwarmes Blut tropft in die Rinnsale und schwemmt die Plastikverpackungen aus den Straßen. Bald befinde ich mich auf dem richtigen Weg und erklimme die schmale Gasse, die zu dem Schrein hinaufführt und zu einem Basar umfunktioniert wurde. In der Geschäftigkeit und Enge des Treibens steigt von überall der warme Duft frisch gebackener Fladenbrote in die Nasenflügel. Kauft! Honigverklebte Plätzchen, muslimische CDs und DVDs, jede Menge Schmuck, Glitzer, billige Juwelen und islamische Mode: Burkas für die Frauen, Käppchen und Henna für die Männer.

Der Schrein ist ein weitläufiges, marmorgepflastertes Areal mit verschiedenen Moscheen, Höfen und Gebetshallen. Von seiner Atmosphäre her könnte der islamische Pilgerort auch ein hinduistischer Tempel sein. Mehrere Polizisten bilden vor dem Grabmal zwei Schlangen, eine für die Männer, eine für die Frauen. Man wechselt sich ab. Ich steige mit den übrigen Andächtigen die schmalen Stufen zu dem Grab des weisen Mannes hinab, der hier 1236 gestorben ist. Der mit unzähligen Blumen bestreute Weg führt wieder ans Tageslicht und an einen Ort, der mich an die Klagemauer in Jerusalem erinnert. Dort stecken die Gläubigen kleine Zettel mit ihren Wünschen in die Ritzen der Mauersteine. Hier in Ajmer hängen die Besucher ihre niedergeschriebenen Wünsche an das Geländer, welches das Grabmal umschließt.

»This built by the Great Akbar«, klärt mich ein schlaksiger Mann auf, als ich zu einem der Tore hinaufblicke. »Akbar was great muslim leader!« Er lässt seine beiden Kinder los, die sich nun schüchtern um seine Beine krallen, um mich mit einem kräftigen Händedruck willkommen zu heißen.

Akbar war nicht nur ein großer muslimischer Herrscher, sondern auch einer der bedeutenden Regenten in der langen indischen Geschichte. Zu Beginn des 16. Jahrhunderts war es sein Großvater, der eines der größten und fantastischsten Reiche der Geschichte etablierte: das Mogulreich.

Der Süden Indiens kennt den Islam schon seit den Lebzeiten Mohammeds. Im Norden allerdings festigte sich um die Jahrtausendwende erstmals eine längere Herrschaft durch den türkischstämmigen Mahmud von Ghazni. Er und seine Nachfolger fanden ein märchenhaft reiches Land vor, welches in zu viele unterschiedliche Fürstentümer und Glaubensschulen gespalten war, um sich militärisch gegen die Eindringlinge vereinigen zu können. Im

Umkehrschluss bedeutete dies ebenfalls: Für die Muslime (und alle anderen Eroberer) war Indien zu groß, zu aufwieglerisch, die Ziele und Verhaltensweisen seiner Einwohner zu schwer einzuschätzen. Schnell verabschiedeten sie sich von der Idee, das gesamte Land unter ihre Kontrolle bringen zu wollen und freundeten sich mit jenem Paradigma an, ohne das Indien anscheinend nicht existieren kann: Koexistenz.

Dass hier Religionen, Hautfarben, Kasten, Mentalitäten und Völker schon immer mit- und untereinander gelebt haben, trägt all das indische Potenzial für Bruderschaft und Konflikt. Kein anderes Land kennt so viel Nähe zwischen den Religionen. Gleichzeitig ist es durch unzählige Auseinandersetzungen zu Wunden gekommen, die bei vielen Muslimen und Hindus heute noch nicht verheilt sind.

Der Islam hatte eine neue Heimat gefunden, und seine Anhänger festigten sich im Heiligtum Indien; ihre Herrschaft dauerte an, bis sie dreihundert Jahre später von anderen muslimischen Invasoren auf die Probe gestellt und schließlich zerschlagen wurde.

Zu Beginn des 16. Jahrhunderts rückte ein Heer von Nomaden über jenen Weg nach Indien vor, den auch schon die Armeen Alexanders des Großen, die Hunnen oder Marco Polo nutzten: den im heutigen Pakistan mündenden Khaiber-Pass, der Zentralasien mit dem indischen Subkontinent verbindet. Der Mann, der mit seinem Gefolge in das neue Territorium eindrang, hörte auf den Namen Babur und hatte nicht vor, Indien wieder zu verlassen. 1526 kam es zu der entscheidenden Schlacht mit dem Sultanat von Delhi. Der Ausgang der Schlacht schien nicht schwer vorherzusagen, denn der Sultan rückte mit einem solch mächtigen Heer und einer halben Armee von Kampfelefanten an, dass die Männer Baburs zahlenmäßig hoch unterlegen waren. Babur allerdings importierte neues Kriegsgerät nach Nordindien: Kanonen, Gewehre, Artillerie. Die modernen Schusswaffen verrichteten ihre Arbeit und siegten über die Armee des Sultans. Delhi und somit die Regent-

schaft über weite Teile Nordindiens (inklusive der heutigen Länder
Bangladesh und Pakistan sowie Teilen Afghanistans) hörte nun auf
das Wort Baburs, eines Nachkommen Dschingis Khans. Aufgrund
dieser mongolischen Abstammung wurden die neuen Herrscher
Mogulen genannt, ihr Reich hielt sich mehr als dreihundertfünfzig
Jahre und erstreckte sich über mehr als drei Millionen Quadratkilo-
meter. Doch beinahe wäre diese Epoche, die eine der glorreichsten
und einflussreichsten ihrer Zeit war, nie zustande gekommen. Baburs Sohn und Thronfolger Humayun musste nach dem Tod seines
Vaters bereits aus Indien fliehen, nahm mit Hilfe der Perser Kabul
ein und zog in einen erneuten Indienfeldzug, der mit viel Glück und
Gottesgnade gelang. Seine Herrschaft allerdings war schwach; der
Staat lief stets Gefahr, durch äußere oder innere Intrigen und Konflikte auseinanderzubrechen. Erst seinem Sohn sollte es gelingen,
dem Mogulreich zu seiner eigentlichen Größe zu verhelfen und der
Welt einen Regenten zu hinterlassen, der zu den größten der Geschichte zählen würde.

Akbar war dreizehn Jahre alt, als er zum Großmogul ernannt wurde. Sein Vater Humayun starb durch einen Unfall so plötzlich,
dass niemand auf die Krönung des neuen Herrschers vorbereitet
sein konnte. Der junge Akbar befand sich zu diesem Zeitpunkt
weit entfernt vom Palast seines Vaters. Die Kunde von dessen
Tod erreichte ihn erst nach zwei Wochen. Hastig inthronisiert
und zunächst unter die Vormundschaft eines Generals gestellt,
um möglichen Usurpatoren zuvorzukommen, begann der gerade
pubertierende Akbar sofort, das fragile Reich seines Vaters krie-
gerisch zu vergrößern und, vor allen Dingen, zu stabilisieren.
    Der athletische und zielstrebige junge Mann entwickelte sich
schnell zu einem erfahrenen Krieger, der die Hälfte seiner Zeit
mit Reisen und Feldzügen verbrachte. Jedoch verfolgte er keine
radikale Philosophie des Krieges, sondern zielte auf eine gesell-
schaftliche und religiöse Vermischung der in Indien existieren-

den Kulturen und Religionen, vor allen Dingen der Hindus und der Muslime. Politische Heiraten mit vielen Hindu-Prinzessinnen festigten seine Macht, hohe Positionen besetzte er mit Hindus und Muslimen gleichermaßen, er initialisierte einen modernen Beamtenapparat, der die Steuern nicht pauschal, sondern nach tatsächlichem Ertrag berechnete, machte die als ungerecht empfundene Hindu-Steuer rückgängig, behandelte seine geschlagenen Gegner großzügig und respektvoll, um sie in sein Großreich einzubinden, und kämpfte zudem gegen Glücksspiel, Witwenverbrennung und Kinderehen.

Was ihn aber vor allem auszeichnete, war seine rationale, sinnsuchende Natur. Lange vor der europäischen Aufklärung war es das größte Ziel Akbars, »den festen Grundstein des Verstandes über den Sumpf der religiösen Bigotterie« zu legen. Dazu berief der Herrscher, der persönlich ein Bewunderer der Sufis, aller Künste und der persischen Poesie war[9], die Vertreter aller Religionen an seinen Hof, um ihren Diskussionen zu lauschen. Hindus und buddhistische Mönche, Sufis, Jains und portugiesische Jesuiten: Sie alle folgten seiner Einladung. Es muss ein fantastisches Bild gewesen sein, wie diese heiligen Männer in der wahrscheinlich ersten Weltkonferenz der Religionen über Gott und die Welt debattierten. Aber Akbar, der Suchende, suchte weiter. Unerkannt mischte er sich ohne Leibwache unter sein Volk oder ging für einige Tage in die Wüste, um in der Einsamkeit zu meditieren. In der von ihm gegründeten Stadt Fatehpur Sikri ließ er folgendes Zitat Jesu in das Eingangstor gravieren: »Die Welt ist eine Brücke. Überquere sie, aber baue auf ihr kein Haus. Denn die Welt besteht nur aus einem Moment. Aller Rest ist unbekannt.«

---

9   Akbar selbst blieb seltsamerweise bis zu seinem Lebensende Analphabet. Die Gedichte und religiösen Texte, die er jeden Tag verschlang, ließ er sich vorlesen.

Fünfzig Jahre lang schaffte es Akbar, sein Reich zu befrieden und zu reformieren. Als er 1605 starb, hinterließ er seinem Sohn Jahangir ein mächtiges Imperium, welches natürlich über kurz oder lang das Schicksal erleiden musste, von einem anderen Imperium abgelöst zu werden.

Vorher kam es noch zu vielen Blüten und langsamem Verfall. Der Enkel Akbars, Shah Jahan, sorgte für die Höhepunkte der indisch-islamischen Architektur, indem er Kunstwerke wie das Taj Mahal oder die Jama Masjid, die Freitagsmoschee, in Delhi bauen ließ. Seine Förderung der Künste wuchs sich zu einer kaum noch finanzierbaren Unternehmung aus. Sein Sohn und Thronfolger, Aurangzeb, stürzte das Mogulreich in einen andauernden Krieg mit Hindu-Königreichen und zerstörte alle religiöse Toleranz, die seine Vorfahren hatten walten lassen. Mit seinen gnadenlosen Kriegen blähte er das Reich einerseits enorm auf, nahm diesem allerdings zugleich die Kraft, seine Grenzen und Souveränität lange halten zu können. In den nächsten einhundertfünfzig Jahren mussten zu viele Kriege geführt, zu viel Geld für den Erhalt des Status quo ausgegeben werden. Die Aristokratie lebte in einem solch verschwenderischen Reichtum und Überfluss, dass sich kaum vergleichbare Beispiele in der Weltgeschichte finden lassen. Als sich die britischen Kaufleute der East India Company das Territorium der Mogulen wirtschaftlich und militärisch untertan machten, hatten sie fast schon leichtes Spiel. 1858 wurde der letzte Großmogul Bahadur Shah II. abgesetzt und aus dem Land verbannt. Das nächste Kapitel in der indischen Geschichte stand bevor. Nach Auflösung der East India Company wurde Königin Victoria 1876 Kaiserin von Indien.

Zum ersten Mal seit meinen Fahrten in Goa stelle ich mir den Wecker. Nicht, um mit Marlene pünktlich auf der Straße zu sein, sondern um noch vor Sonnenaufgang den kleinen Berg zu besteigen, der ungefähr einen Kilometer von meinem Guesthouse entfernt liegt und auf seinem Gipfel einen Tempel für Saraswati beherbergt, die Gemahlin Brahmas.

Eine Handvoll anderer Touristen hat sich mit mir auf dem Gipfel eingefunden. Während der *baba,* der für die Pflege des Tempels zuständig ist, uns allen gegen eine Spende Tee serviert, entwebt sich ein prachtvolles Bild aus der schwindenden Dunkelheit. Nachdem der See noch eine Zeit lang wie dunkles Blei daliegt, aus unbekannter göttlicher Hand auf die Erde gekleckert, steigt aus ihm nun jenes Licht, welches Pushkar und die Welt den Tagesdingen anheimgibt. Eingerahmt in die lang gezogenen Hügel, die Wasser, Stein und Tempel umgeben und das Landschaftsbild abrunden, gleicht der Ort einer Fata Morgana, die sich der Nebel zum Sinnbild seiner Halbwirklichkeit auserkoren hat. Leises Rot, das sich in seine inhärente Helligkeit auflöst, sobald die Sonne ihre Flanken über die niedrigen Hügel geschlagen hat – und schon ist es Licht, und zögernd tanzt sich die Wärme in das schlafende Dörfchen.

Ich bin noch tief in diesem sanften Blick gefangen, als ich von hinten einen Klaps gegen den Kopf bekomme. Die ausführende Instanz – ein magerer Inder mit schweren Rastalocken, der nach Urin und nasser Asche riecht – steht nun in Boxerstellung vor mir, verzieht das Gesicht und ballt seine Fäuste.

»Ich bin Shiva-Shakti«, erklärt er mir, »mit nur einem Blick habe ich alle Macht über dich. DU! Ich bin Shiva-Shakti.«

»Okay«, sage ich und wackele freundlich mit dem Kopf. Die erste Regel, wenn man in Indien Verrückten, Betrunkenen oder Emotionsübersteigerten begegnet, ist, Samurai gleiche Ruhe zu bewahren (siehe erste indische Verkehrsregel). Einem Inder, der sich stets auf die Energie seines Gegenübers einstellt, mit Gegengewalt oder Lautstärke zu kommen, führt geradewegs in die Katastrophe. Wir stehen uns stumm gegenüber, bis er mit seiner rechten Hand die Faust umschließt, die seine linke Hand geballt hat.

»Ich kann deinen Körper mit einem einzigen Gedanken zerbrechen. So eaaaaasy.«

Er reibt mit der Hand über seine Faust.

»Okay«, sage ich. »Very nice.«

»Ich bin Shiva, der höchste Gott, ich habe die Kraft, ALLES zu vernichten.«

»Yes, okay«, antworte ich wieder und bin seltsamerweise darüber verwundert, einen komplett Durchgeknallten am frühen und nüchternen Morgen anzutreffen. Aus irgendeinem Grund geht man stets davon aus, ihnen abends oder nachts über den Weg zu laufen.

Jedenfalls bleibe ich so lange wie ein Idiot freundlich-kopfwackelnd vor ihm stehen, bis er anscheinend genug hat, einige Schritte zurückweicht, dann noch mal auf mich zukommt, Boxerstellung einnimmt und seinen ersten Satz wiederholt.

»Okay«, wiederhole auch ich, was ihm den Spaß verdirbt. Grummelnd verzieht er sich wieder hinter den Tempel.

Der Abstieg wird daraufhin zu einem entspannten Erlebnis, auch weil ich eine sehr nette israelische Frau namens Galli kennenlerne. Nach einem gemeinsamen Frühstück lade ich sie ein, mit mir und Marlene auf Schatzsuche zu gehen.

Als ich vor ein paar Tagen aus Ajmer hinausfuhr, erkannte ich plötzlich eine Kreuzung wieder. Mit einem Schlag erinnerte ich mich, dass ich vor zehn Jahren eine der holprigen Straßen zu einem außergewöhnlichen Shiva-Tempel genommen hatte. Zwei Engländer und ich waren mit unseren Motorrädern und einem kleinen Straßenjungen aus Pushkar von hier aus ins Hinterland abgebogen. Der kleine Junge, der sich damals mit uns die Zeit vertrieb, wurde als unser Local Tourist Guide engagiert, zeigte uns die besten Orte abseits der üblichen Wege und bekam dafür so viel Essen und Coca-Cola, wie er in seinem Magen unterbringen konnte.

Die Bilder kamen zurück.

Und mit ihnen der Wunsch, den Tempel unbedingt wiederzufinden.

Nach dem Mittagessen verlassen wir Pushkar, fahren zur be-
sagten Kreuzung in Ajmer und navigieren uns anhand meiner
wiedererwachenden Erinnerung, die immer einzelne Shops,
Kreuzungen oder Schreine zu erkennen glaubt, durch das Gleich-
gesicht der Steppe und Dörfer. Und selbst, wenn wir gehörig verloren gehen, werden wir fündig. In den Dörfern, die aus einfachen
Hütten und stets halbfertigen Betonhäusern bestehen, begrüßen
uns die Scharen der Kinder, teilweise in der Obhut ihrer Mütter, aber nie mit ihren Vätern. Männer sind keine zu sehen. Während die Frauen sich um Kinder, Kirche und Küche kümmern
(und noch jede freie Minute auf dem Feld helfen), gehen die Männer und die Pflüge ziehenden Ochsen ihrer verzweifelten Arbeit
nach, dem Wüstenboden essbaren Ertrag abzuringen. (Video 11)

Ich ahne uns nunmehr auf der richtigen Spur und frage immer
wieder nach dem *chota mandir,* dem kleinen Tempel. Die Dörfer
enden. Die Pflastersteinstraße endet. Eine Staubstraße führt uns
nun durch die felsige Landschaft ... und direkt auf den Vorplatz
des Shiva-Tempels. (Video 12)

Ich kann es kaum fassen, diesen Platz und seine Magie wie-
dergefunden zu haben. Ur. Hier könnte das Leben seinen Lauf
genommen haben. Der erste Ort. Nicht der erste Ort des Menschen, bei Weitem nicht, aber der erste Ort der Elementarteil-
chen, Aminosäuren und Organismen. Die drei verlassenen Tempel, die der Mensch zur Erinnerung an diesen großen Schritt im
Lebensentwurf der Schöpfung in die Talsenke gebaut hat, werden von den mächtigen Armen eines Baumes in ihrer paradie-
sisch-vergänglichen Balance gehalten. Der Baum selbst stellt als
Oberhaupt dieser Wallfahrtsstätte eine Instanz dar, welcher der
bekannten Welt so fern ist wie Wasser der Sonne.

Stille.

Was haben die Steine und Sonnenstunden hier nicht schon alles gesehen und aufgenommen in ihren Jahrhunderten, Jahrtausenden, Jahrhunderttausenden? Wir gewinnen ein Gefühl für diesen Zustand, der nur schlecht mit dem Wort Ewigkeit zu umschreiben ist. Selbst die Dämmerung steht lang, länger als sonst. Sie will uns noch etwas mehr von dem Abend schenken, jetzt, da wir angekommen sind.

Vielleicht hat Galli Recht, als sie sagt, dass der Ort vor allem deshalb wie ein Paradies anmutet, weil er ohne Menschen auskommt. Nur die Schatten der *baba* und Yogis, die hier ihre Suche nach *moksha* besangen, sind noch in den roten Stein des Haupttempels geschliffen. Affen, Tauben, Ziegen, Königsfischer und Hunderte andere Vogelarten, Eidechsen und vor allem Pfaue, von deren Rufen das Tal eingenommen wird, regieren hier über Baum und Stein, Kiesel und Wasser, das aus einer Quelle in das Tempelbecken plätschert. Ich erinnere mich, dass wir uns damals in dem Tempelbecken abkühlten und badeten, aber elf Jahre später werden Galli und ich von dem Plastikmüll, der in dem dunklen Wasser schwimmt, davon in Kenntnis gesetzt, dass sich doch ab und an Menschen hier aufhalten.

Jeden Tag stellen wir fest, wie wunderbar es ist, wieder zu Hause zu sein. Abends gleicht Pushkar einem Geisterdorf, in dem nur noch die Erinnerungen des Tages um die Häuser geistern. Einige in sich zusammengekauerte Sadhus, Hunde und Kühe streunen durch die Gassen, an den Ghats brennen noch die letzten Kerzen und begleiten den Gesang, der nie ganz versiegt.

Als ich jedoch mein Guesthouse erreiche, verstummen die Lieder. Für eine Viertelstunde höre ich nur noch die Fledermäuse, die mit kräftigen Flügelschlägen über die Dächer ziehen. Selbst die Affen sind verschwunden. Als ich kurze Zeit später einschlafen will, setzt die Musik wieder ein, diesmal aber nicht aus den Lautsprechern. Ich wickele mich in meine warme Decke und laufe die leeren Ghat entlang, um die Musik zu finden.

Nur Nandi wacht über die Shiva-Lingams, wenige Spiegellichter schwimmen über den See. Auf einem kleinen Vorsprung, der sich etwas über die Stufen erhebt und an dessen Ende ein Feuer brennt, sitzt ein Sadhu und schnitzt an einem Stück Holz. Rajasthan hört nicht auf, jederorts diese intensiven Indienbilder hervorzuheben. So auch dieser Mann, dessen Alter ich nicht schätzen kann, er könnte vierzig oder sechzig Jahre alt sein; bald legt er sein Handwerkszeug zur Seite, zieht eine rote Stofftasche aus seinem *lungi,* öffnet sie, kramt *chillum,* Tabak und *charaz* hervor, stopft sich die Pfeife, zündet sich ein Streichholz an, raucht. Sofort ist er in immer dicker werdenden Rauchwolken verschwunden, die er aus Mund und Nasenlöchern quellen lässt. Wortlos und ohne mich im Geringsten zu beachten, klopft er die noch heiße Asche aus, um das *chillum* mit einer weiteren Portion zu laden.

Als er sich einmal kurz zur Seite dreht, wirft sich das schwache Kerzenlicht über sein Antlitz. Es genügt, um ihn etwas genauer betrachten zu können. Seine Augen sind alt wie eintausend Bäume alt sein könnten, und womöglich hat er sich seit Jahrzehnten nicht mehr rasiert: Sein weißgrauer Rauschebart hängt gut einen halben Meter von Kinn und Wangen. Wahrscheinlich lässt sich in diesem Vogelnest, das aus alten Tabakresten, Nebelschwaden und Rindenmulch zusammengeflickt ist, der Staub halb Indiens finden; seine trockene, runzlige Haut riecht nach Lagerfeuer, schwerem Kokosnussöl und hunderttausend durchstreiften indischen Kilometern. Eine beige Decke liegt um seinen sonst unbekleideten Oberkörper, um den Hals trägt er zwei Nussketten, seine nackten Beine und Füße lugen weltentfremdet unter dem orangefarbenen *lungi* hervor. Alles an ihm ist wieder grobe Natur geworden, ist vom Mensch zurückgeflossen in die Landschaften von Perm und Trias. Die Füße aufgeadert, ehemals Bachläufe von Blut und Lymphe, die Haut nunmehr wie poröse Rinde, wie Amphibienepithel. Ja: Er gleicht eher einem Salamander als einem Menschen.

Als er schließlich eine Stimme aus seinem rauchverhangenen Rachen hervorkratzt, klingt es, als beginne ein auf die Regenzeit wartender Urwald zu sprechen.

»Nimm«, sagt er.

Das ist alles.

Er reicht mir das vorgestopfte *chillum,* ich rauche, klopfe die Asche aus und gebe es ihm zurück.

Es ist schwer, sich wirklich mit Sadhus zu unterhalten. Denn die Falschen unter ihnen, von denen es sehr viele gibt (ein Sadhu muss nicht arbeiten, bekommt Geld und Nahrung, ohne dafür im eigentlichen Sinne zu ›betteln‹), leiern oftmals eine seichte Weltphilosophie in die Ohren ihrer Zuhörer, um große Geldspenden für ihre scheinheiligen Dienste zu verlangen. Und die Echten sind nicht an Wortphraserei interessiert, die nur der habituellen menschlichen Kommunikation dient und für die spirituelle Suche von keinerlei Bedeutung ist. Wenn es denn Worte sein müssen, dann werden Mantras wiederholt, die höheren Objekte der Anbetung und Vereinigung, oder die Ursilbe Om, die laut der hinduistischen Philosophie Urklang und Urform des Universums ist. Von ihr lassen sich alle anderen Töne und Formen ableiten.

Wieder pafft er an seiner kleinen Pfeife. Blauer Rauch steigt aus seinem Mund, wälzt sich über die Oberlippe und schirmt herauf zur sandelholzverzierten Stirn, wo das Kraut jenem höhergedachten Seidenreich zuspricht, in das sich sein Gehirn bereits verwandelt haben muss. Die unbestimmten Positionslichter seiner Gedanken fallen ihm tief hinter die Stirn, und so vollkommen zugestäubt bleibt ihm nichts anderes übrig, als weiterhin hier zu sitzen, auf den See zu blicken und aus dieser Ruhe eine Andacht zu machen, eine Hingabe, welche genauso präzise ist wie die von Brahma geschaffene Welt.

Ich gehe weiter und finde bald das Konzert, das mich nicht hat einschlafen lassen. Vor einem kleinen Schrein, der nur noch an den bunt blinkenden Lichterketten zu erkennen ist, haben

sich ungefähr fünfundzwanzig Männer versammelt, schlagen ihre
Trommeln, spielen ihr Harmonium und preisen Krishna und
Rama mit einem Gesang, der wie Ebbe und Flut immer wieder
sinkt und aufsteigt. Hingabe an den Rhythmus des Lebens, der
natürlich nicht ohne weltliche Wärme auskommt. In einer winzigen Kammer, die sich im Nachbarhaus befindet, wird unentwegt
Chai aufgekocht und auf einem riesigen Tablett in der Runde verteilt. (Video 13)

Fest in meine eigene Decke eingemummelt, mache ich es mir
auf den weiteren Decken und Matten gemütlich, die auf dem Boden ausgelegt worden sind, strecke die Glieder und lausche dem
Gesang, der mich – unvorstellbar sanft trotz seiner Lautstärke – in
einen tiefen Schlaf führt.

In der heiligen Stadt sind weder Fleisch, Eier noch Alkohol erlaubt. Aber Pushkar hat natürlich auch eine Grenze, und als ich
mit Marlene das Dorf Richtung Norden verlasse, ergibt sich nicht
weit außerhalb der Stadt, wahrscheinlich an just dem Punkt, wo
Pushkar offiziell endet, ein wunderbares Bild. Vor einem gut be-
suchten Liquor Shop stehen zwei fahrbare Unterstände, an denen
einer hungrigen Meute ein Omelette nach dem anderen zubereitet wird.

Als ich wenig später einen kleinen Bahnübergang überquere, sehe ich in der Ferne Dutzende wackelnde Köpfe auf langen
Hälsen. Ich warte, bis die Karawane, auf den Bahngleisen wan-
dernd, näher kommt. Kamele, stoisch und stur wie alle Wüsten-
bewohner, sind wohl die Tiere, die man am wenigstens auf dem
Planeten Erde vermuten würde. Es fällt mir schwer, mich an ihnen sattzusehen, denn selbst in ihrem natürlichen Habitat wirken sie doch wie von einem anderen Stern. Ihre Führer halten den
Verkehr an und überqueren mit ihren Tieren die Straße, nicht
ohne in der bereits von Abgasen und Staub gemarterten Luft etwas krauses Kamelhaar zurückzulassen. (Video 14)

Die Karawane ist eine der letzten, die sich auf dem Weg zu einem der Highlights Rajasthans befinden. Einmal im Jahr findet in Pushkar ein Kamelmarkt statt, der zu den größten der Welt gehört. Über fünfzigtausend Kamele und Pferde kommen von nah und fern in die Wüste am Rand Pushkars, um die Einöde in ein berauschendes Fest zu verwandeln.

Während der letzten Tage konnte ich zuschauen, wie sich der Basar langsam aufbaute. Auf Karren, die von den Kamelen selbst gezogen werden (mittlerweile gibt es auch einige motorisierte Transporte) schafft der Rajasthani alles herbei, was er für eine Woche benötigt. Die Essensmacher improvisieren ihre *dhaba* oder spannen große Zelte auf. Etliche Säcke mitgebrachten Proviants werden jeden Tag in den riesigen Fettpfannen zu Nahrung verwandelt, um das angerückte Volk der Schausteller, Künstler und Hirten zu versorgen. Von kleinen Zaubershows bis zu Riesenrädern, von einstürzenden Schießbuden bis zu traditionellen Schmuckherstellern, von Kamelritten bis zu Tanzaufführungen klimpert und glitzert das Leben durch das stille Sandland. In einem alten Stadion kommt es zu allen möglichen Wettbewerben und Rennen, bei denen natürlich die vornehm aufpolierten Kamele im Vordergrund stehen. Ihr Fell ist in die Vielzahl lokaler Muster geschoren, sie sind sauber, gekämmt und mit silbernen Fußreifen und Nasenpiercings geschmückt. Ihr Preis liegt zwischen fünfundzwanzigtausend und dreißigtausend Rupien, ungefähr soviel, wie ich für Marlene bezahlt habe.

Das Mittelalterfest eines anderen Planeten. Ich ziehe durch das Meer an Kamelen, welche die meiste Zeit friedlich im Sand liegen und sich wundern, was der Mensch hier für eine Riesenterz veranstaltet. Der ländliche Sonnenuntergang aber harmonisiert wie immer das hektische In- und Aufeinander der Inder. Die Abendsonne fällt in den Dunst und setzt in ihrem Gang durch die Staubwolken die vorhandene Welt in einen anderen Raum, der von einem flimmernden Rot und den langen Hälsen der Kamele

dominiert wird. Wie immer wird man in diesen Momenten demü-
tig. Ein zweites Herz öffnet sich den Bildern Mutter Indiens, die
genau weiß, mit welcher Wirkung sie die Emotionen von Mensch
und Land zu einer einzigartigen Konsequenz choreografiert.

Andacht.

Besser könnte mein Abschied von dem heiligen Dorf nicht
sein.

RAJASTHAN

Jodhpur

Ich beschließe, eine fünfzig Kilometer kürzere Route nach Jodhpur zu fahren; über eine Abkürzung, die laut meiner neuen Straßenkarte der geheimnisvollen Kategorie »Other Roads« zugeordnet ist.

Highway 89. Vierzig Kilometer allerbeste Straße ohne ein einziges Schlagloch, bis ich Metar City erreiche und für Chai und *kalchori* halte. Der Tee ist köstlich, aber nur eines der Highlights des Chai-Shops: Fünfzehn *paan*-kauende Männer sitzen, dampfenden Tee in der Hand, in dem winzigen Raum und starren wie hypnotisiert auf einen Fernseher, in dem sich die nimmermüde Geschichte von Gut gegen Böse abspielt. (Video 15)

Entsetzen also, als der Bösewicht mit einem Schwert den schlafenden Helden ersticht, der sich aber als Puppe herausstellt. Lebendig springt der gutbeleibte Held aus dem Schrank und verwickelt seinen Gegner in einen spektakulären Faustkampf. Das dumpfe Dröhnen der Schläge und Tritte ist selbst dann zu hören, wenn sich die beiden Kontrahenten nur das Blut aus ihrem Schnauzer wischen und sich rachsüchtig in die Augen schauen. Ein allgemeines Raunen steigt in die Marihuanawolke, die ein Mann aus seinem *chillum* bläst, als unser Held dem Bösewicht den Kopf abschlägt und sich in der nächsten Szene an die halb verhüllten Riesentitten seiner Geliebten schmiegt.

Sieg!

Am Ende von Metar City gabelt sich die Straße; ich verlasse den Highway und bin bald im Niemandsland der gerade noch befahrbaren Welt angekommen. Begleitet von Steppe, Ziegenherden und sporadischen Hütten, die in der Karte als Dorf dargestellt sind, führt eine endlose, drei Meter breite Straße in den Landschaftskörper von Sonne und Stille. Da es kaum anderen Verkehr gibt, bin ich der einzige Geräuschgeber der Welt; ab und zu halte ich, um eine Weile herumzusitzen und zu horchen, wie einsam der Sonnenwind über den Planeten streicht. (Video 16)

Endlos geradeaus. Die Zeit verschwindet in der immer gleichen Landschaft und der Verlassenheit der Straße. Ich bin mir sicher, dass es hier ans Ende der Welt geht, und es macht nunmehr keinen Unterschied, wie lange die Reise dorthin dauert. Sie kann so oder so kein Ende nehmen, da sich hinter dem Einmalgeradeaus stets ein neuer Horizont an den vorangegangenen knüpft.

Ich muss an meine Fahrten im Süden denken, Kerala oder Goa, wo ich das Gefühl hatte, der lebenswillige Reichtum der Landschaft begleite mich direkt in die wirkende Natur hinein. Hier ist es umgekehrt. Es ist, als falle ich aus den Verortungen der Welt: Was von der Farbe der Zeit übrig geblieben ist, flimmert in diesem milchigen Punkt, in dem die Straße nie endet.

Rhythmus. Für die Menschen, die hier wohnen, muss das Leben ein einziger langer Augenblick sein, eingeteilt in einfache

Wandlungen: Sonne–keine Sonne, hell–dunkel, schlafen–wachen. Dann wieder die Straße. Der Sandweg durchs Nirgendwo, der vor langer Zeit einmal geteert wurde, ist in seinen Urzustand zurückgekehrt. Die dabei entstandenen Löcher führen dazu, dass es zwanzig Kilometer nur im ersten und zweiten Gang vorwärtsgeht.

Wie Oasen bewohnen einige *dhaba* die verlassene Straße, die meisten sind geschlossen. Ich halte schließlich für das, was man mir anbieten kann. *Chapati,* vegetarischer Curry, Thums Up Cola[10]. Als Ausblick in ein fremdes Universum steht in der gottverlassenen Zeltstation ein Fernseher und zeigt eine halbe Stunde lang – anachronistisch wie kein anderes mir denkbares Bild – in Radlerhosen gezwängte Westlerinnen, die sich Waden und Nacken mit einem Massagestab reiben.

Ich bleibe eine Stunde, um zu rauchen und einen Schlaf zu suchen, der nicht kommen will; dann wieder in den ersten beiden Gängen über die unvorhandene Straße, bis sie auf einmal wieder geteert ist und bald auf den Highway 65 stößt, der mich doppelspurig die letzten siebzig Kilometer bis nach Jodhpur führt.

Der gesamte Tag ist von einer einzigartigen meditativen Stimmung getragen, die von der Leere der Landstraße und des nicht enden wollenden Zeitverfalls geformt wird, und dann

10 Die Geschichte der Thums Up Cola: Nachdem Coca-Cola 1977 den indischen Markt verlassen musste, kamen sie und Pepsi 1993 zurück. Mittlerweile hatte sich die indische Thums Up Cola auf dem Markt etabliert. Ein Wettstreit der drei begann, bis Coca-Cola Thums Up aufkaufte und schließen wollte. Man vernachlässigte Thums Up, bis der Widerstand der Fans zu groß wurde und Coca-Cola einsah, dass es im Kampf gegen Pepsi besser ist, wenn Thums Up doch am Leben bleibt. Es ist auch heute noch das Getränk, welches die Inder am liebsten zu ihren Mahlzeiten konsumieren.

das! Nachdem ich die Fabriken und Colleges, die sich einsam um den Stadtrand Jodhpurs versammeln, hinter mir gelassen habe und im lärmenden Gemenge der Stadt eintref-
fe, werde ich wieder einmal daran erinnert, dass in Indien
das wilde, rudimentäre Gesetz des Stärkeren herrscht: Eine
Weisheit, die sich in der Natur in einer Jahrmilliarden dauernden
Entwicklungsgeschichte als bewährt erwiesen hat. Und dementsprechend von den Indern nicht angefochten wird.

Ich hatte kurzzeitig vergessen, wie anarchisch gerade der
rajasthanische Verkehr ist. Rücksichtslosigkeit, der Dreck und
das blinde Drauflos haben eine neue Stufe des Durcheinanders
erreicht, das sich längst nicht mehr mit der Abrakadabra-For-
mel ›Indisches Chaos‹ abfertigen lässt. Die Rajasthaner besitzen im Verkehrsgeschehen weder Gefühl noch Respekt, und
ich bin mir sicher, dass drei Viertel aller Verkehrsteilnehmer
überhaupt nicht wissen, dass sie sich gerade mit anderen Menschen auf einer Straße befinden. Es sind allesamt komödianti-
sche Slapstickszenen, die sich meinem Auge offenbaren, und
kaum zwei Minuten in Jodhpur bin ich schon Zeuge zweier
›Unfälle‹. (Video 17)

Ein fetter, krummgebuckelter Mann rast mit seinem Scooter
ins Heck einer abbremsenden Rikscha; das dumpfe Geräusch in-
einanderkrachenden Blechs ertönt, und es ertönt noch einige weitere Male. Ich wünschte, ich hätte es gefilmt: Da die Notwendigkeit der Straße das Fahren ist und nicht das Stehenbleiben, denn
Stehenbleiben kann man auch zu Hause, will der fette Kerl sofort weiter, obwohl er direkt an der Rikscha hängt und sich links
wie rechts von ihm kein Platz befindet. Entsetzt ob seiner aus-
weglosen Situation, drischt er nun solange gegen seinen Vordermann, bis er sein Gefährt etwas nach links manövrieren kann, den
sich dort befindlichen Motorradfahrer zur Seite stößt und in der
Lücke verschwindet, die er sich buchstäblich in das Verkehrsgeschehen geschlagen hat.

Als ein Auto nur Sekunden später auf einem kleinen Platz blind und mit ordentlicher Geschwindigkeit rückwärts wendet, haut es ein junges Pärchen vom Motorrad. Aber nichts weiter. Die beiden rappeln sich auf, schenken dem Fahrer des Autos eine verächtliche Handbewegung und setzen unbekümmert ihren Weg fort. Auch der Verursacher, welcher der Situation derart emotionslos und unbeteiligt beiwohnte, als schwebe er hochhaushoch über den Dingen, haut den ersten Gang ins Getriebe und rauscht lärmend von dannen. Eine dicke Rußwolke bleibt der einzige Beweis, dass hier überhaupt jemals etwas geschah.

Zum Glück habe ich mir noch etwas Zeit und Ruhe aus der Wüste bewahrt, um unversehrt in der Altstadt anzukommen. Ich suche die kleinen Gassen nach einem Guesthouse ab und sitze bei Einbruch der Dunkelheit, gesäubert und hochzufrieden, auf einer der etlichen Dachterrassen und blicke auf den Felsen, mit dem alles begann.

Der Rajputenclan der Rathores regierte vor eintausendfünfhundert Jahren das Königreich Kanauj, welches im heutigen Bundesstaat Uttar Pradesh lag. Ihre Macht hielt sieben Jahrhunderte, aber die Geschichte beweist, dass keine Herrschaft für ewig ihre Macht auf dieser Erde zementieren kann. In Gen, Herz und Geist jedes Inders herrscht dies Wissen: Wandel und Veränderung sind die Grundelemente allen Daseins.

Als Ende des 12. Jahrhunderts die Afghanen unter der Führung Mohammed Ghoris in ihr Territorium einfielen, flohen die Rathores nach Marwar, ins »Land des Todes«. Sie ließen sich in Pali nieder, siebzig Kilometer südlich des heutigen Jodhpur, welches damals noch nicht existierte. Durch eine Heirat mit einer lokalen Prinzessin festigte ihr Oberhaupt Shivaji seine Macht, die sich bald weit über die blühende Handelsstadt Pali und das Nachbarreich der Prathiharas erstreckte. Mitte des

15. Jahrhunderts stand ein Mann namens Rao Jodha an der Spitze der Rathores. Er wählte einen steilen Felsgrat in der Nähe seiner Hauptstadt Mandore, um auf diesem einsamen und nur von Vögeln, Schlangen und gnadenloser Sonne bewohnten Plateau [11] ein uneinnehmbares Fort zu errichten, eines der spektakulärsten Indiens.

Da die Rathores der Kriegerkaste der Suryavansha angehören, die seit jeher die Sonne, Surya, als Gott verehren (und zudem ihren Stammbaum auf den Gott Rama zurückführen), erhielt die Festung einen Namen, der sich auf die stolze Familientradition bezog und zudem den hiesigen klimatischen Verhältnissen gerecht wurde. Mehrangarh: die Sonnenfestung.

Um den Koloss wuchs eine Stadt heran, die noch immer den Namen ihres Erbauers Rao Jodha trägt.

Jodhpur.

Auch viele Jahrhunderte später trübt nichts die Meisterleistung, inmitten einer grandiosen Unwirtlichkeit solch ein fantastisches Bühnenbild geschaffen zu haben. Im gelb-elektrischen Abendlicht sieht es aus, als sei der Felsgrat gleichzeitig mit der Festung in die Höhe gezogen worden. Dann kam langsam aber sicher die Stadt hinzu, die heute eine Millionen Einwohner groß ist. Im Angesicht des Forts jedoch lässt sie sich leicht wegdenken. Mit ein bisschen Fantasie stellt der Besucher den gewaltigen Anblick wieder her, der hier vor fünfhundert Jahren die Wüstenmenschen in ihren Bann zog. In der Leere des zerklüfteten Wüstenlands muss Mehrangarh wie eine Fata Morgana in der schwimmenden Hitze gethront haben, und ich kann mir die Händler,

---

11   Gänzlich unbewohnt war das Felsplateau jedoch nicht. Ein Eremit lebte dort in seeliger Abgeschiedenheit, bis Rao Jodha mit den Festungsplänen daherkam. Der Einsiedler wurde vertrieben und belegte das Fort mit einem Fluch, der nur abgewendet werden konnte, indem sich ein Freiwilliger bei lebendigem Leibe in die Festung einmauern ließ.

Bauern und Reisenden vorstellen, die sich unter diesem ehrfürchtigen Anblick verwundert den Sand aus den Augen rieben.

Morgens schlägt noch immer die schönste Stunde Indiens. Bevor sich Tag und Gemüter erhitzen, wird den Indern erlaubt, am meisten sie selbst zu sein. Die ersten kleinen häuslichen Aufgaben – Abwaschen, Ausfegen, Feuer machen –, die noch Ruhe spendende Kraft der Nacht, den ersten Chai in den Händen und die ersten Gedanken im wiedererwachten Tagesbewusstsein, still, eingekehrt; durch den morgendlichen Nebel fallen die ersten Worte, machen sich die ersten Menschen lahmen Schrittes auf zu den Tempeln an der Ecke, um den Tag mit einer kleinen Andacht zu verbringen, welche die ersten drei großen Prinzipien vereint. Hingabe, Notwendigkeit und Hoffnung.

Möge der Tag Gutes bringen.

Und möge es Sinn haben, oh Herr, wenn er nichts Gutes bringt.

Das Lächeln, welches mir morgens begegnet, ist von allen Tagesgaben das reinste. Es lohnt sich immer, früh auf den Beinen zu sein, auch wenn man im morgengrauenden Jodhpur besser nicht ohne einen Schlagstock durch die Altstadt schlendert. Ein einziger Straßenköter ist Auslöser dafür, dass mich an jeder Straßenecke zähnefletschend die nächste Bestie erwartet. So geht es Kreuzung um Kreuzung, bis ich mich Stock schwingend gegen eine ganze Meute Hunde verteidigen muss, die nicht von ihrer Beute ablassen will. Von einem Großmütterchen werde ich gebeten, in einem etwas erhöhten Hauseingang zu warten, bis sich die Köter beruhigt und verlaufen haben.

Ich sitze halb in ihrer Wohnung. In meinem Rücken erhitzen Mutter und Großmutter die ersten Töpfe und fuhrwerken mit ihrem Hausrat so gekonnt durch den winzigen Raum, als seien die Handgriffe genetisch von Generation zu Generation weitergegeben worden. Niemand erwacht: Mann, Großvater, Onkel,

Tante, vier Kinder. Zusammengekauert liegen sie auf dem Boden, der mit einigen Schlafmatten ausgelegt ist. Der Rest des vielleicht zwölf Quadratmeter großen Raumes, der als Schlafzimmer,
Wohnzimmer, Kinderzimmer und halbe Küche fungiert, ist mit
breiten Regalen zugestellt, auf denen sich alles befindet, was die
Familie zum Leben benötigt. (In einem der Regale läuft schon beziehungsweise immer noch der Fernseher, ein Gerät, welches in
den meisten Haushalten vierundzwanzig Stunden am Tag in Betrieb ist, egal, ob man etwas schaut oder nicht. Eine flackernde
Bildröhre bedeutet, und sei das Dasein sonst noch so entbehrlich,
den Zugang zur Welt durch den Fortschritt Indiens.)

Jodhpur wird die Blaue Stadt genannt, da ein großer Teil seiner Altstadt tatsächlich blau ist. Zuerst waren es Mitglieder der
örtlichen Brahmanen-Kaste, die ihre Behausungen blau färbten.
Der Trend übertrug sich bald auf die gesamte Stadt, da sich herausstellte, dass die hellblaue Bemalung Kühlung verschafft und
zudem Mücken und Moskitos fernhält. Heute gehört dieser Teil
zum Schönsten, was Jodhpur zu bieten hat. Man möchte tagelang
diese Märchenwege abwandern und immer mehr in die Zeit des
›alten‹ Indien fallen, die sich an den meisten Stellen bereits mit
den Vorgängen des 21. Jahrhunderts zu einer einzigartigen Symphonie vermischt hat. Heute parken Autos in den Höfen der *ha-
veli,* den statusreichen Familienhäusern, die sich am Schönsten
der persischen und indischen Architektur orientieren. Vor ihren
Toren verwinkelte Gassen, zerfallender Stein, steile und blumen-
topfverzierte Treppenaufgänge, die in die charmanten, weil un-
angestrengten Behausungen führen; Abwasser fließen durch die
offenen Rinnsale, welche die Gassen begleiten, und überschwemmen oftmals ganze Straßenabschnitte; Kühe scheißen überall ihre
Fladen inmitten der Reifen-und-Stock-Spielzeuge der Kinder,
dazwischen immer dröhnend die Rikschas, Motorräder, knat-
ternden Karren. Es riecht nach Tieren und Abgasen, Räucherwerk und Frittieröl, Toilette und Jasmin. Vogelgezwitscher und

Klingeltöne bilden eine wunderbare Geräuschkulisse, während der Mensch Kautabak spuckend die Gassen hinauf- und hinunterwuselt, mal ruhend, mal schreiend. Die meiste Zeit geben sich die Menschen irgendwie beschäftigt, obwohl sie sich in Wirklichkeit mit ihren Spielereien, Beobachtungen und Unterhaltungen jenen Lebensaufgaben überantworten, die sich allesamt der hohen Kunst des Müßiggangs zuordnen lassen.

Ist das Essen in Indien fettig und oftmals triefend fettig, kennt der Rajasthaner noch eine Steigerung: richtig triefend fettig. Die lokale Küche verwendet unglaublich viel Öl und *ghee*, geklärte Butter, und mein Mittagessen – ein länglich grünes Wüstenkraut, das *ker* heißt – schwimmt geradezu in einer glitzernden Soße aus *urad,* schwarzen Linsen, die mit *naan* oder *chapati* gereicht wird. Keine Frage, es schmeckt, wenngleich ich das dringende Bedürfnis verspüre, einen guten Liter Wasser hinterherzuschütten, damit keine lebenswichtigen Organe meines Körpers einer verhängnisvollen Brachialverfettung zum Opfer fallen.

Mehrangarh thront einhundertzwanzig Meter über der Stadt und ist schnell erreicht.

Ich lasse die letzten Häuser der Altstadt hinter mir, die dort enden, wo der Hang für eine Bebauung zu steil wird, und stehe schon fast vor dem Ticketschalter. Die besondere Stellung des Ausländers und die kaufmännische Gewieftheit der Inder schlagen sich für gewöhnlich nicht nur in den Bakschischhöhen, sondern auch in den Eintrittspreisen nieder, welche für die Besuche von Museen und Sehenswürdigkeiten zu zahlen sind. Meist bezahlt der Tourist das Fünf- bis Zehnfache, aber ich kann mich auch an einen alten Tempel in Karnataka erinnern, für dessen Besuch ich einhundertfünfzig Rupien zahlen durfte, während den Einheimischen eine Rupie abverlangt wurde.

Egal wie viel man für Mehrangarh, welches von Kipling als »das Werk von Engeln und Riesen« beschrieben wurde, auch zahlen mag: Es lohnt sich. Von den kanonenbewehrten Festungsmauern entfaltet sich ein einmaliger Rundumblick auf Jodhpur, der genauso viel Geschichte beinhaltet wie die Festung selbst.

Es ist, als flössen von dem Fort, welches als Ausgangspunkt der lokalen Zeitrechnung dient, in klaren Abschnitten die Jahrhunderte ins Land. Mehrangarh selbst steht für die Größe einer Zeit, die – zwar voll von kriegerischen Auseinandersetzungen – von großartiger Kunst, Reichtum und Ästhetik geprägt war, dem alten Indien der Könige und Fürsten, der Maharadschas. Um das Fort entstand eine Siedlung, die sich zur Stadt auswuchs und heute von einer feinen Grenze durchzogen ist, die sich von hier oben gut erkennen lässt. Zuerst die dichte Altstadt mit ihren flachen, kleinen Häusern und allem Charme des frühen 20. Jahrhunderts, abgelöst durch das moderne, neonbelichtete Shop-an-Shop-Indien des 21. Jahrhunderts mit seinen großen, lärmenden Straßen, seiner nur noch pragmatischen und nichts aussagenden Architektur. Und zum Abschluss, wie um die Geschichte dann doch gütlich zu beenden und die Vergangenheit in die Gegenwart zu integrieren, thront einsam hinter der hektischen Stadt der Umaid Bhawan, der letzte der großen indischen Paläste, in dem der heutige Maharadscha seinen karitativen Verpflichtungen nachkommt. Er besitzt den gleichen Ausblick mit umgekehrtem Zeitverlauf und kann, wenn er die Augen auf die majestätische Festung richtet, die seine Vorfahren errichtet haben, Kilometer um Kilometer bis ins Jahr 1459 zurückkreisen.

Die Nachmittagsstunde beruhigt die Stadt. Aber womöglich ist dies nur die Distanz. Von den Festungsmauern aus ist noch ein anderes, allgegenwärtiges Merkmal Jodhpurs zu beobachten: Zu jeder Tageszeit liegt heller Dunst über der Stadt, als regne sich der weiße Himmel unentwegt über der Landschaft aus.

Streift man durch die in Mehrangarh erbauten Paläste, wird man sehr schnell zurückversetzt in das fürstliche Leben einer vergangenen Epoche. Das gut eingerichtete Museum beherbergt wunderbar antike *howdahs,* schwere Elefantensitze, und Sänften, in denen die Gemahlinnen und Prinzessinnen des Hauses umhergetragen wurden. Unter den ausgestellten Waffen und Schwertern befindet sich auch eines aus dem Besitz Akbars; in einer separaten Galerie thront eine grandiose Sammlung von Miniaturgemälden aus dem 18. Jahrhundert, für welche die Marwar-Region berühmt war. Die symmetrische Ordnung der miteinander verbundenen Innenhöfe bezeugt das hohe Verständnis von Form und Kontur, welches die Künstler und Architekten der Maharadschas besaßen[12], und die ehemaligen Schlafgemächer und Vergnügungszimmer spiegeln noch immer den dekorativen Reichtum wider, in dem sich die Rajputen so gerne suhlten.

Als ich wieder außerhalb der Festungsmauern angelangt bin, liegt schon die Dämmerung über Rajasthan. Unten, zwischen den Seelen von einer Million Menschen, springen die ersten elektrischen Lichter in die Abendgassen. Der Vollmond ist gerade erst aus der Erde in den Himmel gestiegen und beweihräuchert die Abendstimmung der Stadt. So ist es den ganzen Tag: Ein Zauber geht in seinen nächsten über, eine verheißungsvolle Szene klettert in eine weitere, und so ad infinitum.

---

12   An den *charokal,* den aus dem Sandstein geschnitzten Gitterfenstern, lässt sich vielleicht am besten ablesen, dass man vor fünfhundert Jahren intelligenter baute als heute. Die verzierten Fenster bewirkten nicht nur, dass man lediglich von innen nach außen schauen konnte (und die Damen des Hauses somit von unerwünschten Blicken unbehelligt blieben, während sie gleichzeitig das Geschehen in den Höfen verfolgen konnten), sondern eben auch eine sehr benötigte Kühlung der Räumlichkeiten. Gelernt hat man daraus nichts. Jedes neue Gebäude, welches heute in die unerträgliche Sommerhitze der Wüste erbaut wird, ist ohne Ausnahme ein luftundurchlässiger, aber eben moderner Betonklotz, der genauso viel Sinn macht, als baue man sich eine Laubhütte in die Arktis, um sich vor der Kälte zu schützen.

Der erste Tag in Jodhpur ist ein einziger Sinnesrausch.
Ich habe das gute Gefühl, lange in dieser Stadt zu bleiben.

Die nächsten Tage festigt sich das Programm, welches mir Jodhpur
und seine Umgebung diktieren. Nach einem Frühstück in der Stadt
schnappe ich mir Marlene, um mich mit ihr außerhalb Jodhpurs zu
verlieren. Meine Karte nehme ich nie mit, da ich sowieso kein Ziel
habe und der Rückweg stets erinnert oder erfragt werden kann.

So finde ich jeden Tag abgelegene Seen, winzige Dörfer und
endlose Ebenen, die sich zwischen den Elementen von Erde und
Himmel erstrecken und mich vollkommen von der Welt, wie sie
sich sonst noch gestaltet, isolieren. Literaturlandschaft! Feinstau-
bige Lyrik, die sich als Blattwerk auf die Traumebenen der Bäume legt, diese Riesen der Zeit, die wie aus dem Nichts in der endlosen Öde der braunen Erde aufragen und alle Aufmerksamkeit in
Anspruch nehmen.

Und dazwischen, eingekapselt in sein Lebensminimum aus
den immer gleichen Übergängen, der Mensch. Ausgestattet mit
dem spezifischen Schmuck und den Farben seiner Kaste, gerät er
als Teil der Landschaftsglieder in dieselbe Monotonie wie seine
Umgebung. Zugleich verleiht er ihr auch ein neues, ein einzigartiges Gesicht: Die harte Landschaft unter der Tausendjahrhitze,
das Karg-Wasserlose und die Steppe, aus der sich die hartblättri-
gen Büsche in die Trockenheit emporpressen – sie sind allesamt
dafür verantwortlich, dass hier die schönsten Menschen der Erde
wohnen. Das harte Leben verlangt Anmut. Die schwere Last fordert Würde. Die Wiederholungen der Tage und die Verbunden-
heit mit dem Land formen einen unbändigen Stolz, der sich über
die Jahrhunderte in die Windgesichter der Menschen geschrieben hat, dieser Kriegerkaste, die aus dem ewigen Kampf gegen die
Unwirtlichkeit des Landes geboren wurde.

»Kein Wasser gibt's / doch es glänzen die Augen.« Alles
leuchtet, alles ist in ihren Gesichtern besonderer Stoff gewor-

den, erdgeboren und doch menschenverwachsen. Man stelle
sich vor, die dunklen Felsen beginnen zu laufen, Staub verliert
sich zu einer Farbe, und Lehm wackelt mit dem Kopf zu den
wenigen rollenden Worten, die von Kieselsteinen in Bewegung
gesetzt werden. Stolz und Glanz, das ist die Einheit. Und wehe
man versucht, mit ihnen Unterhaltung zu pflegen; das Sprechen ist hier, von hingemurmelten Grüßen einmal abgesehen,
sinnlos. Der Kontakt findet über die Augen, über beiderseitige
Bewunderung statt, über das leise Heranpirschen an die Seele
des anderen. Ausnahmen bestätigen die Regel. Mein heutiger
Ausflug wird mir beweisen, dass der Elan der Jugend, zu einer
dionysischen Festmasse zusammengerafft, immer noch so indisch ist wie *dhal* und *chapati*.

Ungefähr vierzig Kilometer von Jodhpur entfernt lässt mich
mein Gefühl auf eine kleine Lehmstraße einbiegen, die von der
asphaltierten Landstraße weg im Nirgendwo versinkt. Doch je
weiter ich fahre, desto mehr Menschen kommen mir entgegen.
Frauen in ihren schillerndsten Saris und silbernsten Fußkettchen,
deren Glöckchen die Luft mit Gesang erfüllen. Kindern klebt
rosa Zuckerwatte in den Haaren, die Männer stehen zusammen
und rauchen. Es muss sich um eine Hochzeit oder ein anderes
Fest handeln, anders kann ich mir den plötzlichen Menschenauflauf nicht erklären, der bald so dicht wird, dass ich Marlene parken muss und zu Fuß weiterlaufe.

Ein Markt beginnt, überfüllt mit Menschen. Zu beiden Seiten der mit Müll überzogenen Straße sitzen die Verkäufer auf
dem nackten Boden und preisen ihr Gerümpel und ihr China-
plastik an, jede Art von Krimskrams und Küchenutensilien
findet sich auf ihren Plastikplanen wieder, die sie über dem
Staub ausgebreitet haben. Trampoline und Festzelte mischen
sich unter die Händler, und nach etwa einem Kilometer verstehe ich auch, warum es gerade in diesem Nirgendwo zu diesem Aufruhr kommt. Der Pfad schlängelt sich zu einem Shi-

va-Tempel hinauf, der zwischen einige größere Felsen gehauen ist. Das Ineinander von Markt und Magie. Nur sehr wenige Inder besitzen selbst im 21. Jahrhundert genug Ironie, um es für merkwürdig zu halten, dass weltlicher Konsumrausch den Weg zu Gott pflastert.

Im Tempel wuseln unzählige Menschen zwischen den Mauern umher; das wahre Treiben allerdings findet auf dem Marktplatz statt. Die überbordende Erregung der Inder wird zu einer wahren Herausforderung. Sie haben keinerlei Erfahrung, wie sie mit mir umgehen sollen, dem einzigen Außenseiter unter Tausenden von Menschen und vielleicht der einzige Ausländer, der sich je in dieses Nimmerland verirrt hat.

Als sich ein Junge von einem Essensstand umdreht und mich erblickt, fällt ihm tatsächlich vor Schreck der *samosa* in den Staub. Seine Umgebung ist allerdings nicht in Ehrfurcht erstarrt, im Gegenteil. Jeder schreit, jeder fummelt jauchzend an mir herum, man brüllt mir derartig laut »Hello America« und »HEYHEYHEY« ins Ohr, dass ich mir bald mit der einen Hand ein Ohr zuhalte und mit der anderen die Andringlinge von mir wische, die an mir auf- und abspringen. Ein Schwarm von zwanzig Jugendlichen hängt an meinen Fersen und gönnt mir keine Sekunde Frieden, in dem ganzen Trubel benehmen sich selbst erwachsene Männer wie minderbemittelte Achtjährige, die man mit Schokolade und Kokain aufgemischt hat. Notwendigkeit, indische Emotion! Und wieder einmal die Feststellung, dass für den Inder das Von-der-Masse-abgeschottet-Sein eine nicht akzeptable Vorstellung ist: Sie können sich selber weder spüren noch wahrnehmen, solange sie nicht jemand anderen anfassen.

Natürlich kann ich nicht nach Hause, ohne eines der kleinen Vorführzelte zu besuchen, die hinter der Marktstraße aufgebaut sind. Ein unglaublich gequälter Lautsprecher wird von einem Riesengenerator angetrieben, der seine Rauchwolken in die warme Luft hustet – aber was soll man machen, ohne die elend laute Musik geht eben nichts. Als ich das Festzelt betrete (als Ehrengast muss ich keinen Eintritt zahlen), finde ich etwa ein Dutzend Plastikstuhlreihen vor, die von zwei sehr unterschiedlichen Gruppen besetzt sind. In der ersten Reihe befindet sich ein Rudel besoffener Männer, in der vorletzten hocken einige Jungen, die noch nicht mal zehn Jahre alt sind. (Video 18)

Ich rieche die Alkoholfahnen bis in die letzte Reihe. Und es kommt, wie es kommen musste. Da die Inder keine Trinkkultur ihr Eigen nennen und sich nur dem Alkohol hingeben, um schnurstracks jedes geistige Lebenslicht zu löschen, kommt es fast überall in Indien, wo gemeinschaftlich getrunken wird, zu den üblichen hässlichen Szenen. Geschrei und Geplärr lärmt durch das Zelt, die Prügeleien beginnen. Jemand reißt seinem Kumpel so fest an der Haarpracht, dass er danach einen Büschel Haaresgut in den Händen hält. Der Verletzte beginnt nun, erbärmlich zu heulen und auf den anderen einzuprügeln, der höhnisch die Haare als Trophäe herumzeigt. Von ihren Kumpels werden sie nicht auseinandergehalten, sondern angefacht.

Dann beginnt die eigentliche Show.

Eine junge Frau, in einem für indische Verhältnisse sehr freizügigen Kleid, schlängelt sich in dem vergeblichen Versuch, sexy zu wirken, auf die mit der Hilfe Gottes zusammengeschusterte Bühne. Der Mob klatsch grölend in die Hände, die Tanzmusik setzt ein, setzt wieder aus, die Dame steht irritiert auf der Bühne herum und weiß nicht genau, was sie tun soll, sodass an ihrer Stelle die trunkene Bande zu tanzen beginnt; dann setzt die Musik wieder ein. Es geht nun voran in der Vorstellung, die sich zu einer bizarren Mischung aus Peep-, Travestie- und Zaubershow steigert. (Video 19)

Als zweite Tänzerin betritt ein hochgewachsener Transvestit die Krummbretterbühne, um mir vielsagende Andeutungen zu machen (das Gelächter der Besoffenen ist groß). Zum Schluss tritt noch einmal die erste Tänzerin in einen Kasten hinter der Bühne, um sich durch billige Spiegelkasteneffekte erst in eine Schlange, in ein Skelett und schließlich in einen von Wind durchströmten Busch zu verwandeln. Am Fuß des Zweiges, der den Busch darstellen soll, sieht man die Hand eines Mitarbeiters, der ihn hin und her wackelt.

Applaus gibt es keinen.

Ich weiß nicht, ob ich lachen oder heulen soll; ob das Erlebte zu absurd ist, um mich traurig zu machen.

Die Männer bahnen sich ihren eigenen Weg aus dem Zelt. In hohem Bogen treten sie die Plastikstühle umher und krabbeln über die so entstandenen Haufen dem Tageslicht entgegen. Einer der Stühle landet vor meinen Füßen, und es ist der letzte Tropfen, der noch gefehlt hat. Schon die Szenen außerhalb des Zeltes haben mich aufgeladen und in unruhige Stimmung versetzt. Die aggressive Aura dieser Kerle tut nun ihren Rest: ich bin ›eingenommen‹. Unter dem Einfluss des Notwendigkeitsprinzips packe ich mir den Stuhl, ziele kurz und werfe ihn dem Kerl, der ihn in meine Richtung getreten hat, an den ohnehin schon taumelnden Kopf. Meine Tasche lege ich zu Boden. Puste tief durch, nehme Position ein. Es kann losgehen. Ich bin bereit mitzumischen.

Der Getroffene ist jedoch zu verwirrt, um mit erneuter Gewalt zu antworten. Er realisiert, dass er mich absichtslos beinahe getroffen hätte und fällt mir unter endlosen »Sorry Sir, sorry Sir«-Bekundungen stinkend und weinerlich um den Hals. Seine Freunde schleppen ihn alsbald davon, und kurz darauf verlasse ich mit Marlene das berauschende Fest.

Komme ich täglich von meinen Ausflügen nach Jodhpur zurück, bin ich in derselben Intensität von seiner Schönheit und Anmut beseelt, wie ich von seinen Verkehrsverhältnissen abgeschreckt

bin. Die Einwohner der Stadt in Busse, Rikschas und auf Motorräder zu setzen, hat ungefähr denselben Effekt, als zögen die Hor-
den Dschingis Khans nicht mit Pferd und Schwert in ihre Schlachten, sondern in atomwaffenbestückten Kampfjets. Der Vergleich
mag ein wenig überzogen und dämlich klingen, entspricht aber
dennoch der Wahrheit.

Wie bereits erwähnt, besitzt das indische Verkehrssystem
eine ausgefeilte Logik, die sich auf eine inhärente Ordnung und
letzten Endes immer noch auf einen Funken Mitgefühl und *ahimsa,* Gewaltlosigkeit, gründet. In Rajasthan aber ist das alles vergessen und vergeben. Ich bin mir sicher, dass es in ganz Indien kein
Verkehrsverhalten gibt, welches derartig regel- und rücksichtslos
ist. Ich fahre seit zwölf Jahren in Indien Motorrad, habe das Motorradfahren überhaupt erst hier gelernt und kann mich nicht erinnern, jemals wirklich schockiert oder genervt gewesen zu sein.
Nun, Jodhpur sei Dank, ist es soweit. Zum ersten Mal in meinem Leben schimpfe ich auf den Verkehr, werde zornig, gerate in
handgreifliche Streitigkeiten mit anderen und bin von der allgemeinen feindseligen Atmosphäre so mitgenommen, dass ich mich
selber wie ein Idiot aufführe.

Das allererste Gesetz Jodhpurs scheint zu sein, dass der Rik-
schafahrer, dessen Fahrzeug *keine* pechschwarze Rauchwolke aus
seinem Auspuff schießt, folgerichtig auch kein richtiger Mann ist.
Schon rein äußerlich unterscheiden sich die hiesigen Dreiräder
von den Rikschas in anderen Teilen Indiens, denn sie sehen aus,
als hätte man lediglich die ehemaligen Pferdedroschken für die
modernen Zeiten aufgerüstet, das heißt: motorisiert und rundum
verblecht. Die tausendfach lädierten und mit allerlei Glitzerkram
ausgeschmückten Kampfkarossen werden teilweise nur noch von
einem geheimnisvollen Willen zusammengehalten, von dem man
nicht weiß, ob er gut oder schlecht ist. Gas und Abgas. Es geht zur
Sache. Die Drive-in-Zone wird auf die gesamte Straße ausgewei-
tet; dort, wo man sonst noch einen kurzen Moment zurückzieht,

wird störrisch weitergefahren, die richtungsanzeigenden Gebärden fallen weg und heben jede Vorahnung auf, die zur Unfallvermeidung führen könnte. Auf der Nai Sarak – der Hauptstraße, die von der Altstadt in die neue Stadt führt – lassen sich minütlich jene Bilder erleben, die man als Großvater seinen Enkelkindern erzählen wird.

Ein uralter Mann, der kaum noch laufen kann, schiebt sich und seine Frau in den vollen Verkehr, ohne auch nur einen einzigen Blick auf die Straße geworfen zu haben. Als beide dann angefahren werden, ist das Geschrei groß. Einige Meter weiter kommt der stockende Verkehr auf zuerst unerklärliche Weise mehr zum Stocken, aber das Geheimnis lüftet sich bald: In der Mitte der Straße bewegt sich eine Frau inmitten zweier müder Esel. Sie tippelt nur gemächlich voran, da sie eigentlich damit beschäftigt ist, in aller Seelenruhe Steine von einem Esel auf den anderen umzuschichten. Zwei Kinder spielen auf dem Mittelstreifen ein Ringkampfspiel, dessen Sinn darin besteht, den Gegner vor die anrollenden Todesbusse zu schubsen. Und wollen Fußgänger die Straße überqueren, wenden sie ihren Blick nicht auf das Geschehen vor ihrer Nase, sondern, wie immer in Indien, nach innen. Dort befiehlt ihnen ein alteingesessener Instinkt, der sich aus den Zutaten Zuversicht, Dummheit und Hoffnung zusammenmixt, beim Überqueren der Straße nicht Augen und Verstand, sondern allein Gott zu vertrauen.

Hat man einmal die Straße betreten, kommt allerdings eine allgemeine indische Regel zum Vorschein, die hier in Jodhpur lediglich ein wenig extremer durchgeführt wird. Diese Fußgängerregel lautet: Der Anfang ist das Ende. Und umgekehrt.

Im Klartext heißt das: Wenn man erst mal den ersten Schritt auf die Straße gemacht hat, wähnt man sich schon auf der anderen Seite. Dementsprechend muss man sich nicht beeilen, dorthin zu gelangen. Eigentlich sollte es diese Regel nicht geben, da in der Hierarchie der Straße fast alle motorisierten Fahrzeuge dem

Passanten übergeordnet sind. Aber in diesem Fall tritt ein neues
Prinzip auf den Plan: Kampf.

Es herrscht einerseits das Bedürfnis, die Stille und Eintönig-
keit der Wüste mit Krach und Chaos auszugleichen, und ander-
seits eine uralte Kriegeridentität in Zeiten geläuterter Verhältnisse am Leben zu erhalten, indem man die heutigen Schlachtfelder
auf die Straße verlagert. Das ewig unbefriedigte Alphamänn-
chen hat außer dem Mannschaftssport Cricket, einem Spiel, in
dem man zu 98,5 Prozent des Spielgeschehens tatenlos in un-
säglicher Hitze herumsteht und bestenfalls an den nassen Genitalien herumspielt, keinen anderen herausfordernden Sport, in
dem sich ein Mann mit anderen Männern messen kann. Da der
Mann aber immer noch Krieger sein muss, besonders als Ange-
höriger der hiesigen Rajputen-Kasten, hat er sich den Straßenverkehr als Arena ausgesucht. Er überquert die Straße und starrt in
den anrauschenden Verkehr. Anstatt sich zu beeilen und Platz zu
machen, verlangsamt er seine Schritte so sehr, dass es zu einem
Showdown kommen muss. Dieser findet nun durch das Heraus-
rücken von Überlebenszentimetern seinen Gewinner oder Ver-
lierer. Weicht der Motorradfahrer dem Fußgänger um mehr als
zehn Zentimeter aus, hat Erstgenannter verloren. Beträgt der Ab-
stand aber nur eine Haaresbreite, so darf sich der Motorradfahrer als Gewinner fühlen. Er hat zwar den Fußgänger nicht auf den
Straßenteer gestreckt, wie es für einen Sieger üblich wäre, durch
sein Verhalten jedoch klargemacht, dass er es hätte tun können –
und sich lediglich den bürokratischen Ärger ersparen wollte, jemanden überfahren zu haben. Was nach Mitgefühl aussieht, ist in
Wirklichkeit kriegerische Überlegenheit, durchmengt mit einer
guten Portion Faulheit.

Nach einer Woche habe ich meinen persönlichen Höhepunkt
erreicht. Zuerst fährt mir eine Rikscha in einer der Seitengassen
in den Vorderreifen, ein Verrückter rennt mir solange »Hello,
hello, hello« schreiend hinterher, bis ich ihn mit Mühe und Not

losgeworden bin, dann werde in von einem *vandi,* einem kleinen Transporter, so sehr an den Gassenrand gedrängt, dass ich mich mit dem linken Fuß auffangen muss, in einem Haufen Kuhscheiße wegrutsche und mit Marlene halb an der Wand eines Hauses hänge. Zwei Kinder stürmen die Gasse entlang und schwingen klatschnasse Tücher, wahrscheinlich das offene Abwasser der Rinnsale. Die schmierige Ladung fliegt mir ins Gesicht und über die Arme. Das war's. Jetzt hat man nur noch die Wahl, zum Mörder oder zum Heiligen zu werden.

Die hohe Dosis Ärger wirkt homöopathisch. Minus mal minus ergibt plus. Alle aufgestaute Aggression, alle Spannungen der letzten Tage entladen sich in einem minutenlangen Lachkrampf, der halb Jodhpur als Schaulustige um mich versammelt. Die auf den Zwerchfellkrampf einsetzende Ruhe ist so allumfassend, dass ich für den Rest meines Aufenthalts keinen einzigen Nerv mehr verliere und, endlich einem Erleuchteten gleich, jede Sekunde und jede Tötungsabsicht in vollen Zügen genieße.

Ich hole Anja am Busbahnhof ab. Auch sie ist nach langem Aufenthalt im Süden über Bombay nach Rajasthan gereist, allerdings auf die harte Tour. Die letzten drei Tage hat sie fast durchgehend in Zügen und Bussen verbracht. Unausgeruht, unterernährt und doch überfressen mit all dem Junk, der auf diesen ungemütlichen Mammutreisen konsumiert wird, kommt sie in Jodhpur an. Der Anstrengung muss sie nun Tribut zollen. Ihre Kraft hat sie irgendwo auf der Strecke gelassen, ihr Magen ist fürs erste hinüber. Egal. Ihre frohe Natur verbietet es ihr, deswegen in schlechte Laune zu geraten: Kaum in der Stadt angekommen, will sie alles sehen. Nur essen kann sie noch nichts. Während ich ihr die schönsten Viertel der Stadt zeige und mich anbetungsvoll in den fettigen Speisen suhle, muss Anja oft kotzen, sobald sie nur etwas Frittiertes sieht oder riecht. (Eines Abends muss ich mit einigen leckeren *bonda* ganz schnell den Tisch verlassen und mich ans andere Ende des Restaurants setzen, bevor sie sich in aller Öffentlichkeit über den Tisch ergießt. Dem verstörten Kellner ist es nicht zu erklären. Der Arme macht einen solch bedröppelten Eindruck, als sei meine Flucht vom gemeinsamen Tisch seine Schuld. Zwei Tage später, als wir wieder bei ihm zum Essen sind, entschuldigt er sich immer noch.)

Für Ausflüge ist Anja jedoch vollkommen fit. Jeden Morgen brechen wir auf, jeden Tag in eine andere Himmelsrichtung. Fündig werden. In einem der Dörfer erhebt sich plötzlich ein riesiges, modernes Gelände aus der immer gleichen Hütten- und Ackerlandschaft, welches von außen an den Campus einer Universität erinnert. Wir fahren durch das breite Eingangstor, parken Marlene und treffen auf Subhir, einen der Mitarbeiter des Panalalgaushala Trust. Lächelnd begrüßt er uns und will uns sofort helfen, die richtige Richtung zu finden, da er davon ausgeht, dass wir uns verfahren haben. Als wir aber Interesse für den Hof und seine verschiedenen Gebäude bekunden, führt er uns gerne herum und erklärt seine Arbeitsstelle, die ein Auffanglager für Kühe der Region ist. Dreitausend Kühe leben hier in achtzig Unterkünften, meistens gealterte Kühe, die auf den Feldern und in den Haushalten nicht mehr gebraucht werden. Sie werden hier zusammen mit den kranken Tieren, denen kostenlose medizinische Versorgung zukommt, bis an ihr Lebensende gepflegt. »Old and dry Cows«, »Blind Cows« und »Emergency Ward« steht auf den gelben Schildern, welche die jeweiligen Gehege erklären. Subhir zeigt sie uns alle. Wir dürfen die »Alten und Trockenen« füttern, die Verletzten und Kranken in der Notaufnahme begutachten und an den schreckhaften, blinden Kühen herumstreicheln.

»Warum gibt es so viele blinde Kühe?«, frage ich. »Sind sie wirklich alle blind?«

»Ja, blind.«

»Warum sind so viele Kühe blind? Ist das normal?«

»Nicht normal. Blind!«

Anja unterbricht und will wissen, warum die Kühe in Indien überhaupt heilig sind. Subhirs Antwort ist diesmal eindeutig.

»Cows are the mothers of the earth!«, sagt er und wackelt zur Bestätigung dieser fundamentalen Wahrheit zehn Sekunden mit dem Kopf. Die Kühe sind den Indern beziehungsweise den Hindus wirklich heilig, da sie einmal als unverzichtbar galten. Eine Kuh gibt Leben, eine Kuh gibt Milch (und somit auch Joghurt, Butter und *ghee*), ihr getrockneter Dung facht das Feuer an und wehrt, an die Wände des Hauses geklebt, die Insekten ab. Eine Kuh ist Vegetarier. Sie ist die große, sanfte Geberin. Und die Inder ehren sie dafür.

Wir fahren durch Mandore – die Hauptstadt der Rathores, bevor man Mehrangarh aus dem Wüstenboden stampfte – und finden in den Außenbezirken des schläfrigen Nestes einen Mann, der heute noch in der gleichen (heiligen) Weise mit der Kuh zusammenlebt wie es vor Hunderten von Jahren üblich war. (Video 20)

Kein Dichter könnte solch einen Ort besingen. Der Rama-Tempel schmiegt sich an den Fuß eines von Affenbanden bewohnten Hügels, um den Spielereien der Affen mit einer außergewöhnlichen Ruhe zu begegnen. Bodhi- und Feigenbäume ragen aus dem Boden, der die verschiedenen Ebenen miteinander verbindet: Kuhstall, kleiner Tempel, großer Tempel, Wasserquelle. Von oben brüllen die Kühe, Glocken begleiten die Andacht der wenigen Besucher, an der Quelle füllen die Dorfbewohner ihr Wasser auf, das einmal durch den Segnungsreichtum der Tempelanlage geflossen ist. Alles ist harmonisch miteinander verbunden: Kuh, Gott, Sonne und Wasser.

Inmitten all dessen der *baba,* der hier lebt und sich um den Tempel kümmert, fegt, Gläubige empfängt, *puja* verrichtet und jene Münzen mit einem an einer Metallschnur befestigten Magneten aus dem Brunnen zieht, die von den Dorfbewohnern dort hinterlassen wurden, um ihr Wasser und ihre Götter zu segnen. Er trägt einen weißen *dhoti,* weißes Shirt und ein rosa Tuch um den Kopf, welches seine schweren Rastalocken zusammenhält.

Hier lebt er. Und er muss auch sonst nirgendwo hin. Die ganze Welt kommt zu ihm. (Video 21)

Die Wasserträger des Dorfes kündigen sich mit einem »Hai Ram« an und tragen ihm den neuesten Tratsch zu, Kinder trollen vorbei und albern mit ihm herum, er geht durch seine kleinen Arbeiten wie durch Welten: Chai aufsetzen, Kühe füttern, Kühe melken, durchfegen, eine Mandarine schälen, die Affen vertreiben, Lampen anzünden. Was soll es denn sonst zu tun geben? Die Aura der Sanftheit und des Gleichmuts, die ihn umgibt, ist umwerfend. Selbst seine Augen, seine Gesten sind leise; ich habe lange keinen Menschen mehr gesehen, der so mit seinem Leben im Reinen zu sein scheint und der, ich muss es so genauso schlicht sagen, wie ich es empfinde, einfach seine Dinge *erledigt.* Ist er einer der weisen Männer, von denen die Gita berichtet?

Arjuna:

»Den weisen und vertieften Mann, was zeichnet ihn, o Krishna, aus?
Was ist's, das der Andächt'ge spricht? wie ruhet er? wie wandelt er?«

Und Krishna antwortet:

»Wenn des Herzens Begierden all er gänzlich aufgibt, Pritha-Sohn,
Am Selbst und durch das Selbst vergnügt, –
dann heißet er in Wahrheit fest!

Wer jeglichen Verlangens bar, ob's schön ihm oder unschön geht,
Nicht Freude fühlet noch auch Haß, –
bei solchem steht die Weisheit fest.«

Zu dieser Weisheit gelangt man durch die Einsicht in die Funktionsweise der Sinne und des Geistes. In der Gita befinden sich ›buddhistische‹ Passagen, die nur um diese Erkenntnis kreisen: Es gibt keinen Ausweg aus der Welt der Sinnesobjekte, der gewöhnlichen Wünsche und der Begierden. Es ist deren Natur, kein Ziel und keine Erfüllung zu finden, sondern sich immer erneuern zu müssen. Unser persönliches Ego-Bewusstsein wird unaufhörlich von Gedanken, Vorstellungen und Emotionen eingenommen, und dies einmal ins Laufen gekommene Rad pausiert keine Sekunde unseres Lebens. All das sind unbewusste Inhalte, die wir weder bewusst kontrollieren noch stoppen können. Sie geschehen uns, und wir nehmen sie lediglich mit dem Glück oder dem Unglück, mit der Lust oder dem Leid wahr, welche sie begleiten. Ein ewiges Reproduzieren von Gewohnheiten, die ihrer selbst nie müde werden.

Der weise Mann stoppt diese völlig unpersönlichen Inhalte durch Kontemplation und Meditation, indem er den Fokus seiner Wahrnehmung nicht auf die vergänglichen Objekte seines Geistes richtet, sondern auf dessen Ruhe. Ist der Lärm des Kopfes beruhigt, herrscht dort auf einmal viel Platz für eine andere Qualität der Bewusstwerdung, das wahre Selbst. Eine gänzlich neue Art des Sehens und des Fühlens, des Gewahrseins und des Handelns.

> *»Wo's Nacht für alle Wesen ist, da wachet, wer sich zügeln will;*
> *Wo alles wacht, da ist es Nacht dem Weisen,*
> *der die Wahrheit schaut.*
>
> *Wer wie das Meer, in das die Wasser strömen,*
> *das sich anfüllet und doch ruhig dasteht, –*
> *Wer so in sich die Wünsche lässt verschwinden,*
> *Der findet Ruhe – nicht, wer ihnen nachgibt.*
>
> *Der Mann, der jeden Wunsch aufgab und nichts verlangend lebt dahin,*
> *Von Eigennutz und Selbstsucht frei, der geht zum Seelenfrieden ein.«*

Anja und ich sind uns einig. Das, was alle spirituellen Ashram- und Yogafahrer in Indien suchen und sich in immer mehr Lehren, immer mehr Büchern und Gesprächen begreiflich machen wollen, hier ist es – hier, im Weniger, lässt es sich leben. Der Brustkorb hebt und senkt sich. Affen hangeln durch den Wald. Kinder tanzen, spielen mit dem Ball. Tauben flattern auf. Oben brüllen die Kühe, das Licht wird gelb in den Zweigen. Der *baba* fährt sich durch den Bart. Anja schläft. Anja liest. *Hai-Ram*-Grüße, Müdigkeit, frischer Tee, Langeweile. Eichhörnchen, die ausgesäte Körner picken: das lauteste Geräusch dieser Welt.

Nichts davon wird behalten, nichts erinnert. Der Augenblick geht vorbei und wird durch den nächsten ersetzt, ein Gedanke murmelt herbei und wird durch den nächsten ersetzt, ein Tag geht vorbei und wird durch den nächsten ersetzt, ein Jahr, ein Leben – vorbei, ersetzt.

Und so geht es ewig.

Und hinter den vergänglichen Bewegungen eine unvergängliche Bewegung. Ein höheres, unser eigentliches Dasein.

»Nicht hängend an der Außenwelt, findet er in sich selbst das Glück.
Wer andachtsvoll nach Brahman strebt,
erlangt ein unvergänglich Glück.«

Der Lautsprecher wird auf dem Balkon der Moschee befestigt. Soundcheck. Zuerst klingt es gut, und die Musik schallt laut, aber in guter Qualität über den kleinen Platz vor meinem Guesthouse. Da es die Natur des Inders aber verlangt, den größtmöglichen Lärm zu erzeugen und alle Errungenschaften des Alltags an der Macht des Maximums auszurichten, wird noch einmal justiert. Die Musik muss ja nicht gut klingen, sondern einfach nur so laut sein wie möglich. Wozu hat man denn, bitteschön, diesen dicken Lautsprecher gemietet?

Ich werde Zeuge, wie zwei Männer so lange an den Reglern herumspielen, bis die Musik schrecklich übersteuert ist und in den Ohren schmerzt, dafür aber die Höchstleistung der Lautsprecherbox erreicht ist – perfekt.

Die nächsten zwei Tage wird der Lautsprecher dort hängen und feuern, sodass ich bald den Besitzer meines Guesthouse in der letzten und dunkelsten Ecke des Gebäudes vorfinde. Der Arme versucht verzweifelt, einen Mittagschlaf zu halten, indem er sich mit schmerzverzogener Miene beide Ohren zuhält und sich in einem endlosen Wortschwall Flüche und Gebete von der Seele redet.

Das muslimische Neujahr wird gefeiert. Die Musik wird nur unterbrochen, wenn die Trommler und Stockkämpfer in Aktion treten. Das sich In-einer-Menge-Aufhalten, kombiniert mit der Möglichkeit, eigenhändig Krach machen zu dürfen: die schönste Stunde eines Inders, Zank und Prügelchen inklusive. Es ist herrlich. Ich schaue dem Spektakel einige Zeit von meinem Zimmer aus zu, bis ich mich selbst auf der Straße wiederfinde und sofort eingeladen werde, mich an einem Riesenbottich Rosenwasser zu verköstigen. (Video 22)

Bald steht ein alter Mann neben mir, dessen winziger Körper mir kaum bis zur Brust reicht. *Dhoti,* Gehstock, Mohammedanerkappe. Als ich mich zu ihm umdrehe, breitet er die Arme aus und drückt mich an sich, als hätte er Jahrzehnte auf diesen Augenblick gewartet. Ich spüre, wie sich mein Hemd mit seinen Tränen vollsaugt. Erinnere ich ihn an jemanden? Einen alten Besuch, einen Sohn, ein Stück europäische Vergangenheit? Ich frage nicht nach. Er streichelt mir die Wange und setzt unsere Augen unter Wasser. Was immer es ist, denke ich, wo immer es herkommt: Es hat seine Berechtigung.

Die nächste Stunde hält er wortlos meine Hand und schaut mich mit einer Liebenswürdigkeit an, die alle Disharmonie der Welt aufzuwiegen imstande wäre. Wir stehen unter dem aufwendig geschmückten Festturm, von irgendwoher bekommen wir immer auf magische Weise ein Glas Chai gereicht, und als die Musik aus den Lautsprechern irgendwann die Trommler ablöst, gleitet der Lobgesang Allahs wie eine warme Abendbrise durch die Gassen und mildert ebenfalls die Wunden der Welt.

Hier – Hand in Hand mit der Herzlichkeit des Alten und den typischen Bildern der Stadt – wird mir nun auch blitzartig klar, warum ich fast zwei Wochen in Jodhpur geblieben bin und zugunsten dieses Aufenthalts auf andere Ziele verzichtet habe. Hier befinden sich alle Eingänge, die gesamte Erlebnisspanne des Landes. Hier: das Allesindien.

Im Weltmikrokosmos Indien ist Jodhpur der Mikrokosmos Indiens. Alles Feine und Grobe, Einkehr und Abkehr, aller Dreck und aller Glanz dieses mal göttlichen, mal barbarischen Landes lassen sich hier erleben. Jodhpur ist das indische Paradox par excellence. Wo die Stadt hässlich ist, blüht sie in allen Ohnmachtsfarben der Sinne, wo sie leuchtet finden sich Müll und Gestank, wo sie laut ist, will sie eigentlich leise sein. Da Jodhpur wie die meisten größeren Orte in Rajasthan touristisch ist, finden sich auch hier die nervtötenden Schlepper, Lügner und Gauner. Die Menschen pissen in die Gassen, sie sind grobschlächtig, unausgeglichen und penetrant; zugleich habe ich hier die liebevollsten Menschen kennengelernt, die man sich nur vorstellen kann. Die Güte, und vor allen Dingen die Gelassenheit, sind ohne Vergleich.

Märchenbuch: Immer wieder öffnet sich eine schmale Gasse zu einem kleinen Platz, wo die Alten unter einem mit dem Stein verwachsenen Bodhibaum sitzen. Ihre Beedis und Kartenspiele beziehen sie aus dem winzigen Eckschuppen, der einen Lebensmittelladen darstellen soll. Hier schleicht der Tag in derselben Weise vorbei, wie das gesamte Leben vorbeischleicht. Im Mitternachtsschein einer einzigen, gelben Elektrolampe geht es ums Warten, ums Sein, um den Atemzug.

Um die winzigen Häuser, kleinen Stuben, Patina und Zeit. Alles, was lebt, schwirrt um diese Mittelalterszenen, denen man nie trauen kann. Sie könnten ja auch erfunden sein, eine Vorstellung einer traumhaften, längst vergangenen Welt, die sich noch einmal in der Sinneswelt aufbäumt, um an eine vergangene Epoche zu erinnern.

Und hinter der Altstadt das neue Indien, das sich fortschrittlich wähnt und doch alles nur kopiert hat, alles nur – wie Anil in Bombay sagte – annektiert und fremdnutzt, ohne es zu verstehen. Stadt in der Wüste. Nichtssagende Architektur, blinder Konsum, riesige Werbetafeln im zusammenbrechenden Verkehr, Schmutz und Verwahrlosung. Aber Indien wäre nicht Indien, wenn durch den Dreck und das Elend nicht überall die lachenden Gesichter ziehen würden, selig und rein, ganz dem Spielsinn ihres Daseins zugeschrieben.

Hai Ram!

Die Sonnenseite des Lebens glüht sogar in der finstersten Nacht.

Schon seit Wochen ist mir klar, dass ich Marlene irgendwo im Norden verkaufen muss. Und seit meiner Ankunft in Jodhpur weiß ich, dass es hier sein wird. Meine Zeit wird knapp, die Distanzen länger, das Klima kälter. Wenn ich nicht auf den Zug umsteige, werde ich es nicht bis nach Varanasi schaffen.

Seit zehn Tagen habe ich also Zettel in die Straßen und Guesthouses gehängt, mit Mechanikern geredet, einen lokalen Motorradmarkt aufgesucht. Die Geschichten, die es zu erzählen gäbe, würden bei Weitem den Rahmen jedes Buches sprengen, also nur so viel: Letzten Endes verkaufte ich Marlene an den Menschen, den ich von allen potenziellen Käufern am wenigsten mochte und am wenigsten vertraute. Er stellte sich als der Einzige heraus, der Wort hielt und nicht in erster oder letzter Sekunde mit einer absurden Geschichte den Deal platzen ließ.

Meine letzte Fahrt mit Marlene geht zum Bahnhof, wo ich mir ein Zugticket für den nächsten Vormittag besorge. Dann übergebe ich schweren Herzens die Schlüssel. Neun Wochen waren wir gemeinsam unterwegs. 3831 Kilometer auf der Straße, 1930 Kilometer im Zug. 5761 Kilometer. Bis auf den Platten am allerersten Tag gab es keine Panne, keinen Unfall, alle Reparaturen erwiesen sich als marginal und zeitunaufwendig.

Ohne Marlene wäre die Reise sicherlich eine andere gewesen. Die Möglichkeit, ein Land individuell zu entdecken, ist nur mit einem eigenen Verkehrsmittel gegeben. Seien es die Beine, die den Reisenden von Ort zu Ort tragen, sei es ein Fahrrad, Motorrad oder Wohnwagen. Es ist eine große Freiheit, jederzeit kommen und gehen zu können, nicht von Uhrzeiten und Abfahrtszeiten abhängig zu sein, sich zu verlieren und dort, wo man ankommt, Menschen und Orte zu entdecken, zu denen bislang kein Reiseweg geführt hat, die in keiner Karte verzeichnet sind. Mit Dankbarkeit und einer großen Portion Nostalgie lasse ich meine Reisegefährtin in der Stadt zurück, in die ich mich so verliebt habe.

Kaum möglich, sich an Mehrangarh sattzusehen. Während des Abendessens blicken Anja und ich auf das majestätische Wüstenbild, das organisch aus der Landschaft gewachsen zu sein scheint. Eine Stunde später der umgekehrte Blick, als wir nach einem Spaziergang an der Wand der Festung lehnen und auf die Stadt hinunterblicken, in der die Einwohner wie jeden Abend feiern, dass es ein Tag war. Der fein ausbalancierte Geräuschteppich der Stadt wird interpunktiert von größeren Explosionen; Raketen, die wohl noch von Diwali übrig geblieben sind, streuen Farbkleckse in die Dunkelheit und verbuntmalen die Musik, die wie jede Nacht durch die Stadt schallt. Im dunklen Meer sieht und hört man immer eine Hochzeit, immer einen Geburtstag, ein religiöses Fest oder eine Kapelle. Die Lebenskraft versiegt nicht. Und der Mensch – komme Dürre oder Plage, kommen Mogulen, Maharadschas oder Kolonisten – überlebt. Langsam wird sich die Musik in die Finsternis verstreuen, bis am nächsten Morgen die Vögel in den Gassen verkünden, dass sich zu einem neuen Tag und zu einer neuen Reise erhoben werden darf.

RAJASTHAN

Bikaner

Dieser Baum heißt Akra.«

Er zeigt mit der ganzen Hand aus dem Fenster, die Haare auf seinen Armen flattern im Fahrtwind. Dann wartet er, bis die ausgebleichte Erde neben den üblichen Sträuchern und Büschen weiteres Leben hervorzaubert.

»Hier, dieser Baum heißt Bardi. Bardibaum.«

Stille. Es kommt nichts mehr. Fünf Minuten lauschen wir den Geräuschen des Zuges, der mich von Jodhpur nach Bikaner bringt, dann legt mein Sitznachbar wieder die Hand auf mein Knie und sagt, urplötzlich das Thema wechselnd: »Weißt du, in Deutschland, ihr habt keine Probleme. Alle Geld, alle eine Religion, alle selbe Hautfarbe. Hier in Indien großes Problem. Alles verschieden.«

Diese Sätze sind gleichzeitig seine Abschiedsworte. Er steigt an der nächsten Station aus, und ich sitze für kurze Zeit alleine in meinem Abteil, was ein seltener Luxus ist. Die Leere ist natürlich zu einladend, als dass sie lange ungenutzt bleibt. Ich habe das Gefühl, die vorbeigehenden Inder bemitleiden mich, der ich so mutterseelenallein im Zug hocke, Musik höre und aus dem Fenster starre. Man wähnt mich einsam, verlassen und unglücklich, von der Gier nach menschlicher Gesellschaft zerfressen.

Und so kommt laufend Besuch. Mein Abteil mit den beiden staubigen und von der einheimischen Insektenwelt angefressenen Pritschen wandelt sich zu einem Empfangssaal. In den sechs Stunden, welche die Reise dauert, gesellen sich nacheinander vier verschiedene Personen zu mir, unter ihnen ein Mann, den ich auf den ersten Blick für ein bisschen verrückt halte. Aber ich täusche mich. Seine eindringlichen Augen und sein zahnloses Gebiss quellen lediglich mit einer unbezähmbaren Freude über, die ihn vor Glück nicht ruhig auf seinem Hintern sitzen lässt. Nachdem er immer wieder auf- und abspringt, kurz das Abteil verlässt und wieder erscheint, beruhigt er sich ein bisschen und wir beginnen zu singen. (Video 23)

»Tape, my song, tape!« Er zeigt auf meine Kamera und will sicher gehen, dass ich seinen Gesang auch filme. Dann legt er los. Nachdem er eine Hand voll Lieder zum Besten gegeben hat, die entweder die Mutter oder einen Gott beschwören, soll ich nun deutsche Lieder singen. Aber meine verarmte deutsche Singkultur gibt nur Kinderlieder oder Fußballhymnen her, die in der Alten Försterei in Berlin-Köpenick gesungen werden. Ich singe also von Hänschen klein, dem Tannenbaum und über Torsten Mattuschka, den Kapitän von Union Berlin. Als Zugabe ringt er mir noch »Ein Prosit der Gemütlichkeit« ab. Obwohl es noch nicht mal ein richtiges Lied ist, scheint ihm diese eine Zeile immerhin sehr zu gefallen.

Auch wenn es sich seltsam anfühlt, ohne Marlene weiterzureisen: Die Zugfahrt könnte schöner kaum sein. Angelockt durch unsere Lieder strömen immer mehr Sänger herbei und geben ihren bronzeveredelten Kehlenschlag zum Besten. Die Frauen ver-

teilen Süßigkeiten unter der kleinen Gruppe, die bei jeder sich
bietenden Gelegenheit in ein bekanntes Lied einstimmt. Ich
streiche meine vorangegangene Notiz, dass sich ein Land nur mit
einem individuellen Verkehrsmittel aus aller Nähe bereisen lässt.
Zumindest auf Indien trifft dies nicht zu. Gerade der Zug als *das*
öffentliche Verkehrsmittel dient anscheinend einzig dazu, sich
untereinander näherzukommen – und zu lernen.

Ich erinnere mich noch an meine allererste Zugfahrt in Indi-
en, die mir eine der größten Lektionen meines Lebens mit auf den
Weg gab. Mir gegenüber saß ein Bauer mit seiner gesamten Familie, also Frau, Brüdern, Schwestern und ziemlich vielen Kindern
und Enkelkindern. Er war vielleicht sechzig Jahre alt, sein Englisch war nicht wirklich gut, aber einer seiner Söhne half ihm immer mit den Worten. Es kamen die üblichen Fragen nach Nationalität, Beruf und Ehe. Er wollte mehr über Deutschland wissen,
was mich als jungen Mann Anfang zwanzig, der gerade frei, un-
beschwert und in den glückseligen Staub eines großen Abenteu-
ers gewickelt durch ein unendlich auffindbares Land reiste, dazu
veranlasste, nicht gerade über die Vorzüge meines Heimatlan-
des zu dozieren. Deutschland sei ein unterkühltes Land mit chro-
nisch unzufriedenen Menschen, die keine wahren Ziele und keine
Lebensfreude, sondern nur Engstirnigkeit und Sorge kennen. Ich
befand mich in der Erlebnisdichte einer einzigartigen Welt und
war mir zu diesem Zeitpunkt sicher, nie wieder in Deutschland
leben zu wollen.

Der Mann war schockiert. Nicht, weil er meinen Schilde-
rungen keinen Glauben schenkte, sondern weil ich nicht kapier-
te, was mich alles zu dem Menschen hat werden lassen, der ich
bin. »You cannot escape what you are«, begann dieser Mann, dessen Lebensinhalt es war, seine Familie zu versorgen und ein wi-
derspenstiges Ackerland zu bestellen. »Deutsche Luft hat dich
atmen lassen, deutsche Menschen haben dir Liebe und Freund-
schaft beigebracht, die deutsche Landschaft hat deine Sinne ge-

formt, und eine deutsche Schule hat dich Wissen gelehrt. Alle
deine Lehrer, ob gut oder schlecht, sind aus Deutschland, deine
Familie, dein Vater und deine Mutter. You have to respect your
motherland«, schloss er und drückte mir die Hände. »Es hat dich
gehegt wie eine Mutter, es hat dir alles gegeben.«

In Jodhpur hatte man mich vor Bikaner gewarnt. Hier gebe es
nichts und niemanden, ein zugestaubtes und langweiliges Nest
am Ende der zivilisierten Welt. Aber mein erster Eindruck verrät mir, dass Bikaner sehr entspannt ist: Ich laufe vom Bahnhof
aus die Hauptstraße hinunter, ohne von irgendjemandem beach-
tet oder in ein Geschäft geschoben zu werden. Kein Guesthouse,
kein Hotel in Sicht. Nur Indien in seinen Hauptstraßenkatego-
rien Verkehr, Schuhgeschäft, Restaurant, Tea Shop und die zwischen Eck und Kante schlafenden Bündel, das Haut-und-Kno-
chen-Bild der indischen Bürgersteige.

Ich frage einen der herumstehenden Männer nach einem
Guesthouse und bekomme zur Antwort, dass er selbst einige Zimmer in seinem Haus vermiete. Na denn! Ich schwinge mich auf
den Motorradrücksitz des kleinen und zuvorkommenden Mannes, der sich als Gouri vorstellt, und werde in meinem Zutrauen
nicht enttäuscht. In der Altstadt Bikaners besitzt er ein kleines
Guesthouse mit nur drei Zimmern, das Shanti House (Friedliches
Haus), welches er gemeinsam mit seiner Frau hegt und pflegt.
Eine steile Treppe führt durch das schmale Gebäude, die Zimmer
sind sauber, gemütlich und günstig, und auf der kleinen Dachterrasse haust sogar eine italienische Reisende für weniger als einen
Euro am Tag, da sie einen Teil ihres Geldes verloren hat. Gouris Hilfsbereitschaft kommt am nächsten Tag auch mir zugute,
als er mir sein Motorrad leiht. Bevor ich Rajasthan verlasse, will
ich noch einen berüchtigten Tempel besuchen, der dreißig Kilometer entfernt liegt. Und in welchem zwanzigtausend Ratten verehrt werden.

Wenn man die Augen schließt und sich ein indisches Wüsten-
dorf vorstellt, welches den Namen Deshnok trägt, wird sich das
imaginäre Bild des inneren Auges eins zu eins mit dem abgleichen
können, was mich und Volker (Gouris Motorrad ist eine gebeu-
telte, schief-knatternde Bajaj Pulsar, und nach der weichen Vollkommenheit Marlenes bekommt sie einen Namen, der zu ihr
beziehungsweise ihm passt) am Ende der Immergeradeaus-Stra-
ße erwartet. Blechbuden, die als Auffangbecken der Staubkreisel
dienen und winzige *dhaba,* die ihre Frittierfahnen in den nie wirklich wach werdenden Tag hängen; in ihre Decken eingewickelte
Männer, die orientierungslos herumstehen und, wenn es schon
eine Bewegung sein muss, zu der erloschenen Beedi greifen, die
wie ein malerischer Appendix an ihren Lippen klebt.

Nein, nicht Bikaner, sondern Deshnok ist das Ende der zivilisierten Welt.

Ich kann es mir sparen, nach dem Weg zu fragen und folge
der einzigen Straße, die den Anschein macht, als würde sie irgendwo hinführen. Unterstände, die allesamt religiösen Plastikkram
und Opfergaben verkaufen, zeigen bald die Nähe des Tempels
an; ich lasse meine *chappal* in den Schuhregalen, kaufe ein Ticket
für meine Kamera und schreite über den kalten Marmor in den
Karni-Mata-Tempel.

Wie immer in Indien sind die Erzählungen, Legenden und
Mythen so stark ineinander verwoben und von so vielen Zungen
und Tintenfedern wiedererzählt worden, dass zehn verschiedene Quellen zehn verschiedene Formen zum Ausdruck bringen. Es
lässt sich jedoch mit ziemlicher Sicherheit sagen, dass Karni Mata
(wahrscheinlich gegen Ende des 14. Jahrhunderts) als eine Inkarnation der Göttin Durga lebte und bereits zu ihren Lebzeiten von
den Rajputen als deren Schutzheilige verehrt wurde. Als ihr Sohn
in einen Teich fiel und ertrank, bat sie den Todesgott Yuma, ihn
der Erde und ihrem Mutterschoß zurückzugeben. Vergebens. Be-
flügelt durch Zorn und Vergeltungssucht verfügte sie, dass von

nun an keine Mitglieder ihrer Familie und ihres Volkes in das To-
tenreich Yumas gelangen, sondern nach ihrem Tod direkt als Ratten wiedergeboren werden sollten.

Von außen könnte man noch glauben, die Stätte sei Tauben
gewidmet. Diese Fehlinterpretation wird bald berichtigt, denn
im Inneren des Tempels jagen tatsächlich Tausende von Ratten
durch den Hof, der durch riesige Netze vor Angreifern aus der
Luft geschützt ist.

Ich bin beruhigt. Die Ratten, die man in Indien zu Gesicht
bekommt, sind teilweise derartig fiese und übermutierte Gestalten, dass man sie aufgrund ihrer Körpergröße oft für Katzen hält.
Doch innerhalb des Tempels befinden sich keine tollwutverrück-
ten Riesenungeheuer, sondern kleine und zutrauliche Tierchen,
die eher wie Mäuse aussehen. Sie sind überall, und ich muss aufpassen, wo ich meinen Fuß hinsetze. Selbst die Schatten sind
Ratten. Überall im Tempel stehen riesige Schalen mit Milch oder
Wasser, an denen unzählige Tiere herumschlürfen; sie kauern
sich zu Bündeln zusammen, verzehren die von den Pilgern mitgebrachten Speisen und machen auch sonst genau das, was Menschen eben auch machen: essen, schlafen, Nachwuchs zeugen,
kämpfen, spielen, sterben. (Video 24)

Im inneren Heiligtum sitzen die Priester und Gläubigen vor
einer Statue der Karni Mata und scheffeln aus unversiegbaren
Quellen *laddu* und Körner in die Becken, in denen es sich die so
Bewirteten gut gehen lassen. Es soll Glück bringen, wenn eine
Ratte auf einem ihrer blitzschnellen Wege auf dem Fuß halt-
macht, aber als mir das erste Mal an den Zehen herumgeschnup-
pert wird, ziehe ich doch noch unter der Schirmherrschaft meiner ebenfalls tierischen Instinkte den Fuß zurück – Ratte bleibt
Ratte, auch wenn sie süß aussieht und nur spielen will.

Die großen Glücksbringer sind die weißen Ratten, von denen
es nur sehr wenige gibt. Es wird behauptet, diese sehr seltenen
Exemplare seien Inkarnationen Karni Matas und ihrer engsten

Familie, und ein Blick auf eine dieser Seltenheiten wirke sich als
unbezahlbare Segnung aus.

Fast entgeht mir die Pracht des Tempels, weil ich den Blick
nur nach unten richte. Die kleinen Gebäude, die den Haupttem-
pel umstehen, sind in einem unaufdringlichen Rosagelb gehalten,
und das Hauptgebäude besticht durch all die aufwendigen At-
tribute der lokalen Architekturkunst. Der fein geschnitzte und
reich verzierte Tempel sieht aus wie ein königlicher Palast, in dem
man Prinzen vermutet – aber spielende, schlafende oder sterben-
de Ratten vorfindet.

PUNJAB

Amritsar

Schlöß in die Dinge sich nicht etwas Göttliches ein,
Sie sämtlich würden nicht nach der Erlösung schrein.

DANIEL CZEPKO

Um Mitternacht sitze ich in der Nähe des Bahnhofs. Die Gasflamme des letzten noch arbeitenden Chai-*wallah* bildet das lauteste und letzte Geräusch der nachtkalten Wüstenstadt. Der Zug kommt eine Stunde zu spät, also eigentlich pünktlich. Ab hier helfen meine wärmsten Klamotten und alle Decken nichts mehr gegen die Kälte und den frostigen Wind, der trotz der geschlossenen Fenster durch das Abteil heult. Es wird keine lange Nacht; die kurzweiligen Träume von Wärme und Barfußbildern finden im klammen Wachbewusstsein statt, die sonst sehr realen Schnarchtendenzen der Mitreisenden sind nur nachgeahmt, kopiert – als wollten sie tatsächlich mit Hilfe dieses billigen Tricks den eigentlichen Schlaf heraufprovozieren.

Draußen krähen die Hähne, in den Zügen rufen die Chai-*wallah* zur Morgenstunde. Noch bevor die Sonne richtig durch die

Wipfel der Baumreihen geklettert ist, sitzen meine Mitreisenden und ich an den Fenstern, bekämpfen die Kälte mit den ersten Salven Tee und sind froh, die Nacht, die keine war, hinter uns zu haben.

Jede Zugnacht hat mich bislang in ein anderes Land geschleust, beginnend mit der Reise aus dem Immergrün Goas ins Immergrau Bombays. Dort ließen Marlene und ich die große Göttin im Schutz ihrer eigenen Dunkelheit zurück, um beim nächsten Tagesanbruch in der Wüste Rajasthans aufzuwachen. Nun, knapp drei Wochen später, habe ich den Wüstenstaub Bikaners mit dem fruchtbaren Punjab getauscht. Kaum vorzustellen, dass die beiden Staaten nebeneinanderliegen, und dass der eine als wasserloses Dürreland, der andere als Brotkorb Indiens bekannt ist. Grüne Felder und europäische Fauna, bald von Flussläufen und Bruder Baum begleitet, welcher die Kraft hat, weit und entschlossen in den Himmel zu wachsen. Sogar Tannen ragen zwischen den sich ewig aneinanderreihenden Reis- und Gemüsefeldern empor. Von morgens bis mittags sehe ich nichts als bewirtschaftetes Ackerland und Bauernhäuser, nur unterbrochen durch kleine pittoreske Bahnstationen, denen die Geschichte Namen wie von geheimnisvollen Menschen geschenkt hat: Mahalam, Makhu, Pajian.

Eine andere Sprache, Punjabi, eine andere Religion, der Sikhismus, eine neue Bekleidung, neuer Körperumfang, ein anderer Blick. In Jalandhar muss ich umsteigen, um den Zug nach Amritsar zu nehmen. Ich habe etwas Zeit, streife durch die Straßen der kleinen Stadt und denke mir: Indien! Ich bin nach einer Wüstenexkursion erneut in Bharat Mata gelandet, es gibt sie wieder: die vollen Gesichter, in denen nicht nur Wind und Sonne ihre Gräben gezogen haben, die schnellen Bewegungen, die Menge und die Masse. Wiederherstellung. Mit der so fruchtbaren und schenkenden Erde wächst auch wieder ein Mensch heran, der sich mit der Zeit bewegt, anstatt aus ihr herauszufallen, seine Gedanken in der Gegenwart verhaftet, anstatt in der Ewigkeit.

Der Staat Punjab – der nach den fünf Flüssen benannt ist, die ihn durchfließen und seinen Menschen die ertragreichen Felder schenken – ist im letzten großen Kapitel der indischen Geschichte (die kriegerischen Auseinandersetzungen mit Pakistan und den zweijährigen, 1975 von Indira Gandhi verhängten Ausnahmezustand nicht mitgerechnet) von entscheidender und trauriger Bedeutung gewesen. Denn das, was sich auf dieser so kostbaren Erde zugetragen hat, ließ vor fünfundsechzig Jahren die neu gewonnene Freiheit der Inder nicht zu einem Fest, sondern zu einem noch immer nicht verarbeitenden Trauma werden.

Indien kennt in der sich zyklisch auswirkenden Ewigkeit der Welt keine Beschleunigung. Es hat zu viel Zeit für Eile. Wann die Dinge zustande kommen ist belanglos, solange sich erahnen lässt, dass überhaupt irgendwann irgendwas geschieht. So bahnte sich auch die Unabhängigkeit Indiens über ein halbes Jahrhundert an, langsam, sehr langsam zwar, aber sicher.

Bis in die Vierzigerjahre des 20. Jahrhunderts. blieb ein freies Indien noch eine holde Wunschvorstellung. Die Briten schafften es, mit ihrer von Caesar abgeleiteten Divide-et-impera-Politik das riesige Reich zu verwalten und zugleich für Frieden und Ordnung zu sorgen. Die Fürsten und Eliten waren mit der Zusammenarbeit und der für sie eher harmlosen Anwesenheit der Briten zufrieden, und die ungebildete, zerstreute und machtlose Bevölkerung, gerade auf dem Land, ergab sich ihrem Schicksal. Für sie änderten sich immer nur die Namen der Herrscher, aber niemals das Beherrschtwerden und die Unterwerfung unter die jeweilige Obrigkeit. Doch die fortlaufenden Ungerechtigkeiten, zunehmenden Gewalttaten und die wirtschaftliche Ausbeutung des Subkontinents forderten schließlich doch ihren Tribut. 1885 wurde der indische Nationalkongress gegründet, der jedoch noch gar nicht an so hohe Ziele wie die Unabhängigkeit oder eine ernsthafte Auflehnung gegen die Briten dachte. Dem Kongress ging es zuerst

nur um wenige, meistens belanglose Punkte der indischen Mitbe-
stimmung, das war alles. Der Ruf nach Unabhängigkeit kam zum
ersten Mal um die Jahrhundertwende im Bundesstaat Bengalen
auf, als sich immer mehr Rebellen organisierten und sich zu einem noch sehr undankbaren bewaffneten Aufstand gegen die Briten erhoben, der schnell niedergeschlagen wurde. Die Idee jedoch
war geboren. Und der Wunsch nach Freiheit nahm immer mehr
Gestalt an.

Die Losung *svaraj,* Selbstbestimmung, fand in den folgenden
Jahrzehnten zum ersten Mal größere Aufmerksamkeit. Es war der
aus Südafrika zurückgekehrte Mahatma Gandhi, der den Weg zu
dieser Selbstbestimmung mit den Worten *ahimsa* und *satyagraha*
pflasterte, Gewaltfreiheit und Festhalten an der Wahrheit. Mit
Aktionen wie seinem prestigewirksamen Salzmarsch prangerte er
zum Beispiel das britische Salzmonopol und die absurde Salzsteu-
er an, die ungerechteste aller Abgaben, die der mittellose Inder an
die Krone zu leisten hatte. Auch wenn Gandhis Idee der Gewaltlosigkeit nicht lange Bestand haben sollte, so war es doch seine
Person, die dem indischen Nationalkongress neue Aufmerksamkeit und die nötige Stärkung eintrug. Vor dem Auftritt Gandhis
eher eine elitäre Heimat für Intellektuelle und Hobbypolitiker
vereinigte der Kongress nun auch die Masse der Armen und Bauern hinter sich und wuchs zur Stimme und Stimmungsmaschine
der meisten Inder heran.

Aber die Partei erreichte nicht alle Inder. Vor allem die Muslime, die sich von dem überwiegend aus Hindus bestehenden Kongress nicht ausreichend vertreten fühlten, gründeten bereits 1906,
lange vor dem Erscheinen Gandhis, ihre eigene Partei, die Muslimliga. Diese stand so lange an der Seite des Kongresses, bis es zu
ersten Befürchtungen kam, sie könne unter einer immer mehr er-
starkenden ›Hindu‹-Partei ihre Ziele und somit die Belange ihre
Anhängerschaft nicht mehr verteidigen. Zunächst eine fixe Idee,
die niemand ernst nahm: 1933 entstand zum ersten Mal ein Ma-

nifest innerhalb der Muslimliga, welches mit der Idee einer Staatenteilung spielte. Die überwiegend muslimischen Regionen sollten ein eigenständiger, muslimischer Staat werden, der sich selbst verwaltet – der Rest den Hindus, Sikhs, Buddhisten etcetera gehören. Aber nur einige Jahre später wurde Pakistan, das Land der Reinen, als visionärer muslimischer Staat bereits ein Teil des offiziellen Parteiprogramms.

Zwei Weltkriege hatten an Großbritannien gezehrt. 1945 war das Land geschwächt, kriegsmüde und bankrott, während sich in Indien die Konflikte zu einer Kraft gebündelt hatten, die nicht mehr zu ignorieren war. Die Kolonien, welche die Europäer über den Erdball gespannt hatten, gingen zugrunde; die Idee der Fremdherrschaft war nicht mehr haltbar, sie war veraltet, unmodern und undemokratisch. Noch wehrten sich die Briten gegen den absehbaren Umbruch in ihrer und der indischen Geschichte, den sicheren Verlust ihrer politischen und wirtschaftlichen Macht. Aber die verzweifelte Härte der Gewalt, welche sie in Indien an den Tag legten, bedingte nur ihren moralischen Bankrott und einen immer stärker werdenden Gegner. Die 1942 von Gandhi initiierte ›Quit India‹-Kampagne und der Aufruf zum passiven Widerstand würden die Kraft haben, sich (fürs Erste) gegen Gewehre und Militär durchzusetzen.

Dies waren die Verhältnisse, die zu einer der größten Katastrophen des 20. Jahrhunderts führen sollten: Großbritannien kündigte an, die Inder in ihre Freiheit zu entlassen. Die Muslimliga hatte sich immer mehr von der mächtigen Kongresspartei entfernt, die das Sprachrohr der meisten Inder war. Sie fürchtete eine Unterordnung unter die Hindumehrheit Indiens und pochte nun vehement auf Pakistan, ihren eigenen Staat. Für Jawarharlal Nehru, den Kopf des Kongresses, und vor allem für Gandhi, der seit Jahrzehnten für die Geschlossenheit von Muslimen und Hindus kämpfte, war die Teilung des indischen Subkontinents unvor-

stellbar. Für Ali Jinnah jedoch, den Führer der Muslimliga, würde
sie sich als unverzichtbar erweisen.

Der englische Premierminister Clement Attlee stieg im Februar
1947 vor die Mikrofone und verkündete, Indien am 30. Juni 1948
seine Unabhängigkeit zu schenken. Gleichzeitig inthronisierte er
Lord Mountbatten als Vizekönig Indiens, damit dieser geschei-
te und charismatische Mann, der in dem Ruf stand, sich nicht vor
schwierigen Entscheidungen zu drücken, die Aufgabe der Macht-
übergabe übernehme. Als Mountbatten in Indien eintraf und sich
ein Bild der für ihn erschreckenden Verhältnisse machte, sollte er
zu einer folgenreichen Entscheidung kommen.

Indien brannte. Die Freude über die Freiheit war der Verunsi-
cherung gewichen, wie jene wohl aussehen würde. Die Angst vor
einer Teilung Indiens war groß. Überall war der Religionshass ent-
brannt, in Kalkutta metzelten sich Hindus und Muslime zu Tausenden nieder, Mobs zogen durch Bombay, Leichen verwesten in
den Straßen Lahores, im Punjab wurden ganze Dörfer ausradiert.
Die Menschen bewaffneten sich. Das Land war im Aufruhr, die
soziale Ordnung stand auf der Kippe. Mountbatten befürchtete
einen ausgewachsenen Bürgerkrieg, mit dem er sich aber nicht im
Namen des britischen Volkes herumschlagen wollte. Für ihn war
klar: England musste das Land so schnell wie möglich verlassen.

Vier Männer berieten nun über die Modalitäten der Freiheit. Es müssen faszinierende wie auch frustrierende Gespräche
für Mountbatten gewesen sein, da er es mit drei vollkommen unterschiedlichen Charakteren zu tun hatte. Das Oberhaupt des
Kongresses und der designierte erste indische Ministerpräsident
Nehru, ein scharfsinniger Agnostiker und gebildeter Staatsmann,
der Indien durch Industrialisierung und Modernisierung für die
Zukunft konkurrenzfähig machen wollte; Gandhi, ein halbnackter Asket, mit starrsinnigem Glauben versehen, dass in Mutter
Indien alle Völker das Spinnrad als Symbol indischer Einfach-

heit und Lebensfreude verehren und niemals ein motorisiertes Gefährt besteigen würden; und Mohammed Ali Jinnah, grimmiger Populist, unnachgiebig, unnahbar und, laut Mountbatten, »kalt, so kalt wie Eis«, zudem gegen alle Vernunft »besessen von der Idee Pakistan, koste es, was es wolle.« Nehru pochte auf die Einheit Indiens, Jinnah aber wähnte – nach Wegfall der schützenden und regulierenden Hand Englands – die Kluft zwischen Hindus und Muslimen zu groß und die Muslime als Leidtragende einer hinduistischen Mehrheit. Gandhis Vorschlag: Die kleine Muslimliga sollte an Stelle der großen Kongresspartei über Indien herrschen, um diese Befürchtungen zu zerschlagen.

Gandhi versprach Mountbatten, er werde sein Volk davon überzeugen, dass diese Lösung immer noch besser sei als eine Teilung des Landes. Aber er sollte sich irren. Sogar seine engsten Vertrauten verweigerten ihm in diesem Punkt die Gefolgschaft, von der Bevölkerung und der Kongresspartei ganz zu schweigen. So oder so, Jinnah sah keine Zukunft für ein geeintes Indiens. Muslime seien eine eigene Nation »mit eigener Kultur und Zivilisation, Sprache und Literatur, Kunst und Architektur, mit eigenen Gesetzen und moralischen Vorschriften, mit eigenem Kalender und eigener Geschichte. Indien war nie wirklich eine Nation. Das sieht nur auf der Landkarte so aus.« Hindus und Muslime also seien zwei Nationen, »die sich in allen wesentlichen Dingen des Lebens grundsätzlich voneinander unterscheiden.«

Vielleicht hätte es gut ausgehen können, wenn Jinnah ebenfalls, gleich Gandhi, zu Brüderlichkeit und Frieden aufgerufen hätte, anstatt durch Angst und Spaltung die Ausschreitungen zwischen den Religionsgruppen anzufachen. Man wird es nie erfahren. Letztlich segnete der Kongress zähneknirschend die Teilung des Landes ab, Gandhi resignierte vollständig, Jinnah jubelte. Mountbatten, machtlos im Angesicht der unbeweglichen Position Jinnahs, beschrieb die Teilung als »reinen Wahnsinn. Niemand könnte mich jemals dazu bringen, ihr zuzustimmen, wäre nicht dieser unglaubliche Hass zwischen den Religionsgruppen, der alle ergriffen hat und keinen anderen Weg offen lässt. Die Verantwortung für diese verrückte Entscheidung muss für die Augen der Welt eindeutig den Indern angelastet werden.«

Das mag stimmen, aber Mountbatten leistete sich seine eigene dramatische Entscheidung, indem er, um die Verantwortung für das sich abzeichnende Desaster nicht tragen zu müssen, die Unabhängigkeit spontan um fast ein Jahr vorverlegte. Indien blieb nun nur noch ein wahnwitziger Zeitraum von zweiundsiebzig Tagen, um ein komplettes, bereits in etlichen Konflikten steckendes Land auf dessen schmerzhafte Spaltung vorzubereiten.

Mountbatten war nach Indien geschickt worden, um die Unabhängigkeit zu regeln; auch er rief nun einen weiteren Landsmann nach Indien, um die undankbare Aufgabe der Grenzziehung nach bestem Gewissen zu verantworten. Ein Mann namens Radcliffe, der noch niemals zuvor in Indien gewesen war, beugte sich nach seiner Ankunft fünf Wochen lang über jede Menge Karten und Statistiken, die Zahlen und Hinweise auf Eisenbahnstrecken, Dörfer und Bewässerungssysteme enthielten. Nicht nur das Land musste getrennt werden, sondern auch zwei Provinzen – Bengalen im Osten und der Punjab im Westen. Im Punjab aber lebten sechzehn Millionen Muslime, fünfzehn Millionen Hindus und fünf Millionen Sikhs zu fast gleichen Anteilen in den Dörfern und Städten. Diese Gemeindeeinheiten hatten seit Generationen Bestand. Es existierte weder im Landbesitz noch in gesellschaftlichem Einfluss oder der Nachbarschaft eine klare Linie zwischen den Religionen. Wie sollte es möglich sein zu entscheiden, welcher Teil der Provinz an Pakistan und welcher an Indien gehen sollte? Wo sollte man Felder, Flussläufe, Güter, Dörfer und Städte trennen, die allen gehörten und von allen genutzt wurden?

Es ist kaum vorzustellen: Die Aufteilung Bengalens und des Punjabs war beschlossene Sache, aber bis zu dem Zeitpunkt der

Unabhängigkeit sollte noch niemand erfahren, wo genau die neue
Grenze verlief. Vor allem im Punjab herrschten Panik, Gewalt
und Plünderungen. Jeder hatte Angst, bald unter dem anderen leiden zu müssen. Dort, wo Muslime, Hindus und Sikhs über Jahrhunderte friedlich und brüderlich zusammengelebt hatten, kehr-
ten Angst und Schrecken ein, die Menschen separierten sich und
zogen sich, bewaffnet, in der kritischen Zeit in die Herberge ihrer
Religionszugehörigkeit zurück. Die Folge waren Massaker und
Vergeltungsmassaker. Und ein banges Warten auf den 15. August,
an dem die Freiheit und mit ihr der neue Grenzverlauf verkündet
werden sollten.

Um Mitternacht hallte Nehrus »Tryst with Destiny«-Rede aus
den Radios in die Behausungen Indiens. Darin heißt es: »Ein Ren-
dezvous mit dem Schicksal – solch einen bedeutenden Moment
verzeichnet die Geschichte nur selten und immer nur dann, wenn
das Alte von dem Neuen abgelöst wird, wenn eine Ära endet und
die Seele einer lange unterdrückten Nation endlich ihre eigene
Stimme findet.«

Kurz darauf saß er mit Mountbatten unter vier Augen zusammen und erhielt den genauen Grenzverlauf, der für ihn wie auch
für Jinnah auf pakistanischer Seite ein Schock war. Zum ersten
Mal wird ihnen wohl vollkommen klar geworden sein, was die
Entscheidung der Staatenteilung für Konsequenzen haben würde.

Was folgte, war eine Völkerflucht gigantischen Ausmaßes.
Rund neun Millionen Sikhs und Hindus lebten laut den neuen
Grenzen auf pakistanischem Gebiet; sie ließen ihr Leben, ihre
Häuser, Geschäfte und all ihr Hab und Gut zurück, um sich in
riesigen Karawanen auf den Weg nach Indien zu machen, von wo
aus ebenso viele Muslime den umgekehrten Weg nach Pakistan
einschlugen.

Die Märsche waren endlos, die Flüchtlingsströme wuchsen auf
Hunderte Meilen an. Es gab weder genug Wasser noch Essen, we-

der Schutz noch Geleit. Krankheiten brachen aus. Die erschöpften und deprimierten Menschen starben wie die Fliegen. Mütter ließen ihre Kinder am Wegesrand zurück, da sie sie nicht ernähren konnten. Die ausgemergelten Karawanen, die sich kreuzten, fielen übereinander her. Muslime massakrierten Hindus, Hindus massakrierten Muslime. Volle Züge wurden überfallen, die Insassen bis auf den letzten Mann erschlagen. Kinder wurden verbrannt, schwangeren Frauen die Bäuche aufgeschnitten, die Brüste abgehackt. Sie wurden vor den Augen ihre Männer vergewaltigt und geköpft. Die indische Polizei und die wenigen noch verbliebenen britischen Soldaten hatten nicht die geringste Chance, das gegenseitige Abschlachten zu stoppen. Eine Millionen Menschen wurden im Zuge der Ausschreitungen auf grausamste Weise umgebracht; es kam so lange zu Pogromen und Überfällen, bis sich keine möglichen Opfer mehr fanden. In Lahore, wie in vielen anderen Städten auch, war die Hälfte der Bürger tot oder geflohen. Aus dem Punjab, dem fruchtbaren Land der Flüsse und Reisfelder, war zum Zeitpunkt der indischen Unabhängigkeitserklärung eines der blutigsten Schlachtfelder des 20. Jahrhunderts geworden.

Das erste, was mir an Amritsar auffällt, sind die rostigen Fahrradrikschas. Hier gibt es sie noch massenhaft, die alten Drahtesel, die von ebenso in die Jahre gekommenen, sehnig-dürren Männern durch den aufkommenden Winter gestrampelt werden. Mein Fahrer schafft es gerade so, seinen Namen über die Lippen zu schieben. Rao. Bevor wir uns auf den Weg machen, suchen wir einen Chai-Stand auf, damit ich ihm in aller Ruhe einen Kraft spendenden Tee ausgeben kann – ich habe Bedenken, ob er ohne den Zuckerschub die gemeinsame Fahrt zum Goldenen Tempel schafft. Eine kippende Hand und zugespitzte Lippen, die den Tee schlürfen, sind seine einzigen Lebenszeichen. Als er die süße Brühe geleert hat, kratzt er sich etwas alte Haut aus den wenigen grauen Bartstoppeln, die sein Gesicht noch hervorbringt, zwingt etwas Leben in seine leeren Augen, zurrt seinen Schal fester um den Hals und packt mich mit kaum wahrnehmbarer Kraft am Arm.

»Goldener Tempel, hm«, krächzt er, als sei er ein in die Jahre gekommenes Orakel.

Es kann losgehen.

Einmal muss ich absteigen und die Rikscha zusammen mit Rao einen kleinen Anstieg hochschieben. Ansonsten hat er keine Mühe, mich durch den Verkehr zu schiffen, der von stämmigen Männern auf Motorrädern dominiert wird. Man stelle sich einen persischen Krieger zu Zeiten Königs Dareios' vor, nur wesentlich fetter und auf einer Hero Honda anstatt einem edlen Ross.

Sikhs – groß gewachsene, wuchtige Menschen – machen nur ein Prozent der indischen Bevölkerung aus, stellen im Punjab aber die Mehrheit. Durch ihre eindeutige Uniformierung setzen sie sich rein optisch vom Rest der Inder ab: Die Männer sehen mit sprießendem Bart und Turban aus, als seien sie jederzeit bereit, in den Krieg zu ziehen. Diese beiden ›Kleidungsstücke‹ sind jedoch nur zwei von fünf wichtigen Erkennungsmerkmalen, die jeden getauften Sikh, *khalsa,* zeitlebens begleiten. Die fünf Ks, die *panj kakaar,* sind:

- *kesh.* Ungeschnittenes Haar. Weder Bart noch Haupthaar werden jemals geschnitten. Die Haare werden in den Turban, den *dastar* gewickelt.
- *kangha.* Ein Kamm, meistens aus Holz, den man ebenfalls im Turban trägt.
- *katchera.* Lange Unterwäsche aus Baumwolle.
- *kara.* Ein eiserner Armreif.
- *kirpan.* Ein Dolch, der aber auch ein ausgewachsenes Schwert sein kann.

Es ist kein Zufall, dass die Sikhs wie Krieger aussehen. Sie sind es. Obwohl sie einer der integrativsten und tolerantesten Religionen des Erdballs angehören, haben sie sich als ewige Minderheit ihre

gesamte Geschichte hindurch immer verteidigen müssen, um zu
überleben. Neben der Gottesehrfurcht wurden ebenfalls – der
Weltenlauf verlangte es so – die Qualitäten eines ehrbaren Soldaten
antrainiert. Die konfliktreiche Vergangenheit spiegelt sich heute
noch in den Symbolen der *khalsa* wider, die für Mut, Ehrlichkeit,
Hilfsbereitschaft, Tapferkeit und Disziplin stehen, angewandt in
beiden Realitäten, dem Militarismus[13] und der Suche nach Gott.

Sikhs wirken ernst und erwachsen. Wenn man sie anlächelt und
freundlich grüßt, wie man es im Rest Indiens tut, erntet der Fremde bestenfalls einen zweifelnden Blick, der unzweifelhaft sagt: Hör
auf, hier dämlich mit dem Kopf zu wackeln, und sag mir endlich,
was du willst!

Sobald ich über das Wesen der Sikhs nachdenke, fällt mir
stets ein Erlebnis aus meiner Zeit in Kalkutta ein. In der Nähe
meiner damaligen Wohnung gab es ein Restaurant, das von einer Sikh-Familie geführt wurde. Ein Bengali, der als Kellner angestellt war, bediente die Gäste des winzigen, dunkel-verrauch-
ten Lokals, während die Frauen in der Küche fuhrwerkten und
der alte Patriarch, der einem riesigen, grau behaarten Walross äh-
nelte, am Eingang über die Kasse wachte. Kein besonders schöner
Ort, aber das Essen war das beste der Gegend, und ich kam jeden
Tag. Der einzige Ausländer weit und breit, und dann auch noch
ein Stammgast! Er hat mich nie auch nur angesehen, keine meiner Freundlichkeiten und Grüße erwidert, mir stets stumm und
teilnahmslos das Wechselgeld überreicht. Dann kam ich aus irgendeinem Grund zwei Tage nicht in sein Restaurant, ging um
die Häuserblocks spazieren und fühlte plötzlich eine kalte Hand
auf meiner Schulter. Das Walross stand hinter mir, krumm bis

---

13 Die kleine Minderheit der Sikh-Männer stellte von den indischen
    Truppen, die unter der Flagge Großbritanniens in beiden Weltkriegen
    kämpften, mehr als die Hälfte der Soldaten. Sie sind auch heute noch
    sehr stark im indischen Militär vertreten.

schief, den wilden Bart an den Schläfen zusammengebunden, das Haupthaar in einem grünen Turban vergraben, die Augen glasig vor ... freundlicher Entgeisterung. Der Alte packte mich mit einer Kraft, die Rao zu seinen besten Zeiten in beiden Armen zusammen nicht hätte aufbringen können, und schleifte mich zwanzig Minuten unter leierkastenhaftem »Why didn't you come to my place to EAT«-Beschuldigungen in sein Restaurant. Ich bekam Essen, ob ich wollte oder nicht, kostenlos. Als er mich an diesem Tag verabschiedete, stand er auf, stellte sich vor, drückte mir die Hand und verfiel für den Bruchteil einer Sekunde in ein sperriges Lächeln, welches vielleicht das ehrlichste war, das mir jemals begegnet ist. Ich hatte verstanden: Das Herz ist keine Kirmes. Zuneigung und Güte werden nicht inflationär in die Welt posaunt. Sie sind da, sie werden gehegt und gepflegt, und wenn es notwendig ist, erscheinen sie an der Oberfläche der Wesen, die von ihnen beseelt werden.

In der Nähe des Goldenen Tempels suche ich eine Unterkunft. Die Ernüchterung ist groß. Es ist anscheinend unmöglich, ein Zimmer zu bekommen, das mit den Attributen gemütlich oder ganz nett umschrieben werden könnte. Eines gleicht dem anderen. Dunkle, fensterlose Räume, die nach feuchtem Keller miefen und weder frische Luft noch Tageslicht zulassen. Nach einer halben Stunde gebe ich auf und beziehe der Einfachheit halber das Zimmer, welches am wenigsten muffelt.

Schmalgassenindien. Die alten Gebäude mit ihren brüchigen kleinen Holzbalkonen sehen aus, als stürzten sie jeden Moment ein. Das Essen brutzelt in den Fettpfannen, Kohlerauch steigt in den klarkalten Himmel. Die »Sikh Religious Stores« verkaufen neben Gebetsketten zu neunzig Prozent Waffen: Schwerter, Jagdmesser, Dolche, Luftgewehre. Und Cricketschläger.

Nach einem kurzen Marsch durch die nähere Umgebung betrete ich den Grund, der die meisten Menschen nach Amritsar

zieht, den Darbar Sahib: das spirituelle Zentrum der Stadt und
des Sikhismus. Der nur Goldener Tempel genannte *gurdwara*
(Sikh-Tempel) befindet sich vier Steinwürfe von meinem Guesthouse entfernt, und alle Wege Amritsars führen zu ihm.

Ich konnte nicht ahnen, was mich erwartet. Ich hatte natürlich Erzählungen über den Tempel gehört, Artikel gelesen und
über die Jahre unzählige Bilder gesehen. Dementsprechend erwartete ich einen regenbogenfarbenen Sturm an Heiligkeit, eine
andächtige Atmosphäre und einen der bezauberndsten Orte, den
dieses an Zauberstätten reich bestückte Land zu bieten hat.

Müde von der letzten Nacht im Zug, müde von der Tagesreise
und schon am ersten Tag der Kälte müde, die im Dezember von
Amritsar Besitz ergreift, betrete ich in der Abenddämmerung die
Tempelanlage, steige die Treppenstufen zu dem See herab – und
breche zusammen.

Nichts auf der Welt, das wird mir sofort klar, hätte mich vor-
bereiten können.

Das letzte Tageslicht steigt in den See. Der Himmel schließt
mit seinen Geschehnissen ab und wandert weiter um das Erden-
rund, um die Nacht und jenes nun vollbrachte Bild zurückzulassen, das wie aus einem anderen, noch unverstandenen Welten-
reich in die Wirklichkeit gefallen ist. Aber es ist kein Irrtum. Aus
dem See steigt der Hari Mandir Sahib, der goldverzierte Tempel wie eine Lotusblüte in den Schoß des verbleibenden Tages,
seinen goldenen Schein über das Wasser malend. Gesänge fliegen, von Taubenflügelschlägen begleitet, durch den Abend, die
weißen Gänge und Gebäude rahmen eine Welt ein, die jegliches
Außerhalb vergessen hat. In Anblick und Herz dehnt sich jene
harmonische Proportion von Weite, Nähe und Intensität, derer
man sonst nur in *satori,* in kleinen Erleuchtungsaugenblicken, gewahr wird. Gottessucher reihen sich ein. Die gefalteten Hände
vor der Brust, die Stirn zum Boden, die Augen geschlossen. Lippen tasten nach der Anwesenheit Gottes, und immer wieder ver-

klingen die *kirtan*, die gesungenen Hymnen, um von Gebeten ersetzt zu werden, die alle Gedanken zum Einsturz zwingen.

Seltsam, dass es einem sogar unwillkommen ist, an solch einem besonderen Ort zu weinen. Aber ich halte das Schluchzen nicht mehr auf, hocke mich auf den kalten Marmorboden und löse all das, was sich die letzten Monate an Freude und Bild, an Entzückung, aber auch an Einsamkeit und Anspannung in mir ausgebreitet hat. Reinigung, ob man will oder nicht. Wann war ich das letzte Mal derart überwältigt? Ich habe bis auf Mekka die heiligsten Orte der Menschheit besucht, stand in der Al-Aksa-Moschee in Jerusalem und in der Grabeskirche Jesu, wohnte monatelang in buddhistischen Klöstern, meditierte in Bethlehem sowie in Bodhgaya, dem Ort, an dem Siddharta zum Buddha wurde; ich besuchte die heiligsten Tempel der Jains und die größten Wallfahrtsorte der Hindus, stieg in die Pyramiden, rieb meine Stirn an der Klagemauer. Sicher, die Verhältnisse der Gegenwart sind stets stärker als die Passagen der Erinnerung, aber ich bin mir sicher, dass die so gewaltige Gegenwart des Goldenen Tempels der größte Eingang ist, den der Mensch ohne eigene Anstrengung geschenkt bekommt. (Video 25)

Die vier Eingänge des Goldenen Tempels, einer je Himmelsrichtung, symbolisieren eine der Hauptlehren des Sikhismus, die Toleranz. Nicht nur, dass in jedem Tempel Angehörige aller Religionen willkommen geheißen werden, um ihre persönliche Beziehung mit Gott zu stärken; die Lehren des Sikhismus und das Leben ihres ersten Gurus weisen auch eine starke Ähnlichkeit mit anderen Glaubensrichtungen auf.

Guru Nanak, der Begründer des Sikhismus, wurde 1469 in einem punjabischen Dorf geboren, welches heute in Pakistan liegt. Bereits in jungen Jahren erschienen ihm all die hinduistischen Rituale und Opfer, welche die Weihrauchpraktiken seiner Familie begleiteten, als irrelevant. Er sah, dass sich die

Menschen mehr um die äußeren Riten und Glaubensattribute
kümmerten, anstatt Gott hinter allen Erscheinungen wahrhaftig begegnen zu wollen.

Dem Buddha gleich verließ er Familie und Kinder, um die Erleuchtung zu finden. Dreißig Jahre lang zog er durch die halbe
Welt, vom Hochland Tibets bis in die Wüsten Arabiens, suchte
Gespräche mit den Heiligen aller Regionen und Religionen, dis-
kutierte, meditierte, lernte. Schließlich kehrte er in den Punjab
und zu seiner Familie zurück, um sich niederzulassen und seine
Erkenntnisse mit den Menschen zu teilen.

Nicht nur eine lange Reise und die Rückkehr in sein Heimatland erinnern an das Leben des indischen Prinzen Siddhartha,
der zum erleuchteten Buddha wurde, sondern auch an Jesus[14].
Nanak wollte nicht nur kurzsichtige religiöse Dogmen und Ritu-
alismus überwinden, um zu einer persönlichen Vereinigung mit
Gott zu kommen; er predigte ebenfalls Menschlichkeit und Brüderlichkeit in einer Zeit, die tief in den unseligen Gefilden des
geistigen Mittelalters steckte. Indien kannte nur das von Nanak
verabscheute Kastenwesen des Hinduismus und die festgefahre-
ne Rivalität zwischen Islam und Hinduismus. Niemand predigte
Frieden oder Gleichheit, niemand wollte über die Unterschiede
zwischen den Geschlechtern, Völkern, Hautfarben und Religionen hinaus. Gott sandte laut der Bibel seinen eigenen Sohn, um
das Abend- und Morgenland zu humanisieren. Eintausendfünfhundert Jahre später schickte er also Nanak nach Indien. Der Ge-
lehrte Bhai Gurdas schrieb: »Der allmächtige Herr vernahm die
Verzweiflung und sandte Guru Nanak in diese beklagenswerte
Welt der Not.«

---

14 Einige Historiker vertreten heute die Meinung, dass der Mensch Jesus,
bevor er zu Christus wurde, eine lange Reise unternahm und sich unter
anderem auch lange Zeit in Indien aufhielt, wo er mit den hinduistischen und buddhistischen Lehren in Berührung kam.

Nanak verkündete eine monotheistische Lehre. Es gibt nur einen Gott, nur ein höheres Bewusstsein, und der Weg zu der Vereinigung mit diesem Bewusstsein führt über die Kontemplation. Durch Meditation und den Dienst an dem Mitmenschen, der seinerseits ein Ausdruck Gottes ist, kann jeder Mensch – ob Mann oder Frau, Hindu oder Christ, arm oder reich – auf direktem Wege zu Gott gelangen. Es bedarf keiner Rituale, keiner Priester und keiner anderen Dogmen als Gottesliebe und Brüderlichkeit, um zu der Erfahrung von *alakh niranjan* zu gelangen, dem Gewahrsein des Unsichtbaren EINS.

Zwei Richtungen, zwei Bekräftigungen kennt das Leben laut Nanak. *Manmukh,* das einsame Ego-Bewusstsein mit seinen Attributen Stolz, Lust, Angst, Begierde und Materialismus. Und *gurumukh:* das transpersonelle Verankertsein in der göttlichen Gegenwart, welche die eigentliche Bühne der Welt hinter den vorbeirauschenden Aufführungen des menschlichen Geistes ist.

»Es gibt nur einen Gott«, schreibt Guru Nanak. »Sein Name ist Wahrheit. Er ist der Schöpfer, er fürchtet niemanden, er ist ohne Hass. Nie stirbt er. Er herrscht über den Kreislauf von Geburt und Tod ... Er war vor der Zeit. Er war, als die Zeiten begannen, und er wird ebenfalls sein, wenn alle Zeit endet.«

Dies ist Nanaks Erfahrung jener ersten und letzten Konsequenz, die der Hinduismus und die Bhagavad Gita *brahman* nennen, »ew'ges, höchstes Sein«. Auf dem Schlachtfeld zu Kurukshetra fragt Arjuna:

> *»Was ist das Brahman? Und was ist das höchste Selbst?*
> *Was ist das Werk?*
> *Was ist's, das ob den Wesen all und über allen Göttern steht?«*

Und Krishna, menschliche Inkarnation eben jenes höchsten Selbst, wird ihm antworten:

»Einsicht, Wissen, Nichtbetörung, Geduld,
Wahrheit und Zucht und Ruh,
Glück, Leid, Entstehen und Vergehn,
Gefahr, sowie auch Sicherheit;

Nichtverletzung, Gleichmut, Frieden,
Buße, Spenden, Ehre und Schmach, –
Die mannigfachen Zustände der Wesen stammen all von mir.

Ich bin der Ursprung dieses Alls,
aus mir geht dieses All hervor, –
In solcher Andacht huld'gen mir die Weisen,
ganz voll Lieb' erfüllt.«

Bevor Zeit und Raum existierten, gab es bereits *brahman*. Sonst hätte schlichtweg nichts entstehen können. Für die Kategorien des analytischen Verstandes, der nur in den Dualitäten von Sein und Nicht-Sein, Vorher und Nachher, Anfang und Ende denken kann, erschließt sich diese Wirklichkeit nicht vollständig, obwohl es für eben diesen Verstand gleichzeitig unumgängliches Faktum ist, dass es etwas vor dem Anfang, vor dem Beginn von allem gegeben haben muss. Woraus hätte sonst etwas entstehen können? [15]. Nein: Es ist unmöglich, dass etwas aus Nichts entsteht, denn: »Es gibt kein Werden aus dem Nichts, noch wird zu Nichts das Seiende!«

Brahman ist dies anfangslose ›Bewusstsein‹ (ein unpassendes Wort, aber irgendein Wort muss man verwenden), welches sich

---

15 »Die einzige Aufgabe der Vernunft ist es, Wahrnehmungen zu ordnen und zu prüfen. In sich selbst hat sie keinerlei Mittel wirklicher Schlussfolgerung noch irgendwelche Gewalt zum Handeln. Behauptet sie hervorzubringen oder zu veranlassen, so maskiert sie andere Wirkgewalten.« – Sri Aurobindo

einerseits in der Zeit auswirkt und alle Formen und alles Leben hervorbringt, und zugleich ewig ist, also vollkommen zeitlos. »Nicht Sein noch Nichtsein wird's genannt.« Da es der Grund aller Manifestationen ist und gleichzeitig nicht durch diese Formen definiert werden kann, ist es überall vorhanden und nicht vorhanden. Es ist das *neti neti* der Upanischaden: nicht dieses, nicht jenes.

Diese Aussage des Hinduismus bildet sein einzigartiges Zentrum: Da *brahman* der alleinige und wahre Zustand ist, von dem sich alle anderen Zustände ableiten, durchwaltet ein Teil des *brahman* alle Dinge, die es hervorbringt. Das göttliche Prinzip steckt in jeder Vergegenständlichung. »Es gibt kein Ding, das ohne mich besteht; sei's ruhend, sei's bewegt.«

Brahman, die Weltenseele, findet im Menschen sein Pendant in *atman,* der persönlichen Seele. Dies ist auch der Grund, warum eine Verbindung mit Gott, warum ein Aufgehen in *brahman* überhaupt erst möglich ist, denn ultimativ sind *brahman* und *atman* nicht verschieden voneinander, sie sind identisch. Nur existiert *brahman* in seinem eigentlichen Zustand, während *atman* in die Wirkungen und Wirkweisen der (persönlichen) Welt verstrickt ist: in Materie, Vitalismus, Instinkte und den menschlichen Geist, sprich, in die mannigfaltigen Zustände und Bewusstseinsebenen, die unser Wesen ausmachen. Involution: *Brahman* steigt aus dem Unendlichen in das Endliche nieder. Das Formlose nimmt durch diese Bewegung eine Form an, das Namenslose bekommt einen Namen, das Unsterbliche wird sterblich. »Aus dem Unsichtbaren entspringt das Sichtbare.« Durch diese Be-

---

»Die menschliche Vernunft hat das besondere Schicksal, dass sie durch Fragen belästigt wird, die sie nicht abweisen kann, denn sie sind ihr durch die Natur der Vernunft selbst aufgegeben, die sie aber auch nicht beantworten kann, denn sie übersteigen alles Vermögen der menschlichen Vernunft« – Immanuel Kant

wegungen ist nunmehr vorausgesetzt, dass das Endliche durch
Evolution wieder zum Unendlichen hinaufsteigen, das Zeitliche
ins Zeitlose zurückkehren und der Teil zu seinem Ganzen auf-
schließen kann.

Gott, so heißt es schon in den Veden, ist das Einzige, was existiert. Und aus diesem Grund kann nichts existieren, was nicht
auch Gott ist.

»*In- und Außerhalb der Wesen, sich bewegend und unentwegt,
Unerfaßbar ob der Feinheit, ganz fern und wiederum ganz nah;*

*Nicht zerteilt in den Wesen und wie zerteilt doch steht es da,
Als der Wesen Träger kenn' es, der sie verschlingt und wieder zeugt.*

*Strahlend durch aller Sinne Kraft,
von allen Sinnen doch ganz frei,
Alltragend, qualitätenlos, und doch der Qualitäten froh;*«

»Strahlend durch aller Sinne Kraft«, ohne aber auf die Konsequenzen von Sinn und Berührung zurückgeführt werden zu können. Und das, was in der letzten Verszeile die Qualitäten genannt werden, sind die Vorkommnisse in dem zeitlichen und
ausformulierten Bereich, der in der Gita als Feld beschrieben
wird: die Natur. In der Vereinigung mit den Gesetzen und Möglichkeiten der verschiedenen Realitäten, die wir alle unter dem
Sammelbegriff Natur zusammenfassen, kommen die Lebewesen zustande; Gestaltungen, die durch das Gestaltlose initiiert
werden. Zellen, Aminosäuren, Sinne, Körper, Gefühl, Verstand,
Geist, Seele. In ihnen bewegt sich fragmentarisch das höchste
Selbst auf einer anderen Seinsstufe, für immer unantastbar und
unwandelbar in einer Welt, die der stetigen Veränderung unterworfen ist. Das Wesen, das durch die Erscheinungen der Natur
wesentlich wird.

»Die, denen Brahman Tags bekannt,
der tausend Weltenalter währt, –
Und Brahman Nacht, die grad so lang, –
die kennen wahrhaft Tag und Nacht.«

In den nächsten Tagen werde ich immer nur zwei Gründe haben, mich außerhalb des *gurdwara* aufzuhalten. Einmal serviert man an jeder Straßenecke fantastische *lassi*, indische Trinkjoghurts, die ein wenig die deftigen Speisen aufwiegen; zudem ziehen einige mobile Kulinariker mit winzigen Holzkarren durch die Gassen, um vorgekochte Süßkartoffeln zu verkaufen, die in riesigen Aschepfannen warmgehalten werden. Der Verkäufer, stets ein junger Kerl von fragwürdiger Körperpflege, klatscht einige Stücke auf altes Zeitungspapier, streut eine Fingerspitze Gewürze und den Saft einer halben Limette drüber, überreicht einen dreckigen und bereits abgewetzten Zahnstocher, mit dem man die Kartoffeln aufspießt, und fertig.

Das leckerste Essen der Stadt.

Zudem gibt es in dem dichten Altstadtgassengewirr, das die baufälligen Häuserreihen umzingelt, einen *bonesetter* (Knochenrichter) der alten, womöglich sogar ältesten Schule, der sehr gastfreundlich ist und mit dem ich jeden Tag ein kleines Schwätzchen halte. »We set bones since generations. Always according to scientific laws and developments.« (»Wir richten seit Generation Knochen, und zwar immer nach dem neuesten Stand der Wissenschaft.«) Auch wenn er durch Kleidung, Haltung und Sprache einen vertrauenswürdigen, gar professionellen Eindruck erweckt, kommt sein Arbeitsraum selbst auf den zweiten und dritten Blick ohne Hinweise darauf aus, dass hier Menschen mit ernsthaften Verletzungen behandelt werden. Hinter einem rissigen Vorhang steht eine Pritsche, anscheinend der Operationstisch beziehungsweise Knochenrichterbalken, begleitet von einem Poster eines menschlichen Skeletts, das mit allerhand Telefonnummern und

Notizen vollgekritzelt ist. Viel wichtiger aber ist ein anderes Poster am Ende des Raumes. Das Konterfei Shivas wacht von dort
aus über das Geschehen und zwinkert lächelnd aus dem Himalaya
zu seinen Menschenkindern herunter. Wie auch immer es ausgehen mag, scheint er zu sagen, letztlich wird alles so kommen, wie
es kommen soll.

Ansonsten ist Amritsar eine graue und hässliche Stadt, die
mich immer ein bisschen ans winterliche Kairo erinnert. Aber das
Gute ist, dass sich vollkommen ohne sie auskommen lässt. Der
Goldene Tempel bietet eine kostenlose Herberge für Pilger und
vierundzwanzig Stunden am Tag werden kostenloses Essen und
Chai ausgegeben.

Eine *langar,* eine Gemeinschaftsküche, findet sich in jedem
gurdwara des Erdballs. Es ist eine Tradition, die tatsächlich bis
auf Guru Nanak zurückgeht. Die doppelstöckige Essenshalle des
Goldenen Tempels ist riesig – so riesig, dass zwischen den auf
dem Boden ausgerollten Teppichen, auf denen man sein Essen
einnimmt, schwere Männer auf Säuberungswagen, die an Golf-
caddies erinnern, die enormen Strecken mit angestrengter Miene
nass und nasser wischen.

»Der Zweck dieser Essenshallen«, sagt mein Sitznachbar, »ist
die Einheit. Alle sitzen auf dem Boden und speisen gemeinsam
in gleicher Haltung, alle sind gleich, kein Mensch ist höher oder
tiefer als der andere.« Er hat recht, denn jeder aus den Hundert-
schaften, die im Sekundentakt die Speisesäle frequentieren, reckt
auf dieselbe Weise seine offenen Handflächen in die Höhe, und
klatsch!, fliegen die *chapati* hinein. Aus großen Eimern wird *dhal,*
Reis und *chana masala,* ein Kichererbsencurry, auf die Teller geschwungen. Das Essen ist natürlich vegetarisch. Während es zum
Nachtisch Reispudding gibt, erfahre ich auch, warum mein Nachbar heute hier ist. Er wohnt in Chandigarh, ungefähr sieben Bus-
stunden entfernt, und wird morgen einen neuen Job beginnen. In
seiner Jackentasche steckt ein Ast von einem berühmten Baum,

der in der Nähe des *gurdwara* steht. Man sagt, dort sei einst ein Krüppel von seinen Leiden geheilt worden, und der Mann hat sich ein kleines Stück abgebrochen, damit es ihm für seinen neuen Lebensabschnitt Glück bringe. Gemeinsam tragen wir unsere Teller zur Abwaschstation, an der eine halbe Hundertschaft Freiwilliger damit beschäftigt ist, das Geschirr entgegenzunehmen und zu spülen. Das Getöse der herumfliegenden Teller ist ohrenbetäubend. Aber es gilt, keine Zeit zu verlieren: Schon warten die nächsten tausend Mäuler darauf, gefüttert zu werden.

»The Lord himself is the farm«, steht über dem Eingang zu den Essenshallen geschrieben, »Himself he is the farmer, Himself he grows and grinds the corn.«

In einem Zen-Meditationszentrum im Süden Indiens habe ich vor vielen Jahren *kinhin* gelernt, eine Form der Gehmeditation. Und der Goldene Tempel ist der perfekte Übungsplatz, denn es lässt sich in langen, geraden Abschnitten um den rechteckig angelegten See laufen, während die mittels Lautsprecher aus dem Inneren des Goldenen Tempels übertragenen *kirtan* jeden Schritt und Atemzug begleiten. Der Gesang ist mantrisch, und es dauert nicht lange, bis man die Strophen mitsummen kann: »Der Tod löst das Leben ab, und niemand stimmt dem zu! Wem sollen wir klagen, oh Guru Nanak, wem sollen wir es klagen?«

Trotz der vielen Besucher herrscht innerhalb der Anlage eine Ruhe und Unaufgeregtheit, die mich immer wieder vergessen lässt, dass ich mich in Indien befinde. Sikhs scheinen die erwachsenen Inder zu sein. Anders als ihre Hindubrüder benehmen sie sich in ihrer heiligsten Stätte nicht wie in einem Zirkus oder bei einem Hahnenkampf. Sie albern nicht herum, reden, wenn überhaupt, mit gedämpften Stimmen, fotografieren kaum und fallen nicht (freudig) übereinander her. Im Gegenteil, sie sind wahrhaft andächtig, ein Zustand, der bei den Hindus auch gerne mal als Taumel und Getöse definiert wird. Still und in sich gekehrt ist es, als hätte die Sikhgemeinde das Allerindischste, die glutwallende Emotion, unter Kontrolle gebracht und irgendwo in der hinterletzten Ecke ihrer riesigen Leiber versenkt. Der See ist wohl das einzige indische Gewässer, an dem sich Menschen aufhalten, ohne es zu verschmutzen. Das Wasser ist so sauber, dass man es trinken kann! Kein Fetzen Plastik, kein Stückchen Müll findet sich darin, und auch sonst wird in der Tempelanlange permanent geschrubbt und geputzt.

Selbst auf dem Steg, der über den See in den mit Blattgold überzogenen Tempel führt, herrschen Achtsamkeit und Geduld. Obwohl Hunderte Menschen ins Innere möchten und teilweise zwei Stunden in der Schlange warten, wird – es fällt mir schwer, es zu glauben – weder gedrängelt noch geschubst. Mit vor Ehrfurcht gesenkten Köpfen stimmt man in den allgegenwärtigen Gesang ein, in seine eigenen Dimensionen entrückt, die Augen schon leicht Richtung Gott verdreht.

Gott kennt im Sikhismus keine irdischen Stellvertreter; er kennt nur Menschen, die sich durch ihre eigene Göttlichkeit seiner gewahr werden. Nanak wurde der erste von zehn Gurus, (spirituellen) Lehrern, die ihr Wissen an ihre Schüler weitergaben. Der fünfte Sikh-Guru, Arjan Dev, stellte zu Beginn des 17. Jahrhunderts aus den Lehren und Versen seiner Vorgänger ein Buch zusammen, das Guru Granth Sahib: ein weiteres Indiz für das besondere Weltverständnis der Sikhs, denn das Buch enthält neben den Texten der Sikh-Gurus ebenfalls Passagen von Erleuchteten anderer Religionen, von islamischen Mystikern bis hin zu hinduistischen *rishi*.

Der zehnte und letzte Sikh-Guru ernannte vor seinem Dahinscheiden keinen menschlichen Nachfolger. Er verlieh dem Guru Granth Sahib den Status eines lebendigen Gurus. Seitdem ist das Buch Mittelpunkt des Glaubens der Sikh und ihrer Hingabe. Sie kommen in den Tempel, um ihm und seinem Inhalt die Ehre zu erweisen. Im Inneren des Tempels fühle ich mich wie in einer Schatzkammer, ja, wie im Inneren der Bundeslade. Das Licht ist warm, überall funkelt und glänzt es, jede Nische und Ecke ist mit Männern und Frauen gefüllt, die im heiligen Buch lesen und die Worte mitsingen, welche die Musiker mit zartem Flügelschlag durch den Raum tragen. (Video 26)

Die einzigartige Atmosphäre des Tempels und die Tatsache, dass ich mit Marlene zu keinen spontanen Ausflügen mehr aufbrechen kann, führen dazu, dass ich mich im Tempel, wo für Leib und Seele gesorgt ist, heimisch einrichte. Tagesprogramm. Stundenlang lese ich im Inneren des Tempels, bevor ich ein paar Runden um den See drehe, *chapati* und *dhal* zu mir nehme und mich erneut zwischen die Pilger im Inneren des Tempels begebe, um die Texte ihrer Gurus zu studieren.

> *»Warum vermischst du dein Herz mit der Illusion der Welt?*
> *Niemand wohnt für immer auf dieser Erde,*
> *Die einen gehen, die anderen kommen.*
> *Welchem Menschen bleiben denn Reichtum, Status und Körper?*
> *An welche Dinge hängst du dein Leben?*
> *Alles, was sichtbar ist, wird im Schatten*
> *einer Wolke verschwinden.*
> *Lege den Stolz ab und vereinige dich mit Männern Gottes*
> *Und du wirst sofort die Befreiung erlangen «*
> GURU TEGH BAHADUR

Jeder Mensch, der einmal ernsthaft nach dem gestrebt hat, was man entweder als Erleuchtung, Einsicht oder Frieden bezeichnen kann, weiß, dass es immer etwas mehr braucht als eine *sangha,* als die Gegenwart der Männer Gottes. Sie hilft, gewiss, aber der Weg muss, auch hier waren sich der Buddha und Guru Nanak einig, von jedem Menschen selbst gegangen werden. Und sich gegen all das zu stemmen, was unsere unmittelbare und unvollkommene Natur ist, all das zu transzendieren, was unsere primären Voraussetzungen sind, ist nur den wenigsten Menschen vorbehalten. Krishna:

»Unter Tausenden von Menschen strebt nach Vollendung einer kaum,
Von den erfolgreich Strebenden kennt wahrhaft mich kaum einer noch.«

Krieger zu sein gegen die eigenen Überzeugungen und Urteile, das war eine der Losungen Nietzsches, mit denen er seinen Übermenschen ausrief. Und Sri Aurobindo bezeichnete den Yoga, also den Weg zur Erleuchtung, nicht als blumen- und goldbestäubten Sonnenweg, sondern als ein Schlachtfeld. In Gegenwart all der Sikhkrieger werde ich häufig an diese beiden Zitate erinnert, denn für sie ist klar, dass der Weg zu Gott nicht mit einigen Gebeten und Opfergaben zu bewerkstelligen ist, sondern durch stete Achtsamkeit und Geistesdisziplin. Den Geist von allen Verstrickungen des ewig unbefriedigten Selbst zu lösen – und somit Raum zu schaffen für die Vergegenwärtigung einer höheren Wirklichkeit – ist in etwa so, als versuche man, alle Erde von dem Planeten zu kratzen. Und doch ist es anhand einer Anstrengung möglich, die den meisten Menschen noch unmöglich erscheint. Ich begreife: Dem Sikh stehen seine Symbole, die den Stolz seines Glaubens ausmachen, ziemlich gut. Turban, Schwert und Dolch, die Unterbekleidung *kachera,* die bessere Beweglichkeit während einer Schlacht garantiert. Stets gewappnet für den äußeren und inneren Kampf, die physische Verteidigung und die spirituelle Suche, bestreitet der Krieger seine Tage unter dem Banner von *nirbhya:* der Furchtlosigkeit.

PUNJAB

Bharat Mata

Es muss schon mein Geburtstag sein, dass ich freiwillig um halb fünf aufstehe und mich, in zwei Decken gewickelt, unter die Arkaden des Tempels setze, wo etliche in der Kälte zusammengekauerte Pilger darauf warten, dass der Tag mit etwas Liedermacherei in ihre Glieder purzelt. Taubengurren, Kälte, Dunkelheit, die wenigen Menschen, die von der Chai-Ausgabe kommen, das über dem Wasser schlafende Tempelgold und tatsächlich, die ersten Badenden, sich physisch wie psychisch reinigend. Eine Gemeinschaft hat sich gebildet, die der ganzen Welt zu trotzen scheint. Ich schlafe noch einmal ein, um eine halbe Stunde später in gleicher Position aufzuwachen. Das Licht bläulicher. Nebel liegt über dem gesamten Areal und illustriert ein verwunschenes Bild, das sich im Weiß der Marmorlinien spiegelt. Während ich mir den Schlaf aus den Augen reibe, kämpft der Tempel noch erfolgreich dagegen an, vollkommen wirklich zu werden.

Das Adjektiv paradiesisch wird heutzutage so inflationär verwendet, dass von ihm nur noch seine Hülle geblieben ist. Hier aber ist es an richtiger Stelle und kommt seiner eigentlichen Bedeutung so nahe, dass sich kein besseres Wort finden lässt. Dies hier ist die Noch-Seite der bekannten Welt, ein göttliches Anderswo, dem die Tauben, der Honig und der Frieden geradewegs ins Antlitz fliegen. Nur die Wolken müssten noch etwas dichter sein, damit die Engelsscharen darauf Platz fänden.

Ich schlage mich mit demselben Eindruck herum wie zu Beginn meiner Reise, als ich den Shiva-Tempel in Pondicherry betrat und eine lärmend-beschäftigte, hektische Stadt hinter den Tempelmauern zurückließ. Denn auch hier, dreitausend Kilometer nördlicher, ist es mir kaum vorstellbar, dass dort draußen eine andere Erdengestaltung im Schlaf ihrer Träumer liegt; dass dies hier die Ausnahme der Welt und nicht ihre Regel ist.

Nachdem ich meinen nackten Füßen etwas Bewegung verschafft habe und dem Magen die Wärme des (unglaublich verzuckerten) Tempeltees zuführe, wird mir klar, schon fast am Ende meiner Reise angelangt zu sein. Dieser Morgen eignet sich bestens, um mit Blick auf den Goldenen Tempel Resümee zu ziehen und noch einmal über das Land zu reflektieren, das mich die letzten zehn Wochen in die Obhut seiner Tausendheiten aufnahm.

Die Frage ist nur: Wo beginnen? Und wie zu einem Ende kommen?

Bharat bedeutet in Sanskrit: das, was zu tun ist. Indien ist keinesfalls bescheiden, und: Es fürchtet sich nicht. Es hat sich einen ganzen Kosmos vorgenommen, egal, ob der Mensch das verträgt oder nicht. Alles, was sich überhaupt nur bebildern und aus der Unendlichkeit in die Endlichkeit transportieren lässt, wird sich in seinem Allessein auffinden lassen; es ist Indiens Aufgabe, die komplette Skala des Welt- und Menschenmöglichen aufzuzeigen. Bewohner und Besucher werden ständig zwischen jenen ambivalenten Polen bewegt, welche die Grenzen unseres Wesens bestimmen. Himmel und Hölle, Gott und Tier. In Indien kann man sich vor dem, was die Welt ist, nicht verstecken. Sie ist es, die unser Schicksal ausfüllt und das Individuum, welches sich irrtümlicherweise stets als Gestalter und Willensträger des eigenen Schicksals wähnt, zum Spielball ihres Weltenrauschs werden lässt. Diese Tat, zu der man erst einmal den Mut und die Einsicht finden muss, macht sie zum grausamsten und herrlichsten Ort des Planeten, kurz: zu einem Wunder, zu einer Mutter.

Die physische Reise:

sagenumwobenes Tamil Nadu, feinkörniges Kerala, die Ruhe Karnatakas; Goa, Bombay, Rajasthan. Völlig verschiedene Welten mit verschiedenen Menschen, Sprachen und Religionen, eine Reise von den Tropen über Teeplantagen und einer unkontrollierbaren Stadt bis in die Wüste, um nun in Gottes Palast von bärtigen, friedfertigen Kriegern umgeben zu sein, welche die ganze Welt willkommen heißen. Meine Stationen hätten allesamt in völlig verschiedenen Ländern sein können, und es ist nur ein winziger Teil des riesigen Landes, den ich gerade hinter mir habe.

Bei all dieser Unterschiedlichkeit stellt sich die Frage nach einer zugrundeliegenden Einheit – aber was Indien ist, bleibt wie *brahman* unsagbar. Man addiert höchstens die poetischen, sozialen und religiösen Zustände, ohne eine Summe zu erhalten, labt sich an den Paradoxen, in denen sich Indien widerspiegelt, und weitet den Blick ins Mannigfaltige, um in die Nähe eines Ergebnisses zu gelangen.

Die Einzigartigkeit des Landes, die es schon immer in den Blickpunkt besonderer Beobachtung und Wertschätzung gestellt hat, ist also eine Mischung aus den verschiedensten Aspekten, vor allem der Religion, der philosophischen Erkenntnis, der Überbevölkerung respektive Armut und der fehlenden gesellschaftlichen Verantwortung. Letztere nirgends besser zusammengefasst als

in dem Essay »The great number fetish« (»Der große Nummern-
wahn«) von Sankaran Krishna, Professor für Politikwissenschaf-
ten an der Universität von Hawaii.

In diesem Artikel geht es um das aufsehenerregende Wirtschaftswachstum Indiens und was dieses Wachstum tatsächlich
bedeutet. Vor zehn Jahren prophezeite Goldmann Sachs Indien
bis 2050 einen Platz unter den Weltwirtschaftsführern Brasilien,
Russland und China. Der Jubel in Indien fand keine Grenzen. Die
BJP-Partei rief die bereits erwähnte ›India Shining‹-Phrase ins Leben, Politik und Medien nahmen sie dankbar auf und präsentie-
ren seitdem wie am Fließband die stets gut bilanzierte Zahl des
GDP, des Gross Domestic Product: das Wirtschaftswachstum,
das seit zweiunddreißig Jahren bei durchschnittlich sechs Prozent liegt.

Das Wirtschaftswachstum lässt aber keinen Rückschluss auf
die Lebensqualität der Menschen zu; es misst lediglich die Quan-
tität des Warenumsatzes. Der eigentliche Wohlstand einer Nation lässt sich laut Professor Krishna nicht vom GDP ableiten. Und
er hat beeindruckende Zahlen, dies zu beweisen.

»In der Entwicklungs- und Wachstumsgeschichte der Welt«,
zitiert er die beiden berühmten Ökonomen Amartya Sen und
Jean Dréze, »gibt es wahrscheinlich kein anderes Beispiel für eine
Wirtschaft, die so schnell über einen solch langen Zeitraum gewachsen ist, ohne zählbare Resultate in der sozialen Entwicklung
zu hinterlassen.«

Vor zweiunddreißig Jahren stand Indien in der Kategorie Ge-
sellschaftliche Entwicklung (Human Development) an 134. Stelle, und genau dort stand es 2012 immer noch! 1980 lebten achtzig
Prozent mit weniger als zwei Dollar am Tag. Bis heute ist diese
Zahl nur um fünf Prozent zurückgegangen. Das Land zählt sechzig Millionen Kinderarbeiter und vierhundert Millionen Anal-
phabeten. Vierundvierzig Prozent aller unterernährten Kinder
dieser Welt kommen, noch immer, aus Indien.

Warum? Eine ähnlich lang anhaltende Wachstumsrate hat andere Länder wie Taiwan, Südkorea, Singapur und Teile Chinas zu industriellen und gebildeten Mittelstandsgesellschaften transformiert, deren Lebensstandard und soziale Errungenschaften Welten von der indischen entfernt sind. Nicht nur ist man auf dem Subkontinent nicht gewachsen, man hat sich sogar in den meisten sozialen und gesundheitlichen Punkten verschlechtert. Im direkten Vergleich zu den Nachbarstaaten Pakistan, Bangladesh, Sri Lanka, Nepal und Bhutan liegt Indien im Erfolg der Bekämpfung von Analphabetismus, niedriger Lebenserwartung, Kindsbettsterben, der Kindersterblichkeitsrate, Unterernährung und der schlechteren Bildung der Frauen an letzter oder vorletzter Stelle. Das kleine, katastrophengeplagte Bangladesh, dessen Wirtschaft nicht mal halb so groß ist wie die indische, hat in allen genannten Punkten mehr Erfolge erzielt als der große Nachbar. Das Einzige, was sich ironischerweise in den letzten dreißig Jahren in Indien zum Besseren gewendet hat, ist das jährliche Wirtschaftswachstum.

Wie kann das sein?

Nun, der ›Erfolg‹ Indiens basiert laut Professor Krishna auf einem privilegierten und geschlossenen Zugang zu westlicher Ausbildung und zu jenen Berufen, die mit der Modernisierung des Landes und durch die Öffnung des indischen Marktes entstanden sind. Die große Masse der Bevölkerung hat daran keinen Anteil. Es ist vor allem die neu entstandene Mittelklasse, die von den guten Umsatzzahlen profitiert, und vielleicht liegt genau hier der Unterschied. In anderen Ländern ist eine aufstrebende und gebildete Mittelklasse diejenige Gesellschaftsschicht, die auf Liberalisierung, individuelle Freiheit, Kulturinstitutionen und die Mäßigung des Kapitalismus drängt. Es entsteht eine Schnittstelle von materiellen und ideologischen Interessen.

Nicht so in Indien: Hier ist die überwiegend höherkastige Mittelschicht laut den Untersuchungen Sankaran Krishnas nur an den Dingen interessiert, die in ihrem eigenen Orbit kreisen. Mit anderen Worten: Sie erfüllt nicht die demokratischen Aufgaben, die man von ihr erwarten könnte, sie bewirkt keine Veränderungen außer für sich selbst. Sie ist nicht religiös, nicht dogmatisch und besitzt als Ideologie nur das Streben – endlich! – auf ein besseres materielles Leben, auf Konsum.

Sankaran Krishna: »Die Verehrung und der Glaube, die mit dem GDP verbunden sind, sagt primär etwas über die Psychologie unserer Mittelklasse aus. Sie hat den Wunsch, als eine erfolgreiche und aufsteigende Wirtschaftsmacht wahrgenommen zu werden. Für das Leben der allermeisten Inder hat das GPD keine Bedeutung, für sie hat er nichts erreicht.« Eine Frau, die ich in Bombay traf, klassifizierte die Mittelklasse (und somit auch das neue Indien) mit diesen fünf Worten: Auto, Benzin, Kino, Supermarkt, Einkaufszentrum. Das entspricht auch meiner Beobachtung der letzten Monate: Es mischen sich immer mehr Autos, immer mehr BMWs unter die Ochsenkarren und klapprigen Fahrräder, immer mehr ›schillernde‹ Apartmentblöcke unter die Hütten und Wellbleche, es reihen sich immer mehr reiche Siedlungen an die Ränder der Städte. Inder schleppen sich durch grelle Shopping Malls, Indien wird teurer. Ob in Tamil Nadu, Kerala, Mangalore, Bombay oder Jodhpur, überall lässt sich beobachten, wie Reichtum und Geld einen kleinen Teil der indischen Gesellschaft verändern. Aber Indien lässt sich durch ein bisschen Wirtschaftswachstum nicht beeindrucken – es wird indisch bleiben, auch wenn es sich partiell verändert. Ich kann es mir nicht anders vorstellen, als dass immer das Chaos über die Ordnung und das Schicksal über den Willen obsiegen wird.

In anderen Ländern hat der Fortschritt zu Institutionen geführt, die eine gewisse Macht über die Bürger besitzen und deren Leben zu organisieren wissen. China, mit dem Indien oft in einem Atemzug genannt wird, ist da ein gutes Beispiel. Ob die große Partei, die mit harter Hand über das Land regiert, nun Segen oder

Desaster ist, spielt hier keine Rolle. Interessant ist lediglich, dass
es dort und in anderen Ländern eine weltliche Institution gibt, in
diesem Fall eine politische, die über tatsächliche Macht verfügt,
sprich: auf das Leben der Menschen und der Gesellschaft Einfluss
nehmen kann! Indien hat keine solche Instanz, und ich bin mir sicher, dass es auch nie eine haben wird. Indiens Urkraft ist zu groß,
um fassbar zu sein, zu kraftvoll, um sich kanalisieren zu lassen, zu
zerstreut und ungeordnet, um kontrolliert werden zu können.

Das Kollektiv, die Religion, die Schicksalsergebenheit. Der Inder als selbstbestimmtes Individuum ist, außer in gewissen Teilen
der Mittel- und Oberschicht, noch immer die große Ausnahme.
Die Regel ist der Inder, dessen Denken, Handeln und Weltbegrei-
fen immer auf vererbte kollektive Strukturen der Religion, Familie, Region und Kaste zurückfällt. Man merkt es in den vielen Gesprächen. Nur selten kommt es zu einer eigenständigen Erklärung,
kaum findet ein persönliches Abwägen der Tatsachen, Möglichkeiten und Konsequenzen statt. Immer eingebunden in ein höheres
Prinzip, welches er als Kultur bezeichnet, nimmt er die Welt gütlich in Kauf. Dieses indische Kulturgut ist vielleicht auf drei große Tendenzen zurückzuführen: die Verehrung der Unterwerfung,
die spirituelle Verwirklichung einzelner *rishi* und Weltenwanderer,
und schließlich die »Vergöttlichung der Armut«, die der erste Ministerpräsident Nehru seinen Landsleuten attestierte und die ihm
so viel Kopfzerbrechen bereitete. Sie besitzen ihr System, das die
Welt veranschaulicht und alle Verhaltensweisen ritualisiert; darin
fühlen sie sich geborgen und beheimatet – der Rest ist Apathie[16].

16 »Indien – eine verwundete Zivilisation« von V. S. Naipaul ist ein Buch,
     das ich zu diesem Thema nur empfehlen kann. Naipaul lässt zwar jegli-
     che wahre Beziehung, die der Inder mit Gott pflegt, vollkommen außer
     Acht und vermengt Religion mit Spiritualität, das Hohe mit dem Nied-
     rigen und das Niedrige mit dem Hohen, wo es nur geht. Seine sozialen
     und kulturellen Beobachtungen allerdings sind hervorragend.

Aber der Wandel dieser einfachen und sehr konservativen kleinen Welt birgt überall Konflikte. Das 21. Jahrhundert zieht mit neuen Anforderungen in das gut gepflegte Heiligtum Indien, das bestenfalls nichts unternimmt. Überall bröckelt die alte Welt unter den Füßen des phlegmatischen Elefanten, der eigentlich nur seine Ruhe haben will und die missgünstigen Verhältnisse schon immer mit stoischer Weisheit hingenommen hat. Nun muss er mit dem Strom schwimmen, um nicht unterzugehen. Die Könige, Fürsten, Mogulen, Kolonisten: Weg sind sie. Auf einmal ist man für sich selbst verantwortlich, ohne eine Ahnung von Verantwortung und Individualität zu besitzen. Auf einmal greifen die althergebrachten Antworten nicht mehr. Was geschieht dann mit einer patriarchischen, bis ins Mark verarmten Gesellschaft, in der die Politik eine Farce und die Polizei korrupt ist, in der keine ›Idee‹ von einer Zukunft existiert, sondern nur die So-oder-so-Gegenwart? Sobald ein Schritt nach vorne gemacht werden soll, schalten sich die uralten Instinkte ein und übernehmen das Ruder, welches das Boot zum Stillstand bringt. Im Angesicht der ökologischen und menschlichen Katastrophen fragte ich auf meiner Reise immer wieder: »Warum ist Indien so?« Und die vier häufigsten Antworten waren diese:

– »Es ist eben so, wie es ist.«
– »Wovon redest du?«
– »Gott wird für alles sorgen.«
– »Wir sind Inder, uns ist es einfach scheißegal.« (»We are Indians, we just don't give a fuck!«)

Ein Tischnachbar in Thanjavur erklärte mir am ersten Tag meiner Reise, dass Indien kein Land sei, das seine Probleme beseitige. »Es geht nie um Lösungen«, sagte er, »sondern darum, einen Weg zu finden, mit den Problemen zu leben.«

Es ist gleichzeitig tragisch und erstaunlich. Denn Indien scheint sich genauso wohl in seiner Haut zu fühlen, wenn es nicht funktioniert.

Immerschlechtland, Immergutland. Nie kommt das Eine ohne das Andere aus. Das Kokos-Schlaraffenland Kerala hat die höchste Selbstmordrate Indiens, im märchenhaften Rajasthan existiert ein von der Landbevölkerung gebilligter Frauen- und Mädchenhandel, in Bombay leben Gewalt und Güte Seite an Seite, in Amritsar herrscht außerhalb des Goldenen Tempels eine seltsame Müdigkeit, inspiriert von der kühlen und hässlichen Stadt.

Die Klugen sind klüger, die Friedlichen friedlicher, die Armen ärmer und die Grausamen grausamer. Es geht nie ohne dieses einzigartige Paradox: Von allem, was sich über Indien behaupten lässt, ist das Gegenteil genauso wahr. So findet sich neben den offensichtlichen Versäumnissen eine alltägliche Poesie, die den Dreh- und Angelpunkt des Landes in einem anderen Licht erscheinen lässt und ihn für ein intensiveres Bild geraderückt. Die Zeit setzt einen anderen Rahmen für die Geschehnisse, die Indien hervorbringt – durch diesen Feinschliff kommt der Wahrnehmung der Zeit eine Bedeutung zu, wie ich sie aus keinem anderen Land kenne. Ob in Tamil Nadu, Kalkutta oder dem Punjab, den dämmrigen Teestuben, Handwerksgriffen oder den Auswirkungen einer besonderen Lebensruhe: Den Sinnen des Reisenden offenbaren sich überall jene feinen Kleinigkeiten, die Indien so groß machen. Der Inder selbst nimmt sie kaum wahr, da er sie für selbstverständlich hält. In Kannur zum Beispiel stellte ein alter Mann morgens sein Radio in die Sonne. Es müsse erst fünfzehn Minuten warm werden, erklärte er mir, bis es funktioniere. Ein Chai-*wallah* in Mangalore fesselte mich mit seiner Arbeit eine volle Stunde. Seine Handgriffe waren derart perfekt, seine Bewegungen so voller Präzision, dass ich ihn für einen Magier hielt. Das Mantra, welches er ununterbrochen, von seinen Lippen murmelte, verstärkte die grandiose Andacht, mit der er seine Arbeit umschlang. Und eine uralte Frau, die in einem Tempel in Gokarna wohnte und anscheinend einzig damit beschäftigt war, auf den Tod zu warten und ihn willkommen zu heißen, schickte mir ein Lächeln durch den Raum, welches ich mein Leben lang nicht vergessen werde.

Man vergisst es oft, wenn man zu lange hier ist und es bald als selbstverständlich empfindet, aber dem Reisenden wird jederzeit Herz und Haus geöffnet. Es gab kaum einen Menschen, der mir nicht ein Lächeln erwidert beziehungsweise eines geschenkt hat. Freude und Dankbarkeit werden, wann immer es geht, geteilt, da man sowieso zu viel davon besitzt; überall begegneten mir Wohlwollen, grenzenlose Herzlichkeit und Hilfsbereitschaft. Die Inder besitzen eine unerschöpfliche Demut, die der harte Verlauf der Jahrtausende in ihre unverwüstlich-positiven Seelen tätowiert hat. Keine Not und keine Katastrophe vermag jene liebende Gewissheit zu besiegen, die alles Weltenmögliche dieser gebeutelten Gestalten schon millionenfach gesehen und durchdrungen hat. Der Literatur-Nobelpreisträger Rabindranath Tagore drückt es so aus:

> *Wenn die Pflanze die Sonnenenergie aus dem All nicht in den Stoff des Lebens umwandeln würde, wäre diese Erde nur eine tote Wüste. Und wenn die Menschen nicht durch all die Jahrhunderte die ihnen innewohnende unerschöpfliche Energie der Allseele in Liebe und Wissen, Arbeit und Fürsorge umgewandelt hätten, in den lebendigen Stoff der menschlichen Gesellschaft, wäre die Menschheit schon längst auf die Stufe des Tierreichs herabgesunken. Getrennt von ihrer eigenen Wahrheit, sind die Menschen nicht überlebensfähig.*

Auf meiner ersten Indienreise vor mehr als zehn Jahren schrieb ich einen Satz, der heute, und wahrscheinlich bis in alle Ewigkeit, immer noch gilt. Indien, notierte ich mir, bezeuge die grandiose Gewissheit aller Liebe über dem glücklich auftreibenden Abgrund. Und selbst im Jahr 2013, selbst in diesem schnell gewordenen Indien, das seine eigene Entwicklung nicht mehr überblicken kann, selbst in dieser noch unsicheren Moderne, welche von blindem Konsum und Geld überschwemmt wird, selbst in all der Brutalität, die dieses göttliche Land zustande bringen kann: In den indischen Augenblicken berühre ich eine Wahrheit, die mir der Rest der Welt schlichtweg verweigert.

Kein anderes Land, auch das ein noch gültiger Satz seit meiner ersten Reise, ist derart bereisbar.

Ein letztes Mal den Rucksack packen, ein erstes Mal in eine Autorikscha steigen, die mich zum Flughafen bringt. Seltsam, plötzlich im Straßenverkehr von anderen Menschen befördert zu werden, und dann auch noch von völlig Verrückten. Der Fahrer, der sich sein Handy unter den Turban geklemmt hat, fährt wie ein Wahnsinniger und telefoniert währenddessen gestenreich mit seiner Frau. Oder umgekehrt. Er spricht gestenreich mit dem Verkehr und telefoniert wie ein Wahnsinniger mit seiner Frau; schließlich kommen wir – ich von der Hoffnung, er von seinem Redeschwall erschöpft, aber beide lebendig – an dem winzigen Flughafen an, der in der leeren Landschaft außerhalb Amritsars wie ein verlassenes Kongresszentrum seine eigene Hässlichkeit bestaunt.

»Welcome, good luck and bye bye«, sagt er, als er meinen Rucksack aus der Rikscha zerrt und auf den Parkplatz wirft. Vom Herzstück des Sikhismus wird mich meine letzte Reise in das Herzstück des Hinduismus bringen, das alte Benares und heutige Varanasi.

Die Stadt des Todes, der Leichen und der Zerstörung.

Die Stadt Shivas.

UTTAR PRADESH

Varanasi

*Es ist die Maja, der Schleier des Truges, welcher die Augen der
Sterblichen umhüllt und sie eine Welt sehen lässt, von der man
weder sagen kann, dass sie sei, noch auch, dass sie nicht sei; denn
sie gleicht dem Traume, gleicht dem Sonnenglanz auf dem Sande,
welchen der Wanderer von Ferne für ein Wasser hält.*

SCHOPENHAUER

Eine Aussicht, die mir weder Marlene noch der
Zug haben schenken können. Auf der gesamten Strecke von Amritsar nach Varanasi sehe ich aus dem Fenster die Gebirgskette
des Himalaya, der so urplötzlich und gigantisch aus dem Erdball schießt, als sei er in das Landschaftsbild photoshopiert worden. Weißes, aufgebrochenes Band, welches die dunkle Erde ab-
fängt – und eine starke Sehnsucht hervorruft. Dort oben, in der
Exilheimat des Dalai Lama, existiert einmal mehr ein völlig anderes Indien, das Land der mongolischen Gesichter, der in sich
gekehrten Menschen und des Buddhismus, der frischen Moos-
wälder und der zu Tal rauschenden, gläsernen Flüsse, das um-
kämpfte Kaschmir mit seinen weichen Seen und spitzbärtigen,
Koransuren summenden Männern. Das Himmelblau Ladhaks
ist *die* Farbtafel, die mir im Gedächtnis sitzt; ich kann ehrlich

behaupten, dass ich vor meinem Besuch des nördlichsten indischen Bundesstaates, wo man sich ständig zwischen viertausend und sechstausend Höhenmetern aufhält, noch keinen einzigen blauen Himmel, noch keine solche Wirkung gesehen habe: Zwischen den nackten Bergreihen und einem Ur-Blauton fließt eine Gestaltung zu Tal, die in ihrer Leere so gebrechlich und bezaubernd wirkt wie dünnes Glas.

Der Anblick beeindruckt auch meinen Sitznachbarn Penun, der als Unternehmensberater in Delhi lebt und arbeitet. Schnell befinden wir uns in einem Gespräch über Varanasi und den Hinduismus.

»Hindu zu sein, ist nur ein Glaube«, erklärt er mir sein persönliches Verständnis, »aber ›-ismus‹, dann wird es immer zur Wissenschaft, und auch der Hinduismus ist eine Wissenschaft. Ein ›Ismus‹ muss den Tatsachen standhalten. Ich denke der Hinduismus als Wissenschaft, nicht der Hinduismus als Glaube, kann das.«

Ich bitte ihn, sich genauer zu erklären. Seine wachen Augen beginnen zu lächeln. Er verstaut seine Brille im Etui, um seine Worte mit beiden Händen in der Luft nachzeichnen zu können.

»Die indische Philosophie versucht, eine umfassende Antwort zu geben, die mehr ist als nur ein Glaubensbekenntnis. Der Hinduismus, den Buddhismus eingeschlossen, ist die einzige Religion der Welt, die nicht durch die Erkenntnisse der Wissenschaft widerlegt werden kann, verstehst du? Nun, ... zum Beispiel. Folgt man der Stringtheorie, so besteht die Welt aus Quanten und Strings, wobei letztere durch ihre Schwingungen die verschiedenen Formen der Materie erzeugen? – Natürlich.« Er setzt ein Lausbubenlächeln auf. »Das Universum ist vierzehn Milliarden Jahre alt und nicht das einzige Universum? – Selbstverständlich. Der Mensch ist zu seiner jetzigen Daseinsform aus einem rein animalischen Wesen evolviert? – Ohne Frage.« Er setzt ein Lausbubenlächeln auf. »Der Mensch wird von seinem Unbewussten getrieben? – Richtig. Alle diese modernen Erkenntnisse der Wissenschaften waren unseren Yogis vor Tausenden von Jahren schon bekannt. Das alles ist kein Geheimnis. Die übrigen Religionen müssen sich immer den neuen Erkenntnissen anpassen, die sich nicht mehr leugnen lassen. Aber nicht die Philosophie des Hinduismus!«

Als ich ihn frage, ob seine Reise nach Varanasi eine weltliche oder spirituelle sei, schlägt er lachend die Beine übereinander und sagt:

»Nun, vielleicht ist sie ganz im Sinne der Welt. Ich besuche die Familie meiner Frau, meine Frau ist schon da. Und außerdem bin ich zwar als Hindu geboren, aber von ganzem Herzen Atheist.«

Ich ziehe eine Augenbraue hoch. »Das Lob des Hinduismus hat sich aber gerade ziemlich gut angehört ...«

»Komm«, sagt er und kramt seinen Laptop aus der Gepäckablage, »ich zeige dir etwas, wenn du nichts dagegen hast. Ein Gedicht, das ich heute Morgen geschrieben habe.«

Er stellt den Computer auf meinem Schoß ab. Ich lese ihm einige seiner Strophen laut vor.

> »*Is life all Do's and Don'ts*
> *Live on dotted lines*
> *Success 'n failures*
> *Measured by others?*
> *Is life a question?*
> *Set by creator*
> *To find solutions?*
>
> *Or life is to live*
> *With abundance of freedom,*
> *Deleting inhibitions,*
> *Self imposed restrictions,*

Emotions to show,
And love to flow.
Making friends,
Sharing laughter's,
Spreading prosperities,
Living the dreams
For Joyful ride
Of the life.«

»Dennis«, sagt er und legt mir großväterlich die Hand aufs Knie, was bedeutet, dass mir eine große indische Einsicht bevorsteht, »ich weiß nur zwei Dinge, und ich bin sechsundvierzig Jahre alt. Man kann entweder glücklich sein oder unglücklich, und man ist selbst für sein Denken verantwortlich, niemand sonst, kein Gott und auch keine Religion. Das ist alles. Also entscheide ich mich jeden Tag von Neuem, glücklich zu sein.«

Als ich das letzte und erste Mal in Varanasi war, musste ich aus der Stadt fliehen. Ich beging den Fehler, im Juni hier zu sein. Die Temperatur schwankte um die siebenundvierzig Grad. Man konnte sich in geschlossenen Räumen weder aufhalten noch schlafen, da die unzähligen Stromausfälle die Ventilatoren lahmlegten; draußen griffen einen die Affen an, welche die ganze Nacht ihre Tyrannei auf den Dächern ausübten.

Hier zu sein, ohne eigentlich hier sein zu müssen, erschien mir bald als freiwillige Folter. Ich fragte mich, was in meinem Leben wohl schiefgelaufen sei, bezweifelte meine geistige Gesundheit, schwitzte den gesamten Tag und quälte mich, nur Gott weiß warum, durch den Dschungel der Nacht, der nur von Dämonen bewohnt war. Keine angenehme Sekunde. Vergiftet und mit einem Hirn, das sich buchstäblich in Luft auflöste, pumpte ich den völlig gemarterten Sauerstoff in meine schlecht gelaunten Westerwaldlungen – mehr weiß ich nicht mehr. In meiner Erinnerung hat die Stadt nur in meinen insomnischen Schweißdrüsen existiert, und der Ganges blieb mir als zäh-grüne Dreckbrühe in Erinnerung, die ebenso wie die Menschen nach Wasser dürstete.

Varanasi im Dezember ist dagegen ein Segen. Es ist wunderbar warm, sehr viel angenehmer als in Amritsar. Ich hänge Kopf und Arme aus dem Fenster des Taxis, welches Penun und mich in die Stadt bringt, und fange die weiche Sonne ein. »Siehst du«, sagt Penun mit der Unterstützung seines Schelmengrinsens, »das Glück ist überhaupt nicht kompliziert. Der Mensch braucht weniger, als er glaubt, aber diese kleinen Dinge sind wichtig. Was bringt es mir zu wissen, ob die gleiche Sonne in einem oder neun Universen existiert, wenn sie uns jeden Tag glücklich macht.«

Da der Flughafen eine Stunde außerhalb der Stadt liegt, fahren wir zunächst durch die ländliche Szenerie Uttar Pradeshs, in der sich hinter den heruntergekommenen Geschäften, welche die Hauptstraße schmücken, eine endlose Ackerlandleere unter den Horizont drückt und sich vergeblich vor den zerrütteten Gestalten zu verstecken sucht, die täglich von ihr leben müssen.

Dann verdichtet sich der Verkehr. Die Dörfer werden zu kleinen Vorstädten, Menschen und Tiere nehmen vermehrt die Straße ein, eine mächtige Textur aus Abgas, Schweiß und Schwere senkt sich in die Luft.

»Hier«, sagt Penun nach einer weiteren Stunde, in der das Taxi kaum vorangekommen ist, »hier lasse ich dich raus, du gehst die Straße runter und findest das Man Mandir Ghat am Ganges. Es war mir eine Freude, Mister Dennis. Willkommen in der ältesten Stadt der Welt.«

Vor langer Zeit wurde die Stadt Kashi genannt, Erstes Land. Gegründet von Shiva und seiner Gemahlin Parvati, lebten die beiden hier seit Anbeginn der Zeit. Weltliche Zeitrechnungen gehen davon aus, dass der Ort seit über dreitausend Jahren durchgehend

bewohnt ist, was ihn tatsächlich zur ältesten noch immer existierenden Stadt macht. Ursprünglich nach ihrem volkstümlichen
Namen Benares benannt, wurde sie nach der Unabhängigkeit
nach ihrem eigentlichen Sanskritnamen umgetauft: Varanasi[17].

Heiligtum der Hindus und Schauplatz etlicher Mythen ist sie
neben ihrer spirituellen Bedeutung auch vollkommen weltlich.
Und dieses Diesseits wirkt hier mit einer Intensität, auf die der gesunde Menschenverstand nicht vorbereitet sein kann. Eine Woche in Gottes goldenem Tempelschoß zu verbringen und dann in
der Altstadt Varanasis zu landen, ist so, als lande man nach einer
Woche im Goldenen Tempel mitten in der Altstadt Varanasis.
Vergleiche gibt es keine. Eine völlig andere Kraft herrscht hier
über die Angelegenheiten der Welt und besetzt Herzmuskeln,
Beine und Kehlen der Menschen.

Die planlose Suche nach einem Guesthouse treibt mich in die
schmalen Gassen der Altstadt, ins Durcheinander, zwischen die
Lautsprecher, in die Enge und das Herumgeschiebe. Alles angedreht bekommen und von jedem angelabert werden, Glockenschlag und Trommelwirbel, Aufruhr, Licht, Hunde und Büffel
und vor allem Kühe, die man aus dem Weg und somit ein stückweit in die Geschäfte schieben muss, um an ihnen vorbei zu gelangen. Labyrinthisch verzweigte Endlosgassen, das Basarwesen par
excellence: Funkelglitzern, Arm- und Fußreife, Schmuck, Textilien in allen Regenbogenfarben, Räucherstäbchen; die kleinen
paan-Verschläge haben immer Kundschaft, der Sound des aus

---

17 Nach der Unabhängigkeit flammte allerorts der Wunsch auf, den Städten ihre (ur)alten Namen wiederzugeben, die im Laufe der Zeit abgeändert worden waren. Meist waren und sind es nationalistische Hinduparteien, die sich durch dieses Verfahren Wählerstimmen sichern wollten.
    So wurde aus Kalkutta Kolkata, aus Bombay Mumbai (obwohl die Stadt
    nie Mumbai hieß), aus Madras wurde Chennai, aus Pondicherry Puducherry und aus Benares wurde Varanasi, ein Name, der sich auf den
    Fluss Varuna bezieht.

gespuckten Betelsaftrotzes plätschert in den Gassen wie eine un-
aufhörliche Symphonie. Hebt man den Blick, finden sich bunte
Häuser, die sich irgendwie auf den darunterliegenden Bruchbu-
den halten, und zwischengestapelt schweben Tempeltürme und
die roten Fahnenstangen Shivas über dem Chaos und dem Dreck.
Alles, was aus Körperöffnungen ausgestoßen werden kann, wird
von Mensch und Tier den Gassen zugeführt. Neben dem in die
Gasse gekippten Müll wird die Pisse von Mensch und Tier in die
Gassen gepisst, die Scheiße von Mensch und Tier wird in die Gassen geschissen, der Schleim von Mensch und Tier in die Gassen
geschleimt. Rotz, *paan,* Eiter, Tränen, Blut. Hineingemischt: ein
Hauch Sandelholzduft, Jasminblütenduft, das klare Echo der Ja-
desteine und Überreste von frischen Blumenketten, dazu die
schrillen Stimmen der Händler, die fröhlich herumtobenden Kinder, die Krüppel und Zerfetzten, die Sadhus, Meditierenden und
die zurecht alkoholisierten Gauner, die mir gleichzeitig mehrere Prostituierte, Marihuana, eine Rasur und ein Flugticket andre-
hen wollen.

Erst als ich ein Guesthouse gefunden habe, in meinem winzigen Zimmerchen Quartier beziehe und mir eine Beedi anstecke,
merke ich, dass ich die ganze Zeit dümmlich vor mich hingegrinst
habe. Der Rausch ist mir in die Gesichtsmuskeln gestiegen. Ich
bin glücklich und erregt wie ein kleines Kind, wieder in der kom-
plexen Stille Indiens gelandet zu sein.

Mark Twain schrieb einmal über die Stadt: »Benares ist älter
als jede Geschichtsschreibung, älter als jede Tradition und sogar
noch älter als ihre Legenden. Und sie sieht doppelt so alt aus, wie
all diese zusammengenommen.«

Mit anderen Worten könnte man sagen: Nirgends ist Indien so
gewaltig potenziert wie hier, wo jede Ecke mit Shiva-Lingams, Tempeln, Klang und Alter ausstaffiert ist, wo alle Gebete wie von Äonen
eingeölt klingen – und wo gleichzeitig alles verdreckt und verachtet
ist. Varanasi, heißt es oft, sei der Mittelpunkt des Landes und das

wahre Indien, was jedoch sehr weit an der Wahrheit vorbei gesprochen ist. Varanasi ist nicht die Quintessenz des Landes, sondern seine Ausnahme. Das wahre Indien findet man draußen im Nirgendwo
der Bundesstaaten, in den kleinen Dörfern, wo die Menschen froh
darüber sind, dass nicht allzu viel mit ihnen und dem Tag geschehen
wird; in Varanasi findet man lediglich das Indien, welches sich selbst
in einem Maße überstiegen und intensiviert hat, dass dieser einzigartige Ort als Meisterwerk einer Erzählung entstanden ist, die über den
Tod dichtet, indem sie vom Leben träumt.

Shiva gründete nicht nur die Stadt. Er sorgte ebenfalls dafür, dass
sie und ein großer Teil Indiens letztlich mit Leben und Fruchtbarkeit durchzogen sind. Der Fluss Ganga befand sich zuerst im
Himmel und dachte nicht daran, auf hiesigem Erdengrund zu
strömen, bis die Götter ihn genau dorthin schickten. Für eine
große Tat bedarf es eines großen Gottes. Shiva wurde gerufen,
um den Übergang vom Himmel zur Erde zu bewerkstelligen. Man
vermag sich vorzustellen, was geschehen würde, prallte ein solch
großer und mächtiger Fluss ungebremst auf die Erde. Um Letztere nicht zu zerstören, klemmte Shiva seinen Kopf zwischen Himmel und Erde. Der Ganges plätscherte in Shivas Haare, ruhte in
seinem Lockenfilz und besänftigte sich auf den Wasserwegen, die
nun über dessen Schädel zogen. Die Erde hieß das Leben, welches
das Wasser aus dem Himalaya in die trockene Ebene brachte,
mehr als willkommen. Eine Verehrung begann, die bis zum heutigen Tag ungebrochen andauert.

Die Ufer des Ganges und sein Delta, das riesige Flächen Indiens und Bangladeshs umfasst, gehören zu den am dichtesten be-
siedelten Gebieten des gesamten Planeten. Die durch den Som-
mermonsun verursachten Überschwemmungen verteilen die
nährstoffhaltigen Sedimente über die bewirtschafteten Felder.
Die Erde ist reich, die Ernte ertragreich, der Lebensunterhalt ge-
sichert. *Ma Ganga* nennen die Inder ihren Fluss, Mutter Ganga.

Zum einen zwingt sie gemeinsam mit Bruder Sonne das so kostbare Leben aus der Erde, zum anderen ist sie aber auch eine Göttin und religiöses Eigentum der Inder. Sie nehmen ihr rituelles Bad an den Ufern der seichten Fluten, um sich von ihren Sünden zu reinigen. Und in Varanasi hat das Seelen reinigende Bad im Ganges zudem eine besondere Bedeutung. Hier nimmt der Fluss auf seiner langen Reise die einzige Wendung nach Norden und biegt kurz in Richtung seines Ursprunges, des Himalaya, ab. Seit mehr als zweitausendfünfhundert Jahren ist die Stadt der wichtigste Pilgerort der Hindus, ihre heilige Stätte, ihre Verbindung mit Gott. Wer hier stirbt, so heißt es, erlangt *moksha:* die Befreiung aus dem Kreislauf der Wiedergeburten.

Damit ich aber in der Stadt überlebe, heißt es zuerst, den besten Chai der Gegend ausfindig zu machen. Denn ich weiß: Nichts ist in dieser von unsagbarer Kraft überladenen und zugewimmelten Stadt wichtiger, als ein Rückzugsort, der guten Tee und eine Sitzgelegenheit anbietet, von der aus sich das vorbeiziehende Leben beobachten lässt. Ich verbringe den Nachmittag suchend an verschiedenen Chai-Ständen, wohlwissend, dass diese Zerstreuung auch dazu dient, mir die Zeit bis zur Abenddämmerung zu vertreiben. Der Aufenthalt am hiesigen Gangesufer, welches von rund achtzig Ghat bestanden wird, ist einer der wirklich großen Momente Indiens. Und ich will, dass mir der erste Eindruck nach sieben Jahren erst dann wieder das limbische System zum Leuchten bringt, wenn die Stunde perfekt ist und das Dämmerlicht eine vollständig vorhandene Welt in ihre eigene Mystifizierung taucht.

Zwei Stunden später ist es soweit.

Wie ein silbernes Band, das sich durch die Stadt schlängelt, liegt der Ganges gemächlich vor meinen Füßen, die kleinen Ruderboote ankern an den Ufern, Menschen steigen – Gebete und Blumenröcke in den Armen – die Stufen zu seinem Wasser hinab, setzen die Blumen frei, sprechen, tauchen unter. Der Fluss riecht, als sei er genauso alt wie die Stadt.

Die Entfernung zur bekannten Welt ist riesig. Über dem Ganges bilden sich aus Staub, Nebel und Sonnenblutrot die Farben des Abends, während die breiten Ghat friedlich unter dem gelben elektrischen Licht liegen. Wie unwirkliche Festungen stehen die alten Paläste an den Ufern und schirmen den Fluss gegen den Trubel der Zeit ab. Sie wirken verlassen, diese antiken Wächter, welche die Geschichte übrig gelassen hat, aber noch dienen sie der Stadt als Märchengerüst, das stolz und würdevoll den Flusslauf begleitet.

Ich setze mich und halte meine dreckigen Füße ins dreckige Wasser. Mit Blick über dieses Panorama begreife ich abermals, dass der Ganges seine göttliche Bedeutung deswegen innehat, weil er irgendwo zwischen Traum und Wirklichkeit schwebt. Nicht Anhängsel der Erde oder des Himmels, weder Diesseits noch Jenseits, fallen Fluss und Stadt leicht in die unbestimmten Bilder von Nebelschwaden, Wasserzeichen und Äonen, die sie zaghaft umgeben.

Ich krame mein Notizbuch hervor und suche eine Art Kompromiss zwischen dem, was hier *ist*, und dem, was sich darüber sagen ließe. Blatt um Blatt werden verbraucht, ohne dass ich auch nur in die Nähe eines wirklichen Satzes komme. Varanasi, ich habe es schon gewusst, wird keine Schlussfolgerung zulassen. Das Bild ist durch die Anschauung nicht zugänglich. Die Sinne fassen das Herz nicht. Worte schweben umher, treten aus den Blicken – aber keinem Buchstaben gelingt etwas.

Ich atme in dieses Zauberbild, Rauch steigt auf, Wasser fließt stromabwärts, und am nächsten Tag geht alles weiter, ohne gewesen zu sein.

Gegenüber dem Vishvanath-Tempel wird der Teesuchende fündig. Der unverputzte und kalte Raum ist mit einigen niedrigen Holzbänken ausgestattet, welche entlang der Wände verlaufen, und wenn ich das Glück habe, einen Platz direkt an der Gasse zu be-

kommen, sitze ich hier stundenlang, während die vorbeiziehende Welt den *paan* in hohen Bögen in den Mülleimer spritzt, der
eigentlich für die Plastikbecher bestimmt ist. Im Schneidersitz
hockt der Chai-*wallah* vor seinem krummen Tonofen, wo er ab und
an die glühenden Kohlestücke umherrückt. Der Kunde darf es sich
aussuchen, ob er den Chai lieber aus den kleinen Tonschalen trinken will, die es in Varanasi überall gibt, oder aus dünnen Plastik-
bechern. Der Westler greift zu den niedlichen Schälchen, da sie
umweltverträglich sind und mit einem wunderbaren Geräusch zerbrechen, wenn man sie in die Ecke wirft; der Inder nimmt den Plastikbecher, da er ihm modern und fortschrittlich erscheint.

Hier also die Welt. Polizisten, die den Tempel bewachen,
stauchen in der einen Sekunde die wartenden Pilger zusammen, in
der nächsten sind sie eingeschlafen. Ein Verkäufer von gegenüber
lädt mich mit wilden Grimassen und Kopfbewegungen in seinen
Laden ein, da er seinen Mund nicht zum Sprechen öffnen kann.
Ein riesiger Schwall *paan,* das er sich zwischen den Zähnen herumschiebt, würde aus seiner Mundhöhle auf die Pflastersteine klatschen, und er will sich den rotbraunen Spaß noch ein wenig am
Gaumen halten. Zwei Jungen versuchen, einer verdatterten Kuh
eine Plastiktüte in den Arsch zu schieben, ein Blinder führt einen
Blinden durch die Gassen, drei Kinder stützen einen Krüppel,
der mit nur einer Krücke die wenigen Meter vorankommt, die
ihn nirgendwo hinführen. Nur mit einem Lendenschurz beklei-
dete Sadhus werden von koreanischen Touristen belagert, welche
die heiligen Männer, könnten Fotografien Wunden verursachen,
im Nu umgebracht hätten. Watsch! Ein Kind bekommt von seiner Mutter eine derart heftige Ohrfeige, dass es gegen die Wand
klatscht, dort kurz zu Boden fällt und zwei Sekunden später schon
wieder tänzelnd davonspringt. Zwei Männer erzählen sich Witze
und krümmen sich unter ihrem eigenem Gelächter, dann wird erneut ein aufgebahrter Leichnam unter *Jai-Ram*-Chören durch die
Gassen getragen. Ich kippe meinen Chai herunter, pfeffere die

Schale in die Ecke und folge dem Sandelholzduft und den fallen-
gelassenen Blumensträngen, die jeden Verstorbenen begleiten.

»Burning is learning, cremation is education.« Der kleine Hutzel-
mann, dessen Augen so schief sitzen wie seine Wirbelsäule, ist
sichtbar stolz auf die Einsicht, die er mir gerade mitgeteilt hat.
Sein Lächeln begradigt seine unförmige Statur, und er drückt mir
ein kleines Bild Shivas in die Hand, das ich als Andenken an seine
Lehre behalten darf. Zusammen sitzen wir oberhalb des Marni-
karnika Ghat, dem Ort, wo die meisten Verbrennungen und Ein-
äscherungen stattfinden. Ist die Luft in Varanasi ohnehin schon
schwer von dem Staub der Jahrtausende, vom Dreck und dem
Ruß der Öllampen, kommt hier noch der Geruch der brennenden
Körper hinzu. (Video 27)

Das ist es also. Das Ende eines jeden Lebens, die Zukunft eines jeden Körpers – und jeder darf beiwohnen. Es brennen ungefähr dreißig Feuerstellen, während Familien und Schaulustige diesen Übergang von Stoff zu neuem Stoff, den lodernden Wechsel der
Aggregatzustände beobachten. Ich lerne Biswa kennen, einen der
Männer, die als Einäscherer arbeiten, und lade ihn zum Mittagessen
ein, um ihm ein paar Fragen zu stellen. Er hat heute schon den ganzen Morgen gearbeitet, wirkt müde und tief in seinen schmächtigen
Körper versunken. Das Essen bringt schließlich etwas Schwung in
seine Arme und Wangen, und er beginnt zu erzählen.

»Wir alle kommen aus derselben Kaste aus Bihar, der
Dom-Kaste. Wir sind Unberührbare und kümmern uns schon immer um die Verbrennungen, es ist allein unsere Arbeit.«

Schmatzend blickt er mich an und hofft, keine weiteren Fragen mehr gestellt zu bekommen.

»Was ist das für ein Gefühl, jeden Tag mit dem Tod konfron-
tiert zu sein?«

Biswar reibt sich die Wange.

»Es ist eine schwere Arbeit. Es ist heiß und anstrengend.«

Ich wiederhole und präzisiere meine Frage, da ich wissen will, was er bei seiner Arbeit empfindet. Aber die Antwort bleibt dieselbe. Es sei eine schwere Arbeit, wenig Geld, hartes Leben.

»Macht es dich auf eine gewisse Weise stolz, dass deine Kaste mit einer eigentlich sehr bedeutenden Aufgabe betraut ist?«

»Stolz? Es ist sehr harte Arbeit. Im Sommer sind es fünfzig Grad, und ich stehe auch noch zwischen den Flammen. Ich muss mich komplett vermummen, nur meine Augen sind frei, und alle paar Minuten muss ich in den Fluss steigen, damit die Kleidung feucht bleibt und ich nicht selber verbrenne.«

Für kurze Zeit fingert er lustlos in dem *dhal* herum, in dem er die *chapati* aufweichen lässt. Dann erklärt er mir das Procedere der Einäscherung. Er verwendet eine Menge *ghee,* sagt er, geklärte Butter, damit es besser brennt, und auch Sandelholz, damit es besser riecht. Es dauert fast drei Stunden, bis ein Leichnam vollständig verbrannt ist. Oft muss er mit einer eisernen Lanze den Schädel knacken, damit auch das Gehirn abfließen und in Rauch aufgehen kann. Die Asche wird zeremoniell von den Verwandten in den Ganges gestreut, aber es bleibt immer etwas übrig, Knochen. Bei den Männern vor allem der Brustkorb und bei den Frauen auch das Becken. All dies wird ebenfalls in den Ganges geworfen. Biswa sucht nach getaner Arbeit jede Feuerstelle nach Schmuck und Gold ab. Wenn er etwas findet, darf er es behalten.

»Ich sehe nur Männer an den Feuerstellen«, sage ich, »warum ist das so?«

»Frauen dürfen nicht aus der Nähe zuschauen. Sie werden zu oft hysterisch und emotional, viele weinen, und es bringt Unglück, bei den Verbrennungen zu weinen. Manche Witwen versuchen immer noch, sich auf den Scheiterhaufen des Mannes zu werfen, wie es früher einmal Sitte war. Deswegen erlaubt man es ihnen nicht.«

Ob er mit seinem Leben und seiner Aufgabe zufrieden sei, will ich abschließend wissen.

»Zufrieden! Wie gesagt, es ist harte Arbeit, ich verdiene zwischen fünfhundert und siebenhundert Rupien pro Leichnam, mir wird immer noch schwindlig und schlecht von der Hitze und dem Geruch. Es gibt heute einige elektrische Krematorien, die sind billiger, da gehen die meisten Leute hin. Ich habe oft Kopfschmerzen, das kommt von dem vielen Rauch. Das ist ungesund. Aber ich lebe, und es geht jeden Tag weiter. Was soll ich machen? Irgendwann liege ich auch dort, und dann mal sehen, was mir die nächste Geburt bringt. Ich glaube, ich mache meine Arbeit gut.«

Biswa verabschiedet sich und geht wieder an sein Tagwerk, den Übergang von Erde zu Wiedererde zu vollziehen. Ich schaue ihm und den anderen noch eine Weile zu, wie sie die Flammen dirigieren, die Körper positionieren, an den richtigen Stellen nachfeuern, die Überreste in den Fluss werfen, unfähig, mich von dem Anblick loszureißen. Ruderboote auf dem Ganges kommen und gehen, Wasser rauscht unaufhörlich durch die Stadt, Rauch flattert in den Himmel. Ich blättere in der Bhagavad Gita, um den Flammen zwei meiner Lieblingsverse vorzulesen:

> *»Denn dem Gebornen ist der Tod,*
> *dem Toten die Geburt bestimmt, –*
> *da unvermeidlich dies Geschick,*
> *darfst nicht darüber trauern du.*
>
> *Denn wie der Mensch in diesem Leib*
> *Kindheit, Jugend und Alter hat,*
> *so kommt er auch zu neuem Leib, –*
> *der Weise wird da nicht verwirrt.«*

Im Hinduismus wie auch im Buddhismus wird sehr viel Wert auf diesen wichtigsten Moment des Lebens gelegt, in dem die unvergängliche Seele den vergänglichen Körper verlässt. In diesem Augenblick entscheidet sich nach der *samkhya*-Philosophie, wie die nächste Manifestation der Seele aussehen wird. Hier kommen wieder die drei *guna* ins Spiel, Licht, Leidenschaft und Finsternis. Das Verankertsein in dem einen oder anderen bestimmt den weiteren Verlauf der Seele.

> *»Ward Güte in dem Menschen groß,*
> *dann nach dem Tod erreichet er*
> *Jene fleckenlosen Welten der höchsten Wissens Kundigen.*
>
> *Stirbt er in Leidenschaft, dann*
> *kommt er unter Tät'gen neu zur Welt,*
> *stirbt er im Dunkel, wird er neu geboren aus betörtem Schoß.«*

Im achten Gesang der Gita findet sich eine weitere Anweisung, welches Bewusstsein im Moment des Todes das günstigste ist:

> *»Wer an den alten Weisen, den Regierer,*
> *Der feiner ist als fein, sich stets erinnert,*
> *Den Schöpfer dieses Alls, der unausdenkbar,*
> *Der sonnenfarbig, jenseits allen Dunkels, –*
> *Wer festen Sinns im Tode sein gedenket,*
> *Hingebungsvoll und mit der Kraft der Andacht,*
> *Den Lebensgeist zwischen den Brauen sammelnd,*
> *Der geht zum höchsten Urgeist ein im Himmel.«*

Ich laufe das Ufer entlang bis zum Assi Ghat, dem letzten großen Ghat stromaufwärts. Auf diesen wenigen Kilometern liegt das Kernland des Hinduismus, hier leben die mit warmer Asche eingekreideten Sadhus, hier steigen all die Tausende Pilger in den Ganges, welche die Stadt täglich empfängt, hier werden *puja* abgehalten, wird Yoga praktiziert und meditiert, hier riecht es nach Kühen, Ringelblumen und nach halb Indien, das der Mutterfluss

auf seiner langen Reise durch das Mutterland aufgesammelt hat.
(Video 28)

Schon sehr lange fragt sich die Welt, was der Hinduismus eigentlich sein soll? Seine Bilder, Mythen und Hunderttausende
Gottheiten sind so komplex, dass selbst die Inder kaum einen
Überblick haben. Jedermann, jedefrau und jede Region machen
sich ihren eigenen Reim auf die Überlieferungen und heiligen
Schriften, die meistens untrennbar mit dem Land und dessen Natur verbunden sind.

Und es war hier, an den Ufern des Ganges, wo vor einer Ewigkeit jene Arten der Frömmigkeit und Naturverehrung entstanden, die man heute alle unter dem Leitbegriff des Hinduismus
zusammenfasst. Wie vieles in diesem Land ist auch dieser Name
eine Schöpfung ausländischer Entdecker, welche die Menschen,
die jenseits des Flusses Indus lebten, kurzerhand Inder nannten.
Alles, was in diesem Land nun nach Kult und Anbetung aussah,
wurde als die Religion dieser Hindus, als Hinduismus bezeichnet.

Will man diesen mit einem Satz beschreiben, könnte man sagen: Alles das, was ist.

Symbolisch behandelt das hinduistische Götterpantheon die
gesamte Welt und achtet peinlich genau darauf, alle vorhandenen
Kräfte, Triebe, Energien, Zustände und Beschaffenheiten, alles
Inner- wie Außermenschliche aufzuzeigen und diesen Prinzipien
Raum zu verschaffen. Alle Götter stehen für eine spezielle Kraft,
die in der Welt vorhanden ist, sei es Shiva, der die Zerstörung und
Neuschöpfung repräsentiert, Lakshmi, die Schönheit und materiellen wie spirituellen Reichtum darstellt, oder Ganesha, der Be-
seitiger der Hindernisse. So entsteht ein Bilderbuch aller Erscheinungen, aller hohen wie niedrigen Verwirklichungen.

Einer der Gründe, warum der Hinduismus in seiner Gesamt-
schau einzigartig ist, ist das bereits besprochene brahmanische
Prinzip. Da alles aus einer Quelle kommt, aus *brahman,* gibt es keine
zwei Instanzen, die für das Bestehen und die Ereignisse der Welt

verantwortlich sind. Die Aufteilung in Gut und Böse, dämonisch und göttlich, die man in den Lehren der großen monotheistischen Religionen vorfindet, ist in den Beobachtungen des Hinduismus (letztendlich) hinfällig. Denn auch die Aspekte und Götter, die wir anhand der Instinkte unserer Moralvorstellungen als negativ oder gar ›böse‹ empfinden, erfüllen einen Zweck und sind, in ihrem relativen und weltgebundenen Sinne, notwendig. In den höheren Wirklichkeiten gibt es keine Notwendigkeit für Schmerz, Kampf und Leid. In den niedrigen Manifestationen von Welt, Tiersein und Materie aber sind sie vorhanden – dementsprechend werden sie nicht verschwiegen. Arjuna zum Beispiel muss sich dem Kampf stellen, ob er will oder nicht: Er ist als Mensch geboren und zum Krieger ausgebildet worden, nun steht er auf dem Schlachtfeld und muss kämpfen. Dies sind seine Wirklichkeiten. Der Weg zu Gott führt durch die bestmögliche Bewältigung des eigenen Schicksals, denn das persönliche Schicksal ist im Hinduismus immer an die Reise der Seele gebunden, die sich während ihrer langen Suche in etlichen Körpern inkarniert; solange, bis sie wieder in *brahman* aufgegangen ist.

Ich habe Indien bereits als ein Land beschrieben, in dem man die Wirkungen und Bewegungen der Weltentriebe auf eine ungedämpfte und direkte Art spürt. Indien ist eine Furchtlosigkeit. Es ist ehrlich. Zwischen den Polen von Himmel und Hölle, Tiefe und Oberfläche zerrt es alles in den Kosmos seiner Erfahrung. Und der Hinduismus ist vielleicht dasjenige von Indiens Kindern, welches die Distanz innerhalb einer Sache, das Banale und Göttliche des Landes am besten verdeutlicht.

*»Die tiefe Kluft zwischen den höheren Manifestationen und
den unverhohlen abergläubigen und magischen Praktiken, die dazu
dienen, die breite Masse auf dem Land religiös zu verköstigen, gehört seit
jeher zu den Paradoxien des Hinduismus.«*

R.C. ZAEHNERS

Jede Religion besitzt eine esogene und eine exogene Seite, ist einmal nach innen oder nach außen gerichtet. Der Hinduismus bildet da keine Ausnahme. Das wahrlich gottsuchende Individuum geht seinen eigenen Weg, indem es Gott selbst mit seinem Bewusstsein erfahren will, ja, indem es EINS werden will mit Gott. Es löst sich somit von den exogenen Praktiken und Dogmen, die von der breiten Masse in ihr Leben integriert werden, um Trost und Identität zu spenden. Die esogene Seite des Islam etwa sind die Sufis, im Christentum sind es die Gnostiker, das Judentum besitzt die Anhänger der Kabbala. Im selben Sinne besitzt der Hinduismus seine Mystiker und Meditierenden, seine Sucher und Gottesgänger. Und wie in den anderen Religionen auch sind sie im Hinduismus in der absoluten Unterzahl.

Es ist vielleicht neben der Annahme, Inder seien jederzeit friedfertige und zahme Lebewesen, das größte Missverständnis, welches die Welt in Bezug auf Indien hat: Indien ist nämlich kein spirituelles, sondern ein religiöses Land. Man muss diese zwei Dinge – Spiritualität und Religion – sehr genau unterscheiden. Wie überall auf der Welt bilden die Götter auch in Indien sehnsüchtige Verlängerungen der unbewussten Wünsche, Ängste und Vorstellungen der Bevölkerung. Das, was der Indienreisende auf den ersten Blick als spirituelle Übung wahrnimmt, ist meistens nichts anderes als die Naturverehrung einer archaischen, animistischen Bewusstseinsstufe, die noch immer in ihren uralten Ritualen kreist[18]. Das Leben der meisten

---

18 Auch die Verwechslung des Weltlichen mit dem Spirituellen ist eine immer wiederkehrende Beschäftigung des Indienreisenden. In Goa sah ich viele Autos im Straßenverkehr, auf deren Heckscheibe die Aufschrift »Sai Service« aufgeklebt war. Tagelang ging ich davon aus, dass es sich um Anhänger des Yogis Sai Baba handelte, die auf diese Art ihre Zuneigung zu ihrem Guru kundtun. Ganz überrascht war ich allerdings nicht, als sich herausstellte, dass »Sai Service« die Werkstattkette des Autoherstellers Maruti Suzuki ist.

Inder ist in einigen Stellen der Bhagavad Gita beschrieben, in denen Krishna sagt, dass die rein äußerliche Anbetung und die Opfergabe ebenfalls gut seien. Gebet, rechtschaffenes Leben, das heilige Bad im Ganges, einer Gottheit Kokosnüsse und Bananen darzubringen und so weiter. Denn Glaube allein, sei er noch so unvollkommen, trägt den Samen des Erlösungswillen in sich, ist eine (wenn auch sehr unvollkommene) Form von *bhakti,* der hingebungsvollen Gottesliebe. Auf einer bestimmten Bewusstseinsstufe ist sie also die einzige Art, Gedanken an Gott zum Ausdruck zu bringen. Diejenigen, die zur spirituellen Aufgabe, also der eigenständigen inneren Suche, aufgrund ihrer bisherigen Seelenentwicklung nicht fähig sind, leisten im hinduistischen System eben das, was sie leisten können, denn: »Niemand, der redlich verfährt, soll in das Elend kommen.«

Aber Krishna erklärt auch:

> *»Doch bleibt beschränkt nur der Erfolg*
> *bei denen, die beschränkten Sinns:*
> *Die Götter findet, wer sie ehrt!*
> *Wer mich verehrt, gelangt zu mir!«*

Die Götter zu ehren ist einfach. Aber der lange und beschwerliche Weg, die so fest einverfleischten Bedingungen der eigenen religiösen Gemeinschaft, des Ichs und des Ego zu transzendieren und die Gottheit nicht nur äußerlich anzubeten, sondern sie zu *werden*: das ist, wie Krishna weiß, eine Aufgabe, die fast kein Mensch zu erfüllen imstande ist. »Unter Tausenden von Menschen strebt nach Vollendung einer kaum, von den erfolgreich Strebenden kennt wahrhaft mich kaum einer noch.«

Und:

> *»›Gott ist das All‹ – schwer findet sich ein Edler,*
> *welcher das erkennt.«*

»Meine Frau hat mir drei Töchter geboren, DREI! Keinen Sohn.
Und ich liebe sie immer noch. Ich muss vollkommen verrückt
sein. Kann ich eine Beedi haben?«

Ich greife in meine Tasche und gebe ihm eine. Er pafft an der
dünnen Zigarette herum, zündet sie sich bestimmt ein Dutzend
Mal neu an, schmatzt, als befeuchte er trockenes Brot, und fährt
fort.

»Aber nur so lernt man die Liebe, das glaube ich heute. Durch
Schmerz.«

Ich kann mir ein Grinsen nicht verkneifen, so gut ist sein letzter Satz. Meine Freude irritiert ihn, ich muss aufpassen. Inder sind
sehr sensible Lebewesen. Hat man es sich einmal mit ihnen ver-
scherzt, besteht kaum eine Gelegenheit zur Wiedergutmachung.
Ich klopfe ihm auf die Schulter und spendiere eine neue Runde
Chai, um ihn auf andere Gedanken zu bringen. Und sie kommen.

»Warum hast du noch keine Kinder«, fragt er, »so alt wie du
bist?«

Er hat Recht. Vom indischen Standpunkt aus bin ich als drei-
unddreißigjähriger Mann, der keine Frau und keine Kinder hat,
brutal an meinem Lebenssinn vorbeigerauscht. Irgendetwas ist
mit mir offensichtlich nicht in Ordnung. »Rumreisen«, sagt er,
»schön und gut, ich bin auch viel gereist, als ich jung war. Und Gedichte geschrieben habe ich auch, Liebesgedichte. Voller Anbetung.« Bevor er seinen nächsten Satz ausspricht, steigt nun ihm
ein Grinsen zu Gesicht. »Alle an Frauen, von denen ich keine ge-
heiratet habe. Meine Frau kannte ich vor der Hochzeit nicht.
Wie es bei uns Brauch ist, suchten meine Eltern sie aus, sie zeigten mir ein Foto, und ich willigte ein. Das war gut so. Auch wenn
sie mir keinen einzigen Sohn geboren hat, ich habe sie lieben gelernt. Auch du musst lieben lernen, Dennis. Jetzt ist es kalt, bald
kommt der Winter, und wenn du heute Abend nach Hause gehst,
erwartet dich keiner. Such dir eine Frau, Dennis-bhai, eine treue
und gute indische Frau. Du wirst begeistert sein.«

Ich verspreche ihm, mein Bestes zu tun. Anerkennend legt
er seine Hand auf meine Schulter, als hätten wir soeben mein
Schicksal besiegelt.

Chetan ist ein lieber Kerl, den ich mindestens einmal täglich
hier im Chai-Büdchen treffe, wo er für meine Unterhaltung sorgt.
Sein Englisch ist sehr gut, und er besitzt das Charisma eines Mannes, der genau das meint, was er sagt. Als ich etwas geistesabwe-
send dem unendlichen Strom der Menschenmasse zuschaue, der
sich durch das Gassendickicht drückt, denke ich laut und frage
ihn bei halbem Bewusstsein: »Chetan-ji, wo gehen all die Menschen hin?« Und er gibt auf meine rhetorische Frage eine glasklare,
indische Antwort: »The earth is our great mother. She has shel-
ter for everyone.«

Die Erde ist unsere große Mutter.

Sie findet für jeden einen Unterschlupf.

Auch die Ganga – eine der vielen großen Mütter, die Indien verehrt – hat Platz, ziemlich viel Platz. Was ihr allerdings nicht immer zugutekommt.

Der Abend glüht über ihrem Wasser, Tausende Glocken-
schläge schallen an ihren Ufern, die Gassenlabyrinthe spülen die
Menschen hinunter zu den Ghat; die Ganga erlebt ihre große
Anbetungsstunde. Am Dasaswamedh Ghat funkeln Lichter, Herzen und Worte in die aufkommende Dunkelheit. Hier findet die
größte *puja* Varanasis statt, die Ganga Aarti; Tausende Menschen
haben sich um eine improvisierte Bühne versammelt, auf der junge Brahmanenpriester Mutter Ganga ehren und die Bewunderer
des Flusses für kurze Zeit von den Kadavern und den Giften ab-
lenken, die täglich in die Venen des heiligen Körpers gepumpt
werden. (Video 29)

Indisches Paradox: In der einen Welt fließt der Ganges in einer göttlichen Bewegung durch Shivas Haare auf die Erde, in der
anderen ist er eine Kloake, die auf den ersten und den tausends-

ten Blick ungefähr so rein und heilig ist wie der Putzeimer einer Köln-Kalker Eckkneipe. Allein in Varanasi siffen täglich zweihundert Millionen Liter Abwasser in den Fluss, 2,9 Milliarden Liter sind es auf gesamter Strecke. Fabriken leiten ihre giftigen Stoffe in den heiligsten aller Flüsse, Städte ihren Müll, Landwirte ihr totes Vieh. Die Verschmutzung durch Chemikalien und Schwermetalle, vor allem durch Chrom, ist eines der schwerwiegendsten Probleme für die Ökologie des Flusses und die Menschen. Mutter Ganga ist schon lange so vergiftet, dass die Menschen in Uttar Pradesh, Bihar und Bengalen, die an ihren Ufern leben, die größte Krebsrate des Landes aufweisen, darunter die zweithöchste Gallenblasenkrebsrate der Welt und die höchste Prostatakrebsrate in ganz Indien. Es gibt einen genauen Wert, der in Indien ein gesundes Gewässer bestimmt. Der Wert des Ganges liegt fünftausendfünfhundertmal darüber. Sein Wasser dürfte laut der daraus erfolgenden Klassifizierung auf keinen Fall für die Landwirtschaft eingesetzt werden. Trotzdem wachsen durch die ›Kraft‹ dieses Wassers Ernten und Nahrungsmittel, ganz zu schweigen von den Millionen Menschen, die in seinen bracken Fluten baden, sich und ihre Kleidung darin waschen und das Wasser, das sie verehren, natürlich auch trinken.

Und es stellt sich die Frage, wie es denn möglich sein kann, einen Fluss gleichzeitig zu verehren und zu töten? Eine der Antworten liegt darin, dass für die Inder die Welt immer beides ist: alles und nichts. Aus einer absoluten Sicht ist alles göttlich und göttlich bestimmt. Das, was in der Welt endlich ist, ist nur die Art und Weise, wie sich das Unendliche in der Welt der Formen und Objekte repräsentiert. Kein Mensch kann den Ablauf des großen Ganzen beeinflussen. Jene Kräfte, die ein unfassbares und unendliches Universum kreiert haben und das in allen Dingen aufgeführte Schauspiel von Geburt und Zerfall bestimmen, spielen sich aus. Und in dieser großartigen Dichtung sind Leben und Tod der Menschen sowie die Entstehung und der Untergang von Zivilisation nicht nur eine Tatsache, sondern notwendig, um neues Leben und neue Zivilisationen hervorzubringen.

Die relative Sicht hingegen bezeichnen die Inder als *maya,* was soviel wie Illusion oder Trug bedeutet. Es ist die Welt unserer Sinne, die uns immer nur das erfahren lässt, was unsere Sinne anhand ihrer Gesetze erfahren können. Das Ohr hört nur innerhalb der Fähigkeiten des Ohres, das Auge sieht aus einer unendlichen Welt nur das, was die Netzhaut und das visuelle Zentrum des Gehirns zu sehen in der Lage sind, die Wahrnehmungen des Geistes sind durch die Triebe des Egos und die Mechanismen des Gehirns begrenzt. Alles vergeht. Der Körper stirbt, das ist klar, und somit auch die Person, die in diesem Körper beheimatet ist. Für die Inder ist also die Welt, die wir wahrnehmen und durch unsere Organe verarbeiten, nicht die wirkliche Welt, weil sie immer nur ein Fragment sein kann, weil in ihr nie etwas von Dauer ist. *Maya* ist Vergänglichkeit, *maya* ist die kleingerahmte Welt der Menschen.

Unterm Strich bedeutet die Unterscheidung zwischen dem Absoluten, *brahman,* und dem Relativen, *maya:* Alles ist zugleich wahr und unwahr. Dass der Inder eine Welt, die mit den Mitteln der Menschen weder zu erfahren noch zu zerstören ist, als die eigentliche Wirklichkeit betrachtet, ist aber nicht der einzige Grund, warum heilige Flüsse und Tempel wider jeglichen Menschenverstand zugemüllt werden.

Die entscheidende Mehrheit der Inder ist noch immer arm und ungebildet. Sie hat einerseits völlig andere Probleme als Plastik und Umweltverschmutzung, andererseits fehlt ihr Bildung und Informationen. Sie kennt einfach den Schaden nicht, den sie anrichtet, und weit und breit gibt es niemanden, der sie aufklärt. Meine Beobachtung der letzten Jahre hat mich zu der Erkenntnis geführt, dass die Ober- und Mittelschicht, die sich durch bessere Bildung der Probleme bewusst sind, bereits vor ihren Mit-Indern, all dem Dreck und der ökologischen Katastrophe kapituliert haben. Sie schaffen sich ihre Oasen, um alldem, so gut es geht, zu

entkommen. Und die sogenannte Unterschicht, also achtzig Prozent der Inder, weiß eben nicht, dass es diese Probleme überhaupt
gibt. Und selbst wenn sie es wüsste, was sollten die Menschen mit
dieser Information anfangen? Ihr Leben und Erleben hat sich seit
Jahrhunderten, teilweise seit Jahrtausenden kaum verändert, für
die meisten wird die Welt nicht durch einen individuellen Verstand wahrgenommen, sondern durch ein noch undifferenziertes,
mythologisches Bewusstsein, das – dem Wahrnehmungsmodus
eines Kleinkindes nicht unähnlich – die verschiedenen Objekte
der Außenwelt noch mit seinem eigenen Wesen identifiziert. In
dieser Welt ist alles eins: Das Heilige und das Unheilige, das Banale und Gottgleiche werden nicht unterschieden[19]. Ohne eigene Stimme fügt man sich in der Art und Weise, wie man sich seit
Anbeginn der Zeit den höheren Kräften der Götter und dem Re-
gelwerk des Kastenwesens gefügt hat. Wenn Mutter Ganga heilig
ist und Seelen reinigt, kann sie nicht gleichzeitig unrein sein. Egal,
was alles in sie hineingekippt wird.

Sie ist göttlich.

Das Weltliche kann sie nie definieren.

Die Ganga Aarti ist mittlerweile zu Ende, die Öllampen sind aus-
gelöscht, die Gebete verstummt. Die Menschen verstreuen sich
und gehen nach Hause. Einige Pilger stehen noch hüfttief im
Wasser, und ich beobachte eine ältere Frau, die voll bekleidet im
Fluss steht, mit geschlossenen Augen ihr Mantra murmelt, sich

19 Die Skrupellosigkeit dieser Vermengung führt oft zu absurden Anbli-
    cken, die der Ironie zu höchsten Ehren gereichen. Ob es nun der Je-
    sus Coffee Shop, die Durga Beer Bar oder die Werbetafel eines klei-
    nen Imbisses ist, die neben dem Bild eines fettigen Burgers und einer
    Coca-Cola auch das Konterfei von Sai Baba, einem indischen Heiligen,
    präsentiert. Es ist einfach alles, wirklich alles möglich, da alles mit allem
    zu tun hat.

die Nase zuhält und dreimal hintereinander mit dem kompletten Körper untertaucht. De facto steht sie im Müll, der sich zwischen den Ruderbooten gesammelt hat, in alten Plastiktüten, Aluschalen, an denen noch Reis und *sambhal* kleben, verwelkten Blumen und dem Duft der toten Tiere und Menschen, die einige Meter weiter offen im Wasser treiben. Sie greift kurz ans Ufer, zündet eine kleine Wachskerze an, die auf einem dicken Blatt steht, legt eine Blume hinzu und schickt ihr kleines Boot die Strömung hinunter. Ihr Licht gesellt sich zu den hundert anderen Kerzen, welche als Zeichen der Hingabe und der Liebe mit dem Giftwasser Richtung Meer fließen.

Das wird es wohl sein, denke ich. Es ist eines jener Bilder, durch das man dem Urgrund Indiens etwas näher rückt, dies unsichtbare Epizentrum ein weiteres Mal umkreisen darf. Ich verstehe wieder einmal, warum das Land durch keine politische, soziale oder anderweitig weltliche Obrigkeit bezähmbar ist. Warum es immer so bleiben wird, wie es ist. Denn nur die Götter genießen das Vertrauen der Inder, Menschen sind immer nur Menschen und die Erde von ermesslicher Dauer. Minister, Politiker, Verordnungen, Parlamente, Söhne und Töchter: Sie alle kommen und gehen. Die Götter jedoch bleiben für die Ewigkeit.

Es wird davon ausgegangen, dass spätestens bis zum Jahr 2035 die Gletscher des Himalaya geschmolzen sein werden. Das gilt auch für die Quelle des Ganges. Was also, wenn der Fluss stirbt, wenn sein Wasser versiegt sein wird und die Leichen und der Abfall im halb vertrockneten Flussbett zurückbleiben? Ich schließe die Augen und kann es mir bildlich vorstellen. All die Zerbeutelten, Kranken und Prostatakrebsbefallenen werden sich Glöckchen läutend und singend an diesem Ufer zum letzten Atemzug ihres Landes zusammenfinden, in die Überbleibsel der Welt blicken, die sie zerstört haben, und sagen: »Okay. What to do?« Sie werden die Katastrophe annehmen, die das Ende des Kali-Zeitalters schon lange angekündigt hat – und ausharren. Hat es denn nicht

schon Tausende ähnliche Katastrophen gegeben, und hat sich das
Leben nicht immer bewährt? Nein, Indien wird die Kraft haben,
seine Welt zu zerstören, und es wird die Kraft haben, von Neuem zu beginnen. Ganga wird ein weiteres Mal auf die Erde stür-
zen und einen neuen Zyklus einleiten. Und Varanasi, komme was
wolle, besiedelt bleiben.

Ich gehe noch unter den strengen Blicken der alten Raj-Festun-
gen, die mir ständig weismachen wollen, dass jegliches Zeitgefühl
nur eine dümmliche Fehleigenschaft meines Gehirns ist, am Ufer
spazieren. Selbst zu dieser späten Stunde bin ich noch immer damit beschäftigt, all die Nerventöter abzuwimmeln, die mir den
Kopf massieren wollen oder Postkarten, Bootsfahrten und Safran
anbieten. Ein junger Postkartenverkäufer trägt mir schließlich ein
verzweifeltes Argument vor, welchem ich mich nur mit größter
Mühe verwehren kann.

»Hello friend, my friend, postcard?«

»No.«

»Postcard?«

»No.«

»Postcard!!«

»No.«

»BUT I HAVE!«

Ich wimmele sie alle ab, bis ein dürres »*Boat?*« wie der Schwefel-
blitz eines Streichholzes aus der Dunkelheit zischt. Ich bleibe stehen und drehe mich um. Ein alter Mann steht am Ufer, die Arme
hinter dem Rücken gekreuzt. Sein Kopf ist in eine Wollmütze, der
winzige Oberkörper in eine Decke gepackt. Die wenige Kleidung,
die er trägt, scheint mehr zu wiegen als er selbst. Riesige Ohren
sitzen wie Flügel an seinem Kopf, sein Schnauzer ist eisgrau, der
Blick unbewegt und mit einer Ruhe versehen, die man sich im Au-
genglanz eines Buddhas vorstellt – und die ich im permanent über-
reizten Varanasi nicht mehr erwartet habe. »Boat«, wiederholt er,

und obwohl ich eigentlich kein Boot will, sage ich sofort zu. Wir steigen in sein kleines Ruderboot; ich merke, dass er so gut wie taub ist. Mit einer Kopfbewegung will er wissen, wo ich hin möchte. Ich habe keine Ahnung, zeige flussabwärts. Langsam rudert er los, bis wir ans Verbrennungsghat gelangen. Das Profil einiger Kühe zeichnet sich gegen die Flammen, noch immer kauern sich etliche Menschen um das Geschehen. Wir halten, schweben auf dem Fluss. Ich biete dem Alten eine Beedi an; ein Stück Schokolade steckt er sich in seine Hemdtasche. Wir rauchen und beobachten das Feuer, das seine roten Flanken in die Nacht schlägt.

Ich erfahre seinen Namen: Manu. Nach einer Weile zeige ich stromaufwärts, Manu rudert hoch bis zum Assi Ghat, so wie er bestimmt schon Tausende Male zum Assi Ghat hochgerudert ist. In Indien wechselt man nicht seinen Beruf. Nicht nur sein Alter lässt vermuten, dass er schon seit fünfzig Jahren auf dem Ganges arbeitet: Die Stille des Flusses ist auch die seine geworden. Er hat sich dem Element angepasst, das für sein Leben sorgt. Völlig unbeirrt und mit aller Seelenruhe schlägt er kleine Strudel in den Fluss, die uns Zentimeter für Zentimeter voranbringen. (Video 30)

Ich bezahle ihn und mache ihm klar, dass ich morgen wieder mit ihm fahren will. Früher. Noch vor Sonnenuntergang. Um fünf Uhr. Er nickt und zeigt auf den Stein, auf dem er steht. Am nächsten Tag werde ich ihn um Punkt fünf Uhr hier vorfinden und mit ihm auf den Ganges hinausfahren, genau wie an allen kommenden Tagen auch, die ich noch in der Stadt verbringen werde. Mehr noch. Dieser nun tägliche Termin mit Manu wird bald der einzige Fixpunkt sein, den Varanasi mir gewähren wird. Alles andere wird verschwimmen, sich auflösen.

Als Manu wieder auf den Ganges hinausrudert, folge ich der Musik, die aus einem der Häuser oberhalb des Ghat zu hören ist. Für zweihundert Rupien kaufe ich mir eine Eintrittskarte für ein *qawwali*-Konzert. Fünfzig Menschen haben sich in einen kleinen

Raum gezwängt, um den warmen Gesang eines pakistanischen Sufis zu lauschen.

Es ist fast Mitternacht, als ich das Konzert verlasse und mich auf den Weg nach Hause mache. Der Heimweg über die Ghats ist mittlerweile unpassierbar geworden. Sobald es ruhig wird, sind sie das Territorium der Hunde, und schon auf den ersten Metern merke ich, dass ich gegen diese zähnefletschende Bande keine Chance haben werde. Also durch die dunklen Gassen, in denen nur noch die Kühe wach und gemütlich in der Nacht liegen, bis ich kurz vor meinem Guesthouse doch noch eine Bekanntschaft mache. Ein Kerl lehnt wankend an einer Wand und pisst. Als ich fast neben ihm stehe, stößt er einen merkwürdig unmenschlichen Schrei aus. Seine Hände schnappen nach meinem Hals. Ich weiß nicht, ob er mich würgen oder tölpelhaft umarmen will, gehe einen Schritt zurück, sodass er – nun völlig verstummt! – körperlängs in den Dreck knallt. Dort bleibt er bewegungslos liegen; als ich mich zu ihm herunterbeuge, kann ich schon seinen Schnarchgesang und das dazugehörige Plastikorchester hören: Unter seinem Mund raschelt eine dünne Plastiktüte im Rhythmus seiner Atemzüge.

Die Nachrichten berichten vom ersten Schnee in den Bergen. Shimla und Srinagar sind weiß, das Wetter zieht in die Ebene hinab – Kälte fällt aus dem bewölkten Himmel, der nun permanent über Varanasi liegen wird. Über Nacht ist der Winter in die Stadt eingezogen.

Die Wetterveränderung bringt einzigartige Bilder mit sich. Ist Varanasi in jeglicher Hinsicht schon als magischer Ort beschreibbar, der ständig über die Ufer seiner eigenen Wirklichkeit tritt, so fügt das Wetter nochmals eine neue Dimension hinzu. Den ganzen Tag herrscht Sonnenaufgangs-/Sonnenuntergangsstimmung, es wird weder richtig warm noch hell. Nur selten sehe ich die Sonne als glühendes Rad in jenem endlosen Weiß hängen, welches sich aus dem Himmel tief in die Gassen drückt.

Die Geschehnisse der nächsten Tage: Chetan sagt Dinge wie:
»Being in the city of death gives me great peace«, oder »You live once,
you love once.« Ich entdecke ein Bier, welches mit dem Slogan »Get
rid of inner emptiness« wirbt, und beschäftige mich eingehend mit
dem sehr gutmütigen Wesen der Kühe und Büffel. Es ist erstaunlich,
wie frei und unbekümmert sie sich unter den Menschen bewegen
(und umgekehrt). Ihre Kraft und ihre Hörner sind beeindruckende
Waffen. Käme es zu einer Auseinandersetzung, ich wäre in drei Sekunden erledigt. Als ich Chetan frage, ob schon mal ein Mensch getötet worden sei, schaut er mich nur entsetzt an und erwidert, warum
die Kuh, die Mutter aller Inder, so etwas tun solle.

Geschehnisse: Stundenlang in den Gassen hinter dem Ghat
umherlaufen, an jeder Ecke ein einzigartiges Bild finden. An den
Sanskrit- und Musikschulen, an winzigen Krämerläden vorbei,
moosbewachsenen Tempeln und längst vergessenen Häusern,
von denen man nicht weiß, ob sie bewohnt sind oder nicht, ob es
Tempel sind oder nicht. (Video 31, 32)

Sonntags mit den Kindern und Drachenlenkern auf den Dächern der Stadt, der Himmel bevölkert mit Aberhunderten Pa-
pierdrachen. Es hilft nichts: Affen haben die Hälfte meiner
Wäsche gestohlen (ja, ich wurde gewarnt), und in den Mittelal-
tergassen rutsche ich in einem Kuhfladen aus, um kurz auf allen
Vieren auf dem Sudpflaster zu landen. Am Ganges schmeißen
sich die Kinder Salto rückwärts in die Fluten, Männer spielen stundenlang im Wasser, wo sie von ihren kichernden Frau-
en und nackten Sadhus beobachtet werden, die alle ihren Shiva-Dreizack mit sich führen und dort, wo sie sich niederlassen,
immer eine kleine Flamme brennen haben, köcheln, schweigen,
sich die gotterfüllten Körper einkreiden. Die schwarzen Rauchzeichen der Verbrennungsstätten ziehen unaufhörlich in das
Wolkenweiß, aber am Ganges wird nicht nur gestorben. Eine
Kuh hat gerade ein Dunkelfellbaby zur Welt gebracht, und zum
ersten Mal in meinem Leben sehe ich ein Tier, das vollkommen

erschöpft aussieht. Vor den beiden brennt ein Feuer, genauer: ein alter Jutesack. Der gelbe Qualm zieht genau in die tränenden Augen von Mutter und Kind. Eine europäische Touristin gesellt sich zu der Runde und will dem Besitzer der Kuh erklären, dass den beiden der giftige Qualm in den Augen brenne, dass das nicht schön sei, nicht gut. Zumindest das Neugeborene könne man doch aus dem Qualm schaffen oder nicht? Aber der Mann versteht nicht, was sie von ihm will, hält ein Tuch an das Feuer und reibt damit das Baby trocken, das noch nass und voller Blut ist. Später wickelt er es sorgfältig darin ein.

Geschehnisse: Auf der Plattform neben dem Man Mandir Ghat ist allzeit ein Rollschuhfahrer unterwegs, anscheinend der unbesorgteste Mensch Varanasis. Ein Riesengrinsen klebt wie aufgemalt in seinem Gesicht, er freut sich über jede Kurve, jeden neuen Meter. Ich muss an Penun denken, meine Bekanntschaft aus dem Flugzeug. Gebt dem Menschen Glück, denke ich in seinem Sinne. Gebt ihm keine Idee von der Ewigkeit, von *brahman* oder *maya,* gebt ihm keine Suche. Gebt ihm Rollschuhe! – und lasst ihn einfach im Kreis fahren.

Ab fünf Uhr nachmittags ist der Fluss dunkelblau. Manu steuert mich dessen Wasser hoch und runter, wir haben kein Ziel und verbringen unsere täglichen zwei Stunden damit, alle Bezugspunkte zur festen Welt zu kappen. Der Nebel und das Wasser haben uns im Griff. Ich zitiere ihm Raja Rao, was ihm völlig egal ist.

»Das Unwirkliche und das Wirkliche sind in Benares so nah beieinander, dass man die Spur des Einen verliert, während man ganz beim Anderen ist.«

Geschehnisse: Die Tage vergehen. (Video 33, 34)

Es war harte Arbeit, Manu zu überreden. Als ob man die Ganga überzeugen wolle, für eine Weile stromaufwärts zu fließen. Nach einigen Tagen willigte er jedoch ein, zumindest für einen Tag um

sechs Uhr morgens auszufahren. Diesen Termin hatte er zuvor
in einer Weise verweigert, als hätte ich ihn darum gebeten, mich
bei lebendigem Leib auf seinem Kutter zu verbrennen und dann,
himmelhochjauchzend, in die Ganga zu streuen.

In der Nacht hat es geregnet. Scheiße und Dreck haben sich
zu einer dünnen Schmierschicht vermengt, es ist glitschig geworden in den Gassen, die ich um die frühe Uhrzeit für mich alleine habe. Es ist kurz nach sechs, Manu wartet schon. Wie kann es
sein, das dieser alte Kerl, der weder spricht noch hört, weder Uhr
noch Gegenwart besitzt, der pünktlichste Inder ist, den ich jemals getroffen habe? Aber kein Vorwurf seinerseits. Wir rauchen
noch eine Beedi an Land, prosten uns mit dem ersten Chai zu,
der auf den Treppen aufgekocht wird, und erleben, wie die Ganga
sich friedvoll aus dem Tag zu schälen beginnt.

Manu navigiert uns auf die Mitte des Flusses. Im Osten die
von der Sonne versalzene Einöde des unbebauten Ufers, das regelmäßig überflutet wird. Der Nebel ist so dicht, dass sich selbst
die Bäume nicht erkennen lassen. Bald versucht die Sonne gegen
das dicke Nebelband anzukämpfen, vergeblich. Einzig die Farben der Schatten ändern sich, im Westen ziehen sich die Ghat
und Festungen aus ihrem Schlaf, und der seit Millionen Jahren vor
sich hin rudernde Manu ist der Einzige, der in dieser Atmosphäre einen wahren Weltenpunkt setzt. Jede Benennung der Dinge ist reine Willkür; mit jedem Wort, mit jedem Gedanken entfernt sich die Wahrheit. Wahrscheinlich, Manu weiß es längst, ist
selbst das Unwirkliche nicht wahr.

Obwohl gerade die Sonne aufgeht, bleibt alles zeit- und verän-
derungslos. Wenn ich über meine Reise nachdenke, die bald zu
Ende sein wird, so ist das Gefühl der Zeitlosigkeit wohl die stärkste
Begleitung der letzten drei Monate gewesen. Indien besitzt diese
undurchdringbare Weite, von Mensch und Welt verlassen, und diese Orte, deren Inhalt und Bedeutung schon seit gefühlten Jahrtausenden dieselben sind. Der Nataraja-Tempel in Chidambaram, den

ich nur zwei Stunden nach Beginn meiner Reise betrat, die sorgfäl-
tige Weite in Thanjavur, das ewige Pushkar, der Rama-Tempel bei
Mandore, Jodhpur, Amritsar, Varanasi: Alles Orte, die der Erfahrung immer wieder völlig unbekannt sind. Dazwischen die leisen
und lauten Beteuerungen der Welt, Begegnungen mit wunderbaren Menschen. Narayan, Vikram, Judy, Munnaz, Pater Pio, Kumaran, Udai, Vinay, Chetan oder Manu. All die Sadhus, Lächelnden
und Wohlwollenden, all die kleinen poetischen und harmonischen
Momente, die Indien wie kein anderes Land dieser Erde zu bieten
hat. Ja, Mutter Indien hat mich auf dieser Reise noch einmal die
drei Dinge gelehrt, die ihre größten Gaben sind.

Dass die eigentliche Welt nicht von der gewöhnlichen zu unterscheiden ist, dass alles gleichermaßen wichtig und unwichtig
ist, die Illusion Realität und die Realität Illusion.

Dass meine wahre Beheimatung, die wirklich bewohnbare
Welt, hinter den lala-trunkenen Spinnereien des Selbstgesche-
hens liegt und dem Tausendverschönfachten der Welt näher
steht als dem Dennis-Freischlad-Ding.

Und dass dies Weltgeschehen, das auch so wunderbar ohne uns
sein kann, in diesem Leben nur für uns da ist; dass es das kostbarste
Geschenk ist, Weltenwanderer in den Zwischenbilanzen aus heute und nimmermorgen sein zu dürfen. Dass wir unsere kleine Zeit
haben für diesen einzigen, großartigen Moment des Lebens.

Als wir an Land gehen, streicht sich Manu über seinen Dreitage-
bart, nickt, und reicht mir zum Abschied die Hand. Sein Händedruck ist endgültig. Er weiß schon lange vor mir, dass dies unsere
letzte gemeinsame Fahrt auf dem Ganges war.

Auf dem Weg in meine Teestube kämpft sich die Sonne für
wenige Momente aus dem Nebel und steckt morgenrotgelblich
ihre Stirn über die Stadt. Der Chai tut gut, und der Raum füllt sich
mit den Polizisten, welche die kalte Nacht lang um den Vishvanath-Tempel herum Wache gehalten haben.

»Wollen Sie den Shiva-Tempel besuchen? Sind Sie Pilger?«

Ich drehe mich zu meinem Sitznachbarn um, erschrecke und freue mich gleichzeitig. Ein Tamile! Pechschwarz, schwarz wie ein Afrikaner. Ich hatte vergessen, wie dunkel meine lieben Tamilen im Gegensatz zu den Nordindern doch sind. Ich erkläre ihm, dass ich noch nicht im Tempel war, obwohl ich seit einer Woche vor seinen Toren in der Teestube sitze und mir die Pilger anschaue, die ihre mit dünner Milch gefüllten Opferschalen in das Heiligtum balancieren.

»Ich warte auf den richtigen Zeitpunkt«, sage ich, was wesentlich näher am Erstbesten liegt, das mir einfällt, als an der Wahrheit.

»Mein Name ist Elumalai. Ich bin nur für zwei Tage hier in Benares. Ich gehe jetzt zum ersten Mal in den Tempel und finde, du solltest mitkommen. Ich habe ein richtiges Gefühl.«

Auch ich habe ein gutes Gefühl. Elumalai besitzt eine angenehme Aura. Er ist ein Mensch, in dessen Gesellschaft man sich sofort wohl fühlt. Und da ich meine Reise im Veedapureeswarar-Tempel in Pondicherry begann, fasse ich es als gutes Omen auf, gemeinsam mit einem Tamilen Shiva für den guten Verlauf meiner Reise zu danken. Nicht-Hindus ist der Zutritt in den wichtigsten Tempel der Stadt normalerweise untersagt, aber die Anwesenheit Elumalais und die Erwähnung meiner langen Pilgerreise helfen, dass die Tempelwächter auch mich in den engen und verdichteten Tempel lassen, der in der Altstadt liegt wie ein Kern in seiner Frucht.

Ich hatte es schon erwähnt: Varanasi ist die Potenzierung des religiösen und auch spirituellen Indiens. Und der Vishvanath-Tempel, in dem Shiva als Herrscher des Universums verehrt wird, ist die Potenz von allen Shiva-Tempeln des Landes, die Dichte aller Verdichtungen. Seine Erbauer haben so viel Weltgeschehen in ihm unterbringen müssen, dass sein Gewölbe höhlenartig wirkt. Dutzende Lingams sind über den Tempel verteilt, Fahnenschweife von Blumenketten und Räucherdüften strömen durch das einfallende weiße Licht, Menschen drängeln sich durch Massen drängelnder Menschen. Ein elektrisches Display macht Werbung für die State Bank of India, und im Plexiglaskasten der Allahabad-Bank kann man sich für viel Geld die Dienste der Priester und somit den Segen der Götter kaufen. Es ist eine seltsame Zwischenwelt, die an einem unsichtbaren Seil zwischen Mensch und Gott, Konsum und Seelengabe baumelt. Affen klettern um die goldverkleidete Tempelspitze, die wie ein emporgereckter Zeigefinger im Gassenwirrwar steht und zu verkünden scheint: nur einen Schritt entfernt, nur einen!

Die Architektur ist beeindruckend. Nichts ist in einem indischen Tempel zufällig, alles Gestaltete hat einen Sinn. Der Tempel entwirft einen Raum, um sich selbst begegnen zu können, mehr noch: Er ist Sinn- und Ebenbild des Selbst und dessen Konsequenzen, stets Spiegelspieler des Körpers, des Menschen und des Kosmos. Traditionell sind die indischen Tempelanlagen dem menschlichen Körper nachempfunden und gewinnen erst Stein um Stein, nachdem ein Topf Samen in die Erde gepflanzt wurde. Dem Körper gleich wächst der Tempel aus dieser Saat zu Organen und Gliedmaßen; seine Seiten heißen demnach auch *hasta*, Arme, die Säulen Füße und der oberste Teil dient als Kopf, *shikhara* (wörtlich Spitze, Gipfel). Jedes Mal raunen sich mir einige Verszeilen des Dichters Basavanna ein, in denen es heißt:

»Die Reichen
bauen Tempel für Shiva.
Aber was soll ich, ein armer Mann,
tun?
Meine Beine sind Säulen
mein Körper ein Schrein
mein Kopf ein Gefäß
aus reinem Gold.«

Wir setzen uns. Ich trage Elumalai das Gedicht seines Lands-
manns auf English vor, und er sagt: »Ja. Er hat verstanden.«

»Was genau hat er verstanden?«, hake ich nach.

Er fixiert einen Punkt in der Menge, den nur er ausfindig machen kann. Ich habe nicht das Gefühl, dass er sich eine Antwort
überlegen muss, sondern nur, wie er sie am besten artikuliert.

»Die Anhänger Shivas«, beginnt er, »müssen vor allem richtig
und falsch loswerden, sie müssen ihren Geist läutern. Denn Götter urteilen nicht. Und es geht darum, dasselbe Bewusstsein wie
Shiva zu erlangen.«

»Wie ist das möglich?«, unterbreche ich ihn. »Ist Shiva nicht
ein Gott?«

Elumalai grinst kurz, schüttelt den Kopf. »Man and god«, sagt
er, »they are one.«

Er faltet die Hände und streckt sie sofort wieder auseinan-
der, um auf seine Mitmenschen zu zeigen. »Ich kann dir nicht
sagen, was genau in ihren Köpfen vorgeht, was sie hier machen.
Wie könnte ich das? Aber der Anhänger Shivas lädt Probleme
ein. Er will die Welt nicht loswerden, auch, wenn es ihm gerade nicht gefällt. Unsere Aufgaben kommen ja automatisch. Wir
müssen nichts tun und sind trotzdem von so vielen Dingen ge-
fordert. Das ist der Punkt, wo man sich der göttlichen Fügung
übergibt und ein Instrument des Göttlichen wird. Das ist das
wahre Wissen. Alles ist göttlich, da alles, wie schon die Veden
sagen, *brahman* ist. Nur der Mensch unterscheidet. Nur für den
Menschen gibt es *maya*. Ich sage immer, man muss seine Schale
knacken, wie ein Ei. Das Ei ist unser Ego. Hier fühlen wir uns zu
Hause in unserem kleinen Glück. Aber Gott hat mit dieser Vorstellung von Glück nichts zu tun. Wir müssen uns knacken, wie
ein Omelette müssen wir uns in die Pfanne hauen. Shiva ist ein
Avatar, ein Mensch, der das Göttliche im Menschen verkörpert.
Und er hat viel meditiert. Hier in Benares und im Himalaya. Er
hat so viel meditiert, dass er sich eines Tages von der Welt ent-

fernt hat. Und weiß du, was dann passiert ist? Seine Frau Sita
hat ihn in seiner Meditation gestört und ihn daran erinnert, dass
es auch noch eine Welt gibt. Sita ist seine andere Hälfte, ohne
sie kann er nicht sein. Das bedeutet: Gott kann nicht ohne die
Welt sein. Und die Welt nicht ohne Gott. Das ist eine Verneinung der Askese. Shiva wird zwar immer wieder auch als Asket
dargestellt, aber das ist nur die Hälfte seines Wesens. Seine Frau
erinnert ihn: Du bist nicht geboren worden, um das Geschenk
des menschlichen Lebens nicht anzunehmen. Hier musst du
Gott finden, hier in *brahman* aufgehen. Hier in der Welt. Das
ist seine Aufgabe, und ich glaube, das ist auch unsere Aufgabe.
Komm, wir sagen Hallo.«

Trubelklang, das ist die Welt. Elumalai und ich schieben
uns durch die schmalen Gänge und stellen uns in die ›Reihe‹,
um in den *garbhagriha* zu gelangen, den Mutterleib des Tempels, den Sitz des Shiva-Lingams. Der Rauch steigt auf und
vergeht, die Zeit trägt den Ölstein ab, Schmutz legt sich an
die Wände. Von vorne wie hinten wird geschubst, Polizisten
stoßen die Menschen herum, die nach Shiva, dem Mahadeva
schreien, jeder will seine Hand so lange wie möglich auf dem
heiligen Stein ruhen lassen und sich das Glockengebimmel und
den Trommelschlag, die das ganze Universum anrufen, so lange wie möglich in Körper und Geist halten. Ruhe, von wegen!
Einkehr, nicht nötig! Ich sage Hallo, und ich sage Danke für
die gute Reise. Bis das Getöse über mir zusammenbricht und
ich von zehn Händen Richtung Ausgang geschoben werde, wo
ich mir meine Decke abstaube und tief durchatme. Habe ich
wirklich erwartet, dass die Zerstörung und Wiederschöpfung
des Kosmos friedlich abläuft?

Als wir eine halbe Stunde später den Tempel verlassen und ich
meinen uralten internationalen Führerschein wieder abhole, den
ich als Nicht-Hindu-Pfand hinterlassen musste, sagt Elumalai:

»Und nun, wenn du Lust hast, lass' uns zu Shiva gehen.«

Es ist noch immer früher Morgen, als wir das Verbrennungsghat erreichen. Unter den Decken und Plastikplanen husten die
noch Schlafenden, Rotz wird hochgezogen, ein leichter Nieselre-
gen hat eingesetzt und verbindet den niedrigen Himmel mit der
hier immer erhöhten Erde. Erneut fällt mir auf, was ich schon in
den letzten Tagen festgestellt habe. Meine Haut riecht anders,
sie riecht nach der Stadt, die mich also schon eingenommen hat.
Rauch, Asche, Staub. Alles schon Körper und Drüse geworden.

In der Nähe der Feuerstellen nehmen wir Platz und beobachten schweigend die Flammen, bis Elumalai schließlich sagt: »Shiva zerstört, aber eigentlich gibt er. Mein Guru hat einmal gesagt,
sobald du auch das Böse achtest und lobpreist, wirst du zu einem
großen Meister. Om Namah Shivaya.«

Es stimmt wohl. Die Lobpreisung Shivas erinnert mich an die
Worte Arjunas aus der Bhagavad Gita, die er an Krishna richtet: »Der größte Schatz bist du des ganzen Weltalls«, gesteht er,
gleichzeitig ist er sich im Klaren darüber, dass alle Menschen-
kinder »in voller Hast hinein in deine Rachen« eilen. Er gibt, er
nimmt. Zerstörung ist vielleicht ein unpassendes Wort – Wand-
lung wäre ein besseres. Durch eine nicht greifbare Kraft sind
wir als Ding und Mensch hineingemischt in die Welt, durch die
Macht eines unbekannten Willens sind wir zu Sosein und Geburt gekommen, Millionen kleinster Wechselbeziehungen bele-
ben zeitlebens den Organismus. Sie alle bilden unser kurzweilig-
es Wesen und beinhalten schon den Zerfall und den Tod. Shiva
bedeutet wörtlich: der Glückbringende, namentlich weil er das
Leben durch den Tod möglich machen kann. Weder Elumalai
noch ich würden heute leben, wenn nicht schon billionenfach
gestorben worden wäre; ohne den Tod fände kein Leben statt,
da es ohne ihn kein Wachstum, keine Evolution und keine Veränderung gäbe. Die materielle Person stirbt, die nicht-materiel-
le Seele zieht weiter. Somit ist man wieder zu einem der Haupt-
punkte des Hinduismus zurückgekehrt. Zieht der Beobachter

seine nur für sich selbst geltenden Sentimentalitäten aus dem uns so unglaublich übersteigenden Weltenspiel ab, so erkennt er, dass es keinen Niedergang gibt, sondern immer nur Aufbruch; dass nichts zu seinem Ende findet, sondern immer nur zu Neubeginn ... und neuem Potenzial.

Die großen indischen Prinzipien: Nach Hingabe, Notwendigkeit, der Hoffnung und der Neugierde finde ich in den Gesichtern der Familienangehörigen, die der Verbrennung des Leichnams beiwohnen, das fünfte und letzte indische Prinzip – Akzeptanz.

Diese Beteuerung beginnt mit der Geburt und endet mit dem Tod – dem »gottvererbten Zwillingsschmuck« (Nelly Sachs). Alles wird sterben, okay. Alles *muss* sterben, okay. Die Welt ist genau so von den Göttern eingerichtet worden und alles, was passiert, hat einen Sinn und eine Berechtigung. *Dharma,* Karma. Okay.

Aus diesem Grund fügen sich die Inder in ihre Schicksale und meistern diese oft mit einer Demut und Courage, die auch noch im Kometenschweif der schlimmsten Schicksalsschläge überleben – und sicherlich einzigartig sind auf der Welt. Aber die Akzeptanz hat auch ihre Schattenseiten, vor allen Dingen dann, wenn sich die Inder nicht gegen die unzähligen Krisen aufbäumen, die aus ihrem Land noch immer ein chaotisches und krankes Armenhaus machen. Lediglich ein Prozent des nationalen Haushalts wird für das Gesundheitssystem ausgegeben, okay; Politiker sind zuallererst Kriminelle und kümmern sich nur um ihre persönlichen Profite, okay; die Unmenschlichkeiten des Kastenwesens, Gewalt gegen Frauen und sozial Schwache, Verschmutzung des Lebensraumes, verseuchte Nahrung, moderne Sklaverei, Perspektivlosigkeit: okay. In seiner ewigen Tradition als akzeptierendes Wesen hat es der Inder versäumt, Verantwortung für seine Taten und den Zustand seines Mutterlands zu übernehmen. Ob dies nun gut ist oder schlecht, eines ist klar, besonders mit Blick auf die schwarzen Rauchzeichen, die von den Verstorbenen

aufsteigen: Die Huldigung der Wandlungen ist zugleich die Beru-
higung ihrer Welt.

Ich kann es nicht glauben. Am Man Mandir Ghat sehen wir tatsächlich den Rollschuhfahrer seine Kreise drehen, obwohl es regnet. Oder wahrscheinlich weil es regnet. Ihm scheint es jedenfalls
zu gefallen. Seine Bahnen ziehend, wirft er immer wieder laut lachend die Hände in die Höhe, um ja genug Regentropfen einzufangen. Ein Sadhu steht plötzlich zwischen uns, packt Elumalai
und mich an den Armen und führt uns in seinen Plastikplanen-
unterschlupf. Sadhus besitzen normalerweise nur die allernötigs-
ten Kleidungsstücke und Gebrauchsgegenstände, vielleicht einen Topf und eine Tasse. Unser Gastgeber aber nennt tatsächlich
eine Thermosflasche sein Eigen und organisiert zwei Plastikbecher, um uns zu Tee einzuladen. Wir sitzen direkt am Ganges,
der so leicht und unbewegt wirkt wie der halbe Tag, der sich um
ihn herum ausbreitet. An meinem Chai schlürfend raune ich ein
»AAhh« in die kalte Luft.

»How is tea?«, fragt der Sadhu.

»Tea very good«, antworte ich.

»Ah, German tea also very good.«

»Yes, German tea also very good.«

»But Indian tea better.«

»Yes, very true.«

»Only little bit better.«

»A little bit, yes.«

»Haa. How is German tea?«

«German tea very tasty.« Ich strecke beide Daumen in die Luft,
um anzuzeigen, wie schmackhaft der mysteriöse deutsche Tee ist.

»Yes, correct. All tea, all people. All same.«

»Correct.«

»I like German tea very much. Just like your white colour.«

»Ha. I like black tea very much just like your black colour.«

Besser könnte eine Konversation kaum sein. Wir sind auf dem besten Wege, lebenslange Freunde zu werden.

»Yes, but best tea is chai, you know chai, with milk! This is like black and white, they together in chai.«

»Arre, Babaji. Chai best tea!«

»Yes«, sagt er erneut und hebt seine Tasse. »You good man.«

»You also good man.«

»Oh, thank you.«

»No, I thank you.«

»Thank you thank you. I am happy. Are you happy?«

Ich bestätige, dass ich sehr glücklich sei. Der letzte Schluck Chai schmeckt wie die Summe seiner Liebenswürdigkeit, und sofort schenkt er mir neu ein. Elumalai hat die Augen geschlossen und kümmert sich, das Gesicht gen Ganga gerichtet, um die allumfassenden Schauplätze seines Innenlebens. Ob ich ihn in seiner Meditation stören soll, damit er der Welt erhalten bleibt? Er sieht sehr gelassen aus, vielleicht sogar glücklich. Aber wie sollte man das, in seinen Worten, schon wissen können? Letzten Endes empfiehlt es sich, in Indien immer den Göttern zu vertrauen. Krishna:

»Im Herzen aller Wesen drin wohnet der Herr, o Arjuna!
Er bewegt wie im Puppenspiel die Wesen alle wunderbar.«

Und der Rollschuhfahrer zieht und zieht seine Kreise.

Glossar

Acha Okay

Arre Hey

Ahimsa Gewaltlosigkeit

Arjuna Hauptfigur der Bhagavad Gita und des Mahabharata, Anführer einer Armee

Baba Väterchen, respektvolle Bezeichnung für einen Älteren oder Eremiten

Beedis Etwas Tabak in ein Tendublatt gerollt, die einheimische Zigarette

Bhajan Verehrungsgesang

Bharata Hier ein indoarischer Stamm; ebenfalls der Bruder Ramas

Bharat mata Mutter Indien; Bezeichnung der Inder für ihr Land

Biryani Mit Nüssen und Gewürzen angereichertes Reisgericht

Bonda Frittierter Snack, meistens aus Kartoffeln

Brahma Hinduistische Gottheit. Neben Shiva und Vishnu ist er als Schöpfer Teil der großen indischen Dreifaltigkeit

Brahman Die unwandelbare und höchste Realität

Chai Indisches Kulturgut aus schwarzem Tee, Milch und Zucker; oftmals auch mit Gewürzen wie Zimt, Ingwer und Kardamom

Chapati Fladenbrot

Chappal Flipflops

Charaz Marihuana

Chillum Kleine Tonpfeife

Chowmein Gebratene Nudeln

Dhaba Restaurant, ein Highway-Restaurant im eigentlichen Sinne

Dhal Linsen beziehungsweise ein Linsengericht

Dharma Nicht wörtlich zu übersetzen. Naturgesetz, Pflicht, Schicksal

Dhoti siehe *lungi*

Draviden Volksgruppen die eine der dravidischen Sprachen sprechen, dazu zählen die Tamilen und die Telugus

Durga Weibliche Gottheit. Furchteinflößende Form der Parvati

Full shakti Volle Kraft

Ganesha Sohn Shivas, trägt den Kopf eines Elefanten auf seinem (dicken) menschlichen Körper und gilt als der glückverheißende Gott, der Hindernisse beseitigt.

Ghasel Lyrische Gedichtform

Ghat Treppe, die direkt zu einem Gewässer führt, Ort für religiöse Zeremonien und Waschungen

Ghee Geklärte Butter

Gulab jamun Süßigkeit aus gekochter Milch

Gurdwara Sikh-Tempel

Ha Ja

Hai Ram Oh Gott

India Shining Werbespruch der BJP-Partei

Inshallah So Gott will!

Jalebi Süßes Gebäck in Kringelform

-ji Respektbezeugendes Suffix

Jai Ram Teil eines Mantras, möge Gott siegen

Kalchori Nordindische Spezialität, frittierte Teigtaschen mit *dhal*

Kali Göttin der Zerstörung

Kirtan Gesänge, musikalische Anbetung

Krishna Gott, Inkarnation Vishnus, mit Arjuna Hauptfigur der Bhagavad Gita

Kumbh Mela Größtes religiöses Fest der Welt

Laddu süße Gebäckbällchen

Lakshmi Göttin der Schönheit und des Reichtums

Lassi Indischer Trinkjoghurt

Lathi Schlagstock der Polizei

Lingam Phallus, das Symbol Shivas

Lungi Wickelgewand der Männer, überwiegend im Süden getragen. Auch *dhoti* genannt

Mahabharata Etwa einhunderttausend Doppelverse umfassendes Epos, ›die große indische Geschichte‹

Mahadeva Großer Gott

Mantra Sich wiederholendes Gebet, metrische Psalmen der Anbetung

Maya Illusion, Trugbild; Begriff aus der hinduistischen Philosophie, die wahrgenommene Welt

Moksha Befreiung aus dem Kreislauf der Wiedergeburten, Erlösung

Naan Aus gesäuertem Teig hergestellte Brotfladen

Nandi Büffel, der Begleiter Shivas

Nataraja König des Tanzes; Aspekt Shivas

Paan Betelnuss

Pacca Tamilisch für perfekt

Paisa Geld

Panchayat Dorfrat

Pandava Nach der indischen Mythologie die Söhne König Pandus, zu ihnen gehört Arjuna

Parvati Hinduistische Göttin und Partnerin Shivas

Puja Verehrung, Anbetung. Ritual der Opfergabe und des Gebets

Puranas Heilige hinduistische Schriften, entstanden in der Zeit zwischen 400 und 1000 n. Chr., also nach den Veden

Qawalli Anbetender Gesangsstil im Sufismus, der auf arabische *qaul*-Gesänge zurückgeht (*qaul* = Äußerung, Ausspruch des Propheten)

Ramayana Neben dem Mahabharata das zweite große indische Epos; die Geschichte von Rama und Sita

Rishi Weiser Mann, Yogi

Sabh kuch Alles

Sadhu Wandernde Asketen

Sambhal Beilage, würzig-scharfer Gemüsedip auf Chili-Basis

Samkhya Eine der ältesten philosophischen Schulen Indiens; ihr Weltbild ist stark dualistisch geprägt (Geist/Seele und [Ur-] Materie)

Samosa Teigtaschen mit verschiedenem Gemüse

Sangha Spirituelle oder religiöse Gemeinschaft

Sarasvati Hinduistische Gottheit des Wissens, der Musik und der Wissenschaft, Gemahlin Brahmas

Sari Langer Stoff, Bekleidung der Frauen

Shiva Hinduistische Gottheit. Neben Brahma und Vishnu ist er als Zerstörer Teil der indischen Dreifaltigkeit

Speedbraker Geschwindigkeitsstopper

Upanischaden Sammlung philosophisch-religiöser Schriften des Hinduismus, Bestandteil der Veden

Tantrisch Von Tantrismus, einer Strömung innerhalb der indischen Philosophie

Vedanta Eine der Hauptströmungen in der indischen Philosophie

Veden Erste Sammlung von religiösen Texten des Hinduismus, zunächst nur mündlich tradiert

Veg puffs Blätterteigsnack

Vishnu Hinduistische Gottheit. Neben Brahma und Shiva ist er als Bewahrer Teil der großen indischen Dreifaltigkeit

Wallah Noch am besten mit Verkäufer oder spezifischer Arbeiter zu übersetzen; der *Chai-wallah* kocht und verkauft Chai, der *Auto- wallah* fährt Rikscha, der *dhaba wallah* bringt Essen.

Wechselkurs: Ein Euro entsprach im Winter 2012/2013 etwa siebzig Rupien

Zitatnachweis

Alle Zitate aus der Bhagavad Gita stammen aus: »Bhagavad Gita« – des Erhabenen Gesang übertragen von Leopold von Schröder, Eugen Diederichs Verlag, 1955

Angela Kraus, »Die Gesamtliebe und die Einzelliebe«, Suhrkamp Verlag, 2004 (S. 5)

Mark Twain, »Following the Equator«, djvu, 1897 (S. 15)

Rigveda, http://www.sanskritweb.net/rigveda, 2013 (S. 18)

Kapila Vatsyayan, »Reise nach Indien«, Unionsverlag, 2007 (S. 21)

Sri Aurobindo, Aushang des Sri Aurobindo Ashram, Pondicherry, Februar 2013 (S. 74)

V.S. Naipaul, »Indien – eine verwundete Kultur«, List Verlag, 2006 (S. 81)

Italo Calvino, »Die unsichtbaren Städte«, dtv, 1985 (S. 120)

Alberto Moravia, »Indienreise«, Verlag Kurt Desch, München, 1963 (S. 140)

Baba Ramdev, »The Life and Times of Baba Ramdev«, Ashok Ray, Hay House India, 2010, Klappentext (S. 155)

Ghalib, »Ghazels of Ghalib« von Sasha Newborn, Bandanna books, 2012 (S. 170)

Shiki, »Haiku«, Reclam, 1995 (S. 172)

Octavio Paz, »Dorf« aus »Gedichte«, Suhrkamp Verlag, 1990 (S. 183)

Akbar, BBC-Dokumentation: »The History of India« (S. 191)

Kipling, Audio-Information des Mehrangarh-Forts, Jodhpur (S. 210)

Daniel Czepko, »Angelus Silesius – der cherubinische Wandersmann«, Diogenes Verlag, 1979 (S. 239)

Louis Mountbatten, Geo Epoche, »Indien«, Verlag Gruner und Jahr, 2010 (S. 245f.)

Shashi Tharoor, Nehru, »Pax India. India and the World of the Twenty-first Century«, Penguin books, 2012 (S. 247)

Bhai Gurdas, J.S. Neki, AsienAge, http://archive.asianage.com/mystic-mantra/chardi-kala-325, 10.11.2011 (S. 254)

Dr. Davinderpal Singh, »Guru Granth Sahib – Divine glimpses of the Holy Book«, Sikh Book Company, 2010 (S. 255)

Sri Aurobindo Ashram Trust, »Gedanken und Aphorismen« Aphorismus Nr. 260 (S. 256)

Immanuel Kant, »Critik der reinen Vernunft«, Riga, 1781, Deutsches Textarchiv, 20.06.2013 (S. 257)

Fauja Singh, »Guru Tegh Bahadur, Martyr and Teacher«, Punjabi University, Patiala, 1996 (S. 263)

Krishna, »The great number fetish«, The Hindu newspaper, 26.01.2013 (S. 268 u. S. 270)

Rabindranath Tagore, »Indische Weisheiten für jeden Tag«, Fischer Taschenbuch Verlag, 2011 (S. 274)

Rüdiger Safranski, »Schopenhauer – und die wilden Jahre der Philosophie«, Fischer Taschenbuch Verlag, 2001 (S. 276)

Penun, persönliches Dokument des Autors (S. 278-279)

Mark Twain, aus: wwwthinkexist.com, 20.06.2013 (S. 282)

Robert Charles Zaehners, »Der Hinduismus – seine Geschichte und seine Lehre«, Goldmann Verlag, 1964 (S. 292)

Raja Rao (S. 305)

Basavanna, »Speaking of Shiva«, Penguin books (S. 309)

Originaltexte wurden vom Autor frei übersetzt.

Videoliste

Danksagung

Besonderer Dank gilt Jonathan ›mahalingam‹ Heine, Jennifer ›the office‹ Brenke, tdog (tknock(out)), Stephanie Kraus und meiner Lektorin Britta ›ScrollScrollScroll‹ Rath: Ohne diese Menschen wäre dies Buch kein Buch.

Dank dem CTP für das Zuhause, Hannah Schievelkamp für Wärme und Hautaufschlag, meiner Familie für die immerwährende Unterstützung, danke Madhurya Balan, Archana Prasad, Velu, Udai Pawar Singh, Vinay Supramanian, Purnendu Kumar Maheshwary, Munas, Judith Kutty, Elumalai, Markus und Kerstin Meier, Kangli-ji, Priscilla Marie Andersohn for all the P-Power, Nikunj und Sheetal für tägliche Mahlzeiten. Danke Walter Dahn, Bruda Hansen, Dermes, Varuni, Noni und Maria Anna Hälker für das Vertrauen. Danke tbooks cologne, Vintage Emde (»Dein Fachgeschäft für gebrauchte Kleidung«) und Torsten Mattuschka.

Danke Old Monk.

Weitere Reiseabenteuer bei DuMont ...

PAPERBACK, 312 SEITEN
ISBN 978-3-7701-8254-1
PREIS 14,99 € [D]/15,50 € [A]
AUCH ALS E-BOOK ERHÄLTLICH

*»Im wahrsten Sinne eine
Reise der Extreme«*
Axel Lischke, Tontechniker

Über die Anden
bis ans Ende der Welt

8000 Kilometer Motorrad extrem

von Thomas Aders

»Ich segne die Motorräder mit den amtlichen Kennzeichen NG 71981 und 71988«. Der wettergegerbte Priester Julio Mamani gießt hochprozentigen Schnaps über die staubigen Straßenmaschinen des Fernsehteams, in der anderen Hand schwenkt er den getrockneten Fötus eines Lamas. Schnellsegen auf 4300 Metern Höhe, in der Nähe eines Andenpasses in Bolivien. Gleich werden ARD-Südamerikakorrespondent Thomas Aders und sein Kollege den »Camino de la muerte« hinunterfahren, eine halsbrecherische Route, die über 3000 Höhenmeter hinunter ins tropische Tal der Yungas führt. Eine enge Schlaglochpiste, glitschig wie Schmierseife, extremes Gefälle, keine Leitplanken, kein Warnschild. Nebenan geht es senkrecht in die Tiefe. Hunderte Menschen sind hier zu Tode gekommen. Der »Weg des Todes« ist die gefährlichste Straße der Welt.

Eine Episode aus der fast siebenwöchigen Tour, die das Team um den Journalisten Thomas Aders von Peru über Bolivien bis nach Feuerland bringt. Spannungsgeladen und dramatisch, witzig und hautnah schildert der Autor seine Erlebnisse in Südamerika. Sie sind extrem für Technik und Team, bis hin zu Höhenkrankheit, Lungenentzündung, vollkommener Erschöpfung und mehreren Beinahe-Katastrophen.

PAPERBACK, 280 SEITEN
ISBN 978-3-7701-8252-7
PREIS 14,99 € [D]/15,50 € [A]
AUCH ALS E-BOOK ERHÄLTLICH

Als Spion am Nil

4500 Kilometer ägyptische Wirklichkeit

von Gerald Drißner

Große Kulturgüter und großartige Strände – so kennt man Ägypten. Der überwiegende Teil des nordafrikanischen Landes jedoch ist anders. Die Menschen sind arm, folgen den alten Regeln und sind zutiefst religiös. Sie sind herzlich, humorvoll und liebenswert. Der Autor nimmt den Leser mit auf seine Reisen in fünfzehn Dörfer und Städte. Er fährt mit dem Minibus, der ihn in fast jeden Winkel des Landes bringt. Die Gespräche im Bus drehen sich um Gott, den ägyptischen Alltag, Korruption und abstruse Verschwörungstheorien. Die Fahrten münden mal in Pannen und nicht selten in einem Abenteuer. So erfährt der Autor, warum die meisten Ägypter noch nie die Pyramiden besucht haben und was eine deutsche Firma, die Autokennzeichen herstellt, mit dem korrupten Mubarak-Regime verbindet. Er besucht das Dorf im Nildelta, in dem der Terrorpilot des 11. September aufgewachsen ist, und die Stadt, in der die mächtige Muslimbruderschaft gegründet wurde. Er fährt in Gegenden, in denen die Revolution bis heute nicht angekommen ist und wird dort von der Polizei auf Schritt und Tritt verfolgt.

Und immer wieder wird er bei seinen Reisen als Spion verdächtigt und landet deshalb fast in einem Militärgefängnis.

Empire Antarctica

Eis, Totenstille, Kaiserpinguine

von Gavin Francis
Übersetzt von Christina Schmutz und
Frithwin Wagner-Lippok

PAPERBACK, CA. 352 SEITEN
ISBN 978-3-7701-8256-5
PREIS 14,99 € [D]/15,50 € [A]
AUCH ALS E-BOOK ERHÄLTLICH

Für Gavin Francis erfüllt sich ein Lebens-traum, als er die Arztstelle in Halley, dem Basislager einer britischen Forschungsstation, bekommt. Halley liegt völlig abgeschieden an der antarktischen Caird Coast und weit von allen bewohnten Kontinenten entfernt. An diesem äußersten Ende der Welt erlebt Francis im Kreis eines kleinen Forscher- und Technikerteams das ewige Schweigen der Eismassen und eine tiefe Einsamkeit – ohne Zerstreuung, ohne Abwechslung, ohne Spuren menschlicher Geschichte. Von konstant taghellen Sommertagen über den dreieinhalbmonatigen dunklen Winter führt er den Leser durch ein antarktisches Jahr. Er erlebt die physischen und mentalen Belastungen bei Temperaturen von minus 50 Grad Celsius, die Stimmungen, die das Leben im Eis auslöst, eine immerweiße Landschaft, in der die Legenden und Mythen von Polarforschern wie Shackleton, Scott, Amundson oder Admiral Byrd weiterleben. Auf seinem Außenposten im Eis verschaffen Gavin die Kaiserpinguine überraschenden Trost. »Empire Antarctica« ist eine bewegende Erzählung über die Dienstzeit eines Arztes auf dem einsamsten Kontinent unseres Planeten.

PAPERBACK, CA. 464 SEITEN
ISBN 978-3-7701-8257-2
PREIS 16,99 € [D]/17,50 € [A]
AUCH ALS E-BOOK ERHÄLTLICH

Wolkenpfad

Zu Fuß durch das Herzland der Inka

von John Harrison

Übersetzt von Christina Schmutz und Frithwin Wagner-Lippok

Der »Wolkenpfad« verläuft hoch über dem Rücken der Anden, durch raues Land. Kälte, Niederschläge und Höhe machen Harrison während seiner mehrmonatigen Fußreise vom Äquator bis zu den magischen Ruinen der Inka-Stadt Machu Picchu wahrhaftig zu schaffen. Die Menschen, auf die er in den Bergen trifft, haben kaum je einen Weißen gesehen. Harrisons Buch lässt die extremen Landschaften, die er unter den Vulkanen der Anden durchstreift, und die extremen Lebensbedingungen der Menschen ebenso lebendig werden wie die zahlreichen Ruinen des Inka-Imperiums am Weg, die er eingehend würdigt.

Er läuft den Camino Real ab, den Königsweg, auf dem einst die Staffelläufer der Inka aus allen Winkeln des Reiches Nachrichten zu den Herrschern beförderten. Das Gelände ist eine einzige Herausforderung, der Weg beschwerlich. Die vielen Unwägbarkeiten der Reise, die Ängste und die Einsamkeit, kaum einmal unterbrochen durch kurze Aufenthalte in Gebirgsdörfern, werden feinfühlig und spannend erzählt.

PAPERBACK, 272 SEITEN
ISBN 978-3-7701-8251-0
PREIS 14,99 € [D]/15,50 € [A]
AUCH ALS E-BOOK ERHÄLTLICH

DUMONTREISE.DE

»*Beste Symbiose von Krimi und Infotainment ...*«
Rüdiger Nehberg, TARGET

Der Mann, der den Tod auslacht

Begegnungen auf meiner Reise durch Äthiopien

von Philipp Hedemann

»Wer nicht reist, wird immer glauben, dass seine Mutter die beste Köchin ist«, lautet ein afrikanisches Sprichwort. Philipp Hedemann wollte wissen, wie andere Mütter kochen und reiste mit dem Geländewagen mehrere Tausend Kilometer durch Äthiopien. Er ließ sich von einem Aidsheiler den Teufel austreiben, lachte mit dem äthiopischen Lachweltmeister, besuchte die heilige Quelle des blauen Nils, bestieg den höchsten Berg des Landes und wäre beinahe Mönch geworden. Er traf Flüchtlinge in trostlosen Lagern und versuchte, das Rätsel der Bundeslade, in der die Zehn Gebote verwahrt werden, zu lüften. Er fürchtete in der Danakil, der heißesten Wüste der Welt, von Rebellen entführt zu werden, und trainierte mit äthiopischen Wunderläufern. Er feierte mit bekifften Rastafaris den Geburtstag Haile Selassies und fütterte wilde Hyänen ...

»Der Mann, der den Tod auslacht« erzählt von abenteuerlichen Reisen und spannenden Begegnungen und porträtiert unterhaltsam ein geheimnisvolles und widersprüchliches Land im Osten Afrikas.

PAPERBACK, 256 SEITEN
ISBN 978-3-7701-8253-4
PREIS 14,99 € [D]/15,50 € [A]
AUCH ALS E-BOOK ERHÄLTLICH

DUMONTREISE.DE

Das verlorene Paradies

Eine Reise durch Haiti und die Dominikanische Republik

von Philipp Lichterbeck

Was tut man, wenn man während eines Vodou-Rituals in Haiti plötzlich zum Objekt der Zeremonie auserkoren wird? Was haben Sextouristen in der Dominikanischen Republik mit Kolumbus gemein? Warum ist Haiti eines der ärmsten Länder der Welt, obwohl Milliarden von Dollars in die winzige Nation gepumpt werden? Philipp Lichterbeck ist mehrere Monate durch die Dominikanische Republik und das erdbebenversehrte Haiti gereist. In Sosúa traf er einen Aussteiger, der die Menschheit mit seinen Raumschiffen retten will, in den dominikanischen Zentralkordilleren den Hexenjäger Bernardo Távarez und in Port-au-Prince zwei Bildhauer, die aus Schrott und Menschenschädeln Weltkunst montieren. Er war auf seiner Reise ganz unten: bei den Minenarbeitern, die den Halbedelstein Larimar schürfen. Und er war ganz oben: auf der Citadelle La Ferrière, dem »Machu Picchu Haitis«. Philipp Lichterbecks einundzwanzig Stories sind mal witzig, mal abenteuerlich, mal tragisch. Zusammengesetzt ergeben sie das Porträt einer Insel, auf der Schönheit, Kreativität und Witz neben Korruption, Gewalt und Ausbeutung existieren.

PAPERBACK, 384 SEITEN
ISBN 978-3-7701-8258-9
PREIS 14,99 € [D]/15,50 € [A]

»*Ein spektakuläres
Reportage-Buch*«
Stern

Mein russisches Abenteuer

*Auf der Suche nach der wahren
russischen Seele*

von Jens Mühling

Als der Journalist Jens Mühling in Berlin den russischen Fernsehproduzenten Juri kennenlernt, verändert sich sein Leben. Juri, der deutschen Sendern erfundene Geschichten über Russland verkauft, sagt: »Die wahren Geschichten sind viel unglaublicher als alles, was ich mir ausdenken könnte.« Seitdem reist Jens Mühling immer wieder nach Russland, getrieben von der Idee, diese wahren Geschichten zu finden. Die Menschen, denen er unterwegs begegnet, sind das echte Russland. Eine Einsiedlerin in der Taiga, die erst als Erwachsene erfahren hat, dass es jenseits der Wälder eine Welt gibt. Ein Mathematiker, der tausend Jahre der russischen Geschichte für erfunden hält. Ein Priester, der in der atomar verseuchten Sperrzone von Tschernobyl predigt. »Mein russisches Abenteuer« ist eine Reiseerzählung, die durch das heutige Russland führt. Aus ganz persönlicher Perspektive porträtiert Jens Mühling eine Gesellschaft, deren Lebensgewohnheiten, Widersprüche, Absurditäten und Reize hierzulande nach wie vor wenigen vertraut sind.

PAPERBACK, CA. 512 SEITEN
ISBN 978-3-7701-8259-6
PREIS 16,99 € [D]/17,50 € [A]
AUCH ALS E-BOOK ERHÄLTLICH

*»Ein poetisches Buch –
interessant, schockierend und
zutiefst fesselnd ...«*
Daily Telegraph

Im Schatten der Seidenstraße

*Entlang der historischen Handelsroute
von China nach Kurdistan*

von Colin Thubron

Übersetzt von Werner Löcher-Lawrence

In Bussen, Zügen, klapprigen Taxis und Geländewagen, auf Eselskarren und Kamelen
folgt Colin Thubron dem Verlauf der ältesten und berühmtesten aller historischen
Handelsrouten. Im Herzen Chinas beginnend, steigt sie auf in die zentralasiatischen
Gebirgsmassive, führt durch Uiguren-Land,
durch Usbekistan, Kirgisistan und Afghanistan und zieht sich schließlich durch die
weiten Ebenen des Iran und den kurdischen
Teil der Türkei bis ins alte Antiochia am
Mittelmeer. In sieben Monaten legt Colin
Thubron mehr als elftausend Kilometer zurück. Mit Zähigkeit, Ausdauer und bewun-
dernswertem Durchhaltevermögen meistert
er die Strapazen und Gefahren seiner geradezu epischen Reise. Den Rucksack nur mit
dem Nötigsten gefüllt, das Geld in einer leeren Flasche Mückenschutzmittel versteckt,
Sandstürmen, Schnee und Hitze trotzend,
sucht er nach den Spuren einer Jahrtausende
alten Geschichte und ist immer und überall
ein sensibler Beobachter, neugieriger Ge-
sprächspartner und glänzender Erzähler, der
sich auf die Menschen, denen er begegnet,
einlässt und ihre Identität erspürt. Das
geradezu poetisch geschriebene Werk zeigt
Thubrons tiefe Passion für die Belange und
die Geschichte einer Weltgegend, die uns
weithin unbekannt ist.